能源基金会/ The Energy Foundation　资助

# 可持续交通发展研究

## Sustainable Transportation Development:Some Explorations

宇恒可持续交通研究中心　编译
China Sustainable Transportation Center

人民交通出版社
China Communications Press

**图书在版编目（CIP）数据**

可持续交通发展研究：汉英对照 / 宇恒可持续交通研究中心编译 .—北京：人民交通出版社，2012. 4
ISBN 978-7-114-09496-5

Ⅰ. ①可··· Ⅱ. ①宇··· Ⅲ. ①交通运输业－可持续性发展—研究—汉、英 Ⅳ. ① F503

中国版本图书馆 CIP 数据核字（2012）第 230293 号

**书　　名**：可持续交通发展研究
**著 作 者**：宇恒可持续交通研究中心
**责任编辑**：张征宇　郭红蕊
**出版发行**：人民交通出版社
**地　　址**：(100011) 北京市朝阳区安定门外外馆斜街 3 号
**网　　址**：http://www.ccpress.com.cn
**销售电话**：(010)59757969、59757973
**总 经 销**：人民交通出版社发行部
**经　　销**：各地新华书店
**印　　刷**：北京世汉凌云印刷有限公司
**开　　本**：787×1092　1/16
**印　　张**：18.5
**字　　数**：439 千
**版　　次**：2012 年 4 月第 1 版
**印　　次**：2012 年 4 月第 1 次印刷
**书　　号**：ISBN 978-7-114-09496-5
**印　　数**：0001-1500 册
**定　　价**：88.00 元

# 《可持续交通发展研究》

## 编 委 会

# 卷首语

目前，全球新一代城市都面临着人口增长、城市拥挤和能源危机引发的巨大挑战，而中国作为发展最快的国家，正处于城市人口激增的城市化关键时期。如何设计城市和城市的交通系统，决定着城市是畅通无阻还是因交通拥堵而变得举步维艰；是有效使用能源和其他资源，还是在数十年间继续驻足于高能耗；是适宜居住、吸引居民，还是活力降低、生活质量下降。选择适当的城市交通规划和建设标准将发挥显著作用，并在未来几十年内产生巨大的作用。由于中国经济持续快速发展，越来越多的人口涌向城市，寻找更好的就业机会、更高的收入以及更好的生活品质。中国的汽车拥有量持续攀升，已超过美国成为全球最大的汽车市场。和美国20世纪50~60年代相似，中国城市正通过修建高速、环路和停车场以努力适应汽车交通的爆炸性增长趋势。但是，由于中国人口密度高，私车引发的交通问题比西方国家低密度人口城市面临的问题要严重得多。尽管道路建设已在飞速发展，但北京交通却经常拥堵不堪。城市发展的预测显示需要限制小汽车使用，增加公交、自行车和步行等交通方式，这样才能合理控制拥堵，提高城市居民的出行便利性。

世界各地的实践表明，无法围绕小汽车设计构建高密度城市。中国的快速城市化进程，留给城市领导者发展繁荣、宜居、低碳的城市的机遇和时间并不多。而发展这类城市，需将公共交通、步行和自行车方式作为重中之重。如果这些核心规划元素缺失，这些新兴城市将会更加饱受污染与拥堵的挑战，无法实现城市发展的目标和潜力。具体表现为通勤交通极度困难，大量的可耕农田流失，居民出行和货物运输拥堵，城市效率降低，很难吸引高科技企业和顶尖人才，而这些人才和企业对保持经济发展至为关键。幸运的是，中国政府已经开展大量工作，以低碳生态城市发展理念作为城市发展的重中之重。而要实现这一目标，必须在可持续城市规划的指导下作出不懈努力。本文围绕城市交通规划和基础设施的建设，选取了城市交通发展中有典型意义的几个方面，结合目前我国城市发展，特别是北京市发展的几个案例，提出了一系列解决上述核心交通问题的规划和设计原则与方法。参与上述案例分析和撰写的国际专家，都是在上述领域具有建树，且具有很多中国工作经验的规划设计和研究人员。但是由于国情和地区的差异，在中国应用这些原则时需要加以提炼和调整，使之适应中国国情并得以应用。

在国际专家撰写上述案例分析时，得到北京市相关政府部门、研究单位和运输管理部门的大力帮助和支持，特别是信息的共享和交流，再次表示诚挚的谢意。

**何东全 能源基金会可持续城市项目主任**

**王江燕 宇恒可持续交通研究中心主任**

# 目 录

## 第1篇 轨道交通发展评估——以北京市为例

# 第2篇 城市公共交通枢纽设计与发展



## 第1部分 公共交通枢纽设计

## 第2部分 采用公私合营建设公共交通枢纽

# 第3篇 交通与土地利用政策框架分析

# 第4篇 交通需求管理：建设绿色交通与和谐交通的机遇

## 第5篇 北京市（京津冀）区域交通一体化研究

# 第6篇 非机动车交通——以北京市为例

# 第 1 篇

# 轨道交通发展评估

## ——以北京市为例

弗坎 · R · 弗奇克博士（Vukan R. Vuchic）
及理查德 · 斯坦格（Richard M. Stanger）联合执笔

# Review and Evaluation of Beijing's Rail Transit System
# 北京城市轨道交通评估和建议

## 弗坎·R·弗奇克：

弗奇克博士是美国宾夕法尼亚大学交通系统工程的UPS基金终身教授，宾大城市和区域规划教授。发表150多篇学术论文和著作，其中包括著名的“公交三部曲”：

《宜居城市的交通系统》——罗格斯大学城市政策研究中心，1999年；

《城市公共交通运营、规划和经济学》——约翰威立国际出版公司，2005年；

《城市公共交通系统和技术》——约翰威立国际出版公司，2007年。

这些著作在世界范围内被作为大学相关专业和交通规划师、交通从业人员的标准参考书。弗奇克教授曾在180多所大学、众多的专业会议和研究机构讲学。他曾作为交通政策、交通规划和铁路系统设计的专家为世界上许多城市、公交管理部门和商业机构提供专业咨询。地域遍及北美（纽约、旧金山、华盛顿、多伦多等地），欧洲（贝尔格莱德、那不勒斯、罗马、莫斯科），亚洲（新加坡），拉丁美洲（墨西哥、加拉加斯、利马），澳大利亚（柏斯）和非洲（比勒陀利亚）。

弗奇克教授是1982年首届德国弗里德里奇·勒纳博士奖章获得者和2007年韦伯 S·史密斯杰出交通教育家奖获得者。他是塞尔维亚艺术和科学院外籍院士、俄罗斯建筑学院外籍院士、国际交通协会（UIDP）和美国交通运输研究委员会（TRB）会员。

## 理查德·斯坦格：

斯坦格先生是杜克大学土木工程专业的学士，曾师从宾夕法尼亚大学的弗奇克教授并获得宾大城市规划和交通工程双硕士学位，并与弗奇克博士一起撰写过多篇学术论文。1974~1982年，斯坦格先生在亚特兰大从事城市公共交通方面的工作，是城市设计方面的项目经理；1982~1990年，斯坦格先生就职于洛杉矶郡交通局，作为铁路发展部的负责人，管理轻轨和城市快速公交的规划、设计和建设工作；在1990~1999年期间，斯坦格先生担任南加州区域铁路局（五个郡）的总裁，领导了6条通勤铁路、共计650英里（1046.0736公里）的Metrolink系统的规划、建设和运营；1999年起，斯坦格先生成为独立的咨询人，参与多种交通问题的研究。他曾经到过许多的欧美城市，熟悉那里的交通系统，并发表过多篇关于铁路规划和设计技术的文章。

# 摘要


在过去的20年中，中国城市人口与私家车数量急剧增多。为了适应这样的发展趋势，很多城市正在迅速扩大它的地铁网。以北京为例，预计到2015年，北京将建成世界上最大的地铁网之一。

地铁系统也被称为快速轨道交通系统，尽管是城市公共项目中最为昂贵的，但是对其的建设往往会对城市面貌及其生活品质产生重大、持久的影响，尤其是在城市的形态、经济效益以及环境品质方面。

## A 研究主旨与范围

鉴于地铁系统投资巨大、周期长，因此需要非常周密、细致的规划。其中规划的目标是充分发挥其作为区域中客运主骨架的作用，同时避免任何高代价错误。面对这样一个课题，能源基金会（Energy Foundation）组织专家对地铁的规划与建设进行研究并编写本报告，希望在合理规划的基础上，能够参考全球其他城市的广泛经验，充分利用最新的尖端技术。

本研究的重点是现有地铁系统的设计有效性、与其他交通方式之间连接的充足性，以及对其他城市相关经验的有效运用。研究范围除了针对北京现有的地铁运营网络外，还包括了有可能也应当起到补充作用的其他轨道交通方式。关注的问题有以下几点。

根据国际大型城市的经验教训，有哪些可以改善中国城市轨道交通系统？是否重蹈别人的覆辙？地铁网络在设计上是否以最有效服务于乘客为目的？它的容量是否适应将来的需求增长？

中国城市是否采用别的地方广泛应用的其他现代轨道交通方式来强化它的地铁线路系统？这些方式能够以何种功能、在本地区的哪些地方得到最充分的利用？

是否有必要在城市中心地下修建快车线路，以避免慢车频繁停靠站的问题，并在主要的交通走廊中提供速度更快、运载能力更大的地铁线路？

如何能最好地将郊区轨道交通线路与市中心的地铁网连接起来？是采用直达还是换乘的方式？

全球各地有数十座城市广泛地修建了轻轨交通系统，能否用轻轨来替代部分地铁线路或补充北京的地铁网络，凭借它投资远远低于地铁的这种优势来进一步扩大轨道交通系统所覆盖的范围？

在轨道交通系统的规划、设计或运营方面，是否存在急需解决的问题？

目前，北京交通方面的相关负责部门在不断地规划、修建和运营轨道交通网络，其中包括地铁、轻轨和区域铁路这些交通方式。本研究的目的也在于为上述决策工作提供参考。

## B 主要城市轨道交通系统发展趋势回顾

地铁于19世纪下半叶发展起来，尽管其是当时运载能力最大的交通方式，但直到1950年，开通地铁的城市也只有17座。20世纪50年代，私家车增长率超过城市人口的增幅，促使更多的城市开始修建地铁。如今，全球各地有110多座城市建成地铁系统。

随着城市道路和高速路上交通堵塞的现象日益严重，轨道交通以运载能力大、不受交通拥堵困扰的优势逐渐凸显。许多城市都通过修建大量轨道交通线路提升轨道交通分担率。例如：纽约、东京、香港、巴黎、柏林、维也纳以及许多其他城市。同时这些城市的交通所依靠的并不仅仅是地铁线路，而是一整套轨道交通方式的集合，其中也包括轻轨和区域铁路。目前中国的许多城市正致力于修建更多的轨道交通线路，有希望迅速提高轨道交通方式分担率。

在20世纪60年代之前，所谓城市轨道交通，是指有轨电车与地铁。有轨电车即在城市街道上运行的电气轨道交通工具，它往往与常规交通相互混杂。地铁系统由于投资巨大，只适合于通行最为频繁的交通走廊。郊区轨道交通常大多是在交通高峰期运行于郊区与城市中心之间的辐射形通勤轨道交通线路。

在过去40年，轻轨和区域铁路两种新型轨道交通方式得到发展。首先兴起于欧洲，随后遍及世界各地。简单地说，轻轨列车是在轨道上运行的具有更高性能和运载能力的现代化有轨电车。这种新的交通方式将有轨电车从大多数机动车交通中分离出来，使其运载能力、速度和服务品质得到显著提高，使其更类似于地铁，而不是有轨电车。尽管轻轨交通（LRT）的服务品质不及地铁，但是，由于在地面运行，投资少，目前全世界数百座城市中都开通了轻轨交通。

区域铁路（RGR）的发展，是为了解决通勤轨道交通的某些局限。通过隧道来连接辐射状的通勤轨道线路，可以实现穿越区域的快速通行，提高城市中心的可达性，同时提升客运轨道交通系统的利用率。像巴黎的RER（市域快速铁路网）已成为区域规模地铁系统，可以满足日益发展的城市化地区对运载能力和交通速度的要求。

图1显示了不同的轨道交通方式之间的关系（由于这份报告所研究的重点是轨道交通系统，因而图中没有显示公共汽车交通方式，这种方式的投资和服务水平属于更低的范畴）。

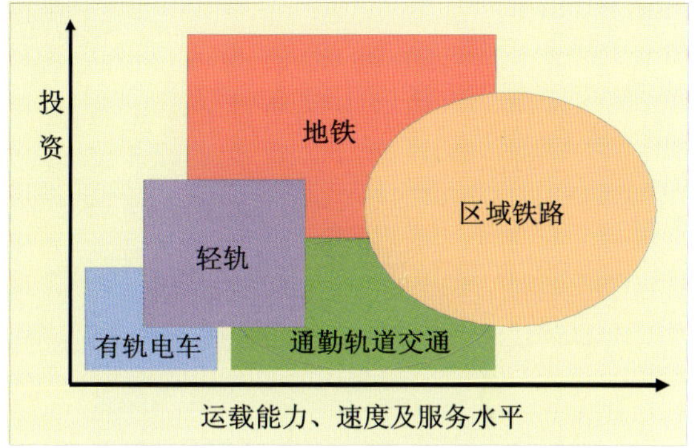


图1　轨道交通方式的投资成本与服务水平

## C 轨道交通系统的评估与建议——以北京为例

为扩大北京地下交通系统而投入巨资并付出巨大努力，是富有远见的。这种投入将防止交通堵塞状况的迅速恶化，并保证城市交通的机动性。

我们发现，当前的地铁规划在技术方面有几个问题需要重新审视和修正。现将调查结果列于下文，并附上具体的建议。

中国城市已有以及规划的地铁网络主要由干线构成，缺乏支线。就扩大覆盖面积而言，在大多数情况下，郊区中采用带有支线的地铁网络，其性价比相对仅由干线构成的网络高得多。

◆ **建议一**：地铁设计者应当在延伸进入郊区的地方采用支线。

在服务品质和运行效率方面，线路之间组合集成的地铁网络比各条线路单独运营的地铁网络更具优势。

◆ **建议二：**地铁设计者应当仔细考察集成线路的采用，而不是仅仅采用各自独立的单线，也就是说，一条地铁轨道应当不止为一条地铁线路服务。

地铁建设成本中的大部分用于隧道建设。因此，在设计时要能够最大限度地利用隧道。对隧道的利用在很大程度上要取决于运行列车的长度，而后者又要受到车站站台长度的限定。所以，如果车站月台只采用6节车厢的长度，就会限制地铁线路的运载量，从而使修建隧道的投资得不到完全利用。显然，随着线路达到运载量的极限，应当着重致力于增加车站长度，从而使线路运载量能够进一步扩大。

◆ **建议三：**将来修建的所有地铁站台都至少应当达到8节车厢的长度，最好是10节车厢的长度，以便接纳将来预期的客流量，即便延迟线路开通时间也应如此。

换乘车站的用途，在于使出行者能够从一种交通方式转换到另外一种。为此，在设计车站时，对服务于这一车站的所有交通方式都要加以考虑，尤其要顾及各种方式之间换乘的便捷程度与舒适性。独立运行的地铁线路构成的网络也不例外，因为这样的网络决定了大部分乘客的出行都必须换乘。

北京较早建成的地铁线路之间换乘车站的走廊往往都比较长，乘客步行距离长且往往需要通过台阶。对于建成时间较晚的地铁车站在站台之间通道的设计方面较好，但还有进一步改进的空间。

◆ **建议四：**因为许多乘客都必须在独立的单线之间换乘，所以对于乘客出入站台以及乘客换乘通道的便利性应当予以更多的重视。在车站设计中应当仔细地考虑方便、直接的通道。

北京的地铁车站设计上各有不同。联运方面，相对于新线路而言，老线路在多式联运中转的处理方面比较差。出入地铁车站的道路方面，步行道路普遍都比较好，但是部分公共汽车道路则显得杂乱无章。公交衔接方面，在新建的地铁站中，尤其是在服务于市郊地区的车站，应当考虑提供专门的公共汽车上下客区域。即便是二者之间的换乘量非常低，轨道交通车站也常可以作为公交之间换乘的地点。以北京火车站为例，该地出入明显依靠公交实现，但其周边公共交通组织相当糟糕，表明了规划和设计方面的缺失。

◆ **建议五：**地铁车站的设计者应当对联运中转给予更多的重视。应当在合适的地方修建专门的公共汽车上下客区域，这不仅可以为改善公共汽车的出入提供通行条件，也可以为公共汽车之间的换乘提供方便地点。

北京火车西站以及南站目前都没有很方便的地铁线路衔接，今后需要开通新的10节车厢地铁线路。因为6节车厢长的地铁站台无法应付好几个班次的城际列车同时到站和离站的客流量。

◆ **建议六：**对于地铁与火车线路之间的换乘，应当通过在火车站增设地铁线路以及加长地铁站台的方法来加以改善。这方面的工作还需要地铁与铁道部门之间在规划、管理和技术层面上更好合作。

◆ **建议七：考虑到**人口众多以及空间增长，北京所需要的轨道交通线路网，应当能够在横跨该地区的那些较长线路上提供更高速的服务。拥有四通八达的铁路网络，应当学习香港、东京、纽约和巴黎的经验，致力于开发一套区域铁路系统。

◆ **建议八：**北京应利用其经济开发的铁路网优势，开发一套与德国郊区铁路（S-Bahn）或巴黎RER系统类似的区域铁路网络，以通过高品质、高性能和大容量的轨道交通，为整个地区的交通出行提供便利。要完成这项任务，不仅需要在技术上进行全面的交通规划，而且还需要铁道部的参与。

# 1 导言

在过去数十年中，中国的大城市和特大型城市一直面临着人口以及私家车急剧增长的问题，交通的问题尤为突出。面对这一点，很多城市已经认识到：要跟上这样的发展步调，需要开展公共设施的建设。长期以来，开展的最大投资项目之一，便是大规模修建地铁网络。因此对于巨额投资引起的问题，需要进行严密的分析，同时也要认识到类似城市在这方面的经验教训的重要性。

以北京为例，目前相关交通管理部门正在不断地规划、修建和运营包括地铁、轻轨和区域铁路的轨道交通网络。本研究旨在通过回顾对北京地铁系统规划、设计与运营过程进行评估，以为决策部门提供参考与依据。

对于研究范围，考虑到高额投资会对城市未来发展和生活品质产生重大影响，结合其他交通系统进行综合评估是有必要的。另外，分析世界各地类似城市轨道交通发展的经验教训，对北京的适应性也是本研究的一个重点。回顾同级城市的经历，总结可供北京借鉴的经验教训，其中，部分城市采用的是渐近式的策略，因此达到了相当高的宜居水平，需要从中获取经验；部分城市交通策略不合理，从而造成城市交通拥堵、经济不景气的状况，宜居水平下降，需要汲取教训。

# 2 主要城市轨道交通系统发展趋势

下文将列举我们所选择的地铁系统发展过程中的主要事件，尤其是可供北京参考的事件。

1896~1912年间，在主要的工业化国家中，一些历史悠久的大城市开始兴建地铁。发展之初，被视作是城市交通中运载能力最大、性能最佳的方式。截至1914年第一次世界大战爆发时，已有11座城市开通地铁，包括伦敦、巴黎、纽约、费城、布达佩斯、柏林和布宜诺斯艾利斯。

第二次世界大战的发生减缓了地铁建设的速度，到1950年，拥有地铁的城市仅扩增为17座。其中，新涌现的“地铁城市”包括马德里、东京和莫斯科。同时，像巴黎、纽约和柏林等部分老牌 “地铁城市”的地铁网络也在此期间得到了大规模的扩建。

从20世纪50年代开始，由于城市化与机动化的飞速发展，不论是工业化国家大城市还是发展中国家的许多新兴城市，两种现象的出现都对地铁系统发展产生了重大影响。

首先，全球人口增加与城市化（即人们从乡村迁移到城市地区）两种因素相结合，引起了城市的迅速扩张。许多起初人口超过100万的城市，人口规模开始增加到500万以上，随之越来越多的城市都开始发展为“大都市圈”。

其次，许多国家的私家车数量或称“机动化程度”开始提高，要求制订科学合理的城市交通策略，以遏制不断严重的交通拥堵和“小汽车高度依赖”问题。

由于公交的萎缩与私家车的蔓延导致城市出现瘫痪，加之，地铁自身运载能力大、完全封闭的优势，多数大型城市开始修建地铁。该时期相应的目标定位为：

（1）为每日数百万的交通出行者提供经济、高效的交通方式；

（2）提供能够与私车相抗衡的高质量服务。

1955年，世界各地拥有地铁系统的城市增至20座，1980年增至60座，如今则已超过110座。从人口50万的城市（奥斯陆、纽伦堡），到工业化国家和发展中国家中迅速兴起的大都市圈（东京、旧金山、圣保罗、开罗和加尔各答）都修建了相应的地铁。从这一点也足以看出人们为改善交通服务而付出的重大努力。而那些没有地铁的大型城市，如底特律、休斯敦、约翰内斯堡和拉各斯，都因为越来越严重的交通堵塞和相应的经济问题而饱受折磨，这一事实也从另一层面反映出了地铁的重要性。相反，那些拥有庞大地铁系统的大都市圈，如东京、纽约、伦敦和巴黎，可以为每日数百万的交通出行者提供相当便捷的交通服务，确保了城市的正常运转。

近几十年来，轨道交通的技术和相关规划理念得到了重大的发展。一方面，地铁属于高标准的轨道交通系统，拥有严格的专用路权，使用5~10节车厢的列车；另一方面，许多城市开始发展轻轨与区域铁路，作为地铁的补充。

◆ **轻轨交通：** 英文缩写为LRT，具有中等运载能力，比普通地铁的性能低一些，但是所需要的投资成本要少3倍。

◆ **区域铁路：** 英文缩写RGR[1]，铁道上运行的电气列车，大多数是基于城市区域中的铁路轨道，可以为大都会区域提供长距离、快速与舒适的交通出行服务。

多数大型城市利用多种电气轨道交通方式，丰富了交通出行选择。此外，由于LRT和RGR的投资较少，便于交通网络的扩张，而不仅仅是单一的依靠地铁。

在以协调的方式来规划和设计不同交通模式方面，世界各地积累了广泛的经验。“多式联运交通规划”成为大型城市规划工作的重点，和先前缺乏与其他交通方式相整合的地铁规划相比，效率大大提高。

在城市交通规划与战略制订中，多数先进城市都采用“系统方案”去解决公交、私家车和步行交通之间的复杂问题。同时，这些城市在设计上都强调交通在城市宜居打造方面的重要性，尤其是在设计宜居、可持续的城市时，对地铁和其他轨道交通系统的规划已被视作是一项重要、甚至往往是中枢性的工作。

[1]RGR目前在中国称为（Express Subway）地铁快线。

# 3 轨道交通的定义与发展趋势

## 3.1 当今轨道交通方式

在20世纪60年代之前，大多数城市轨道交通系统是指有轨电车（在美国城市中被称作“街车”），或捷运系统（地铁）。有轨电车是电气轨道交通工具，多数在城市街道上运行，也有一部分在独立于机动车交通的中间隔离带上运行。

随着交通拥堵的不断加重，多数国家认为：面临拥堵，公共汽车的效率要高于有轨电车，其能更好地与小车“打成一片”。因而，在美国、英国、法国以及其他许多国家，有轨电车都被公共汽车所取代。不过，这种做法同时也造成了客运量的减少。

随后，一些国家逐渐意识到高质量公共交通是遏制小汽车出行的关键。因此，这些国家决定不用公共汽车来取代有轨电车，而是将有轨电车交通升级为轻轨交通，也就是LRT。与普通公交相比，轻轨服务品质高，同时投资又大大低于地铁。在许多中型城市里，LRT已经成为对地铁交通的一种非常有效的补充方式，并且能够形成比地铁更为广大的网络。特大型城市也在郊区推出了轻轨，如伦敦、巴黎、香港和纽约。

捷运则是完全隔离的电气轨道交通工具，也称为地铁，运行于隧道或地面的高架结构中（值得一提的是，北京13号线被称作“轻轨”，实际上它并非轻轨，而是在高架结构上运行的地铁线路）。由于地铁线路与城市街道完全分隔，这便使得其速度更快，同时采用较长的列车，从而具备相当大的运载能力。不过，地铁线路需要投入巨额资金，这使得其建设工作受到局限，尤其是在需要使用隧道的情况下。出于这一原因，在许多像纽约、伦敦和汉堡这样的城市，地铁网络中大半都运行在高架结构上，或是运行在地面上，而只在城市中心地区使用隧道。

除了上述轨道交通方式之外，许多大城市还采用铁道列车为郊区与城市中心区之间的出行提供服务。这些通勤服务由城市的火车站来运作，车站不一定会在城市中心，并且还可以承担除高峰期以外的有限服务。图2显示了这3种方式的投资和服务品质所属的等级范畴。尽管公共汽车在世界上大多数地方都是担当重任的交通方式，但图2和图3并未显示城市公共汽车交通方式，因为这份报告讨论的重点是轨道交通。在世界上许多国家（包括工业化国家和发展中国家）的大城市中，都存在着对某种在质量和速度上都优于有轨电车、但成本又低于地铁的轨道交通方式的需求。此外，在特大城市中，还需要将单独的通勤轨道交通线路升级为更快、区间连接性更好的交通方式，以便全天候地服务于多向交通出行，而不只为通勤者到达城市中心的工作出行提供服务。

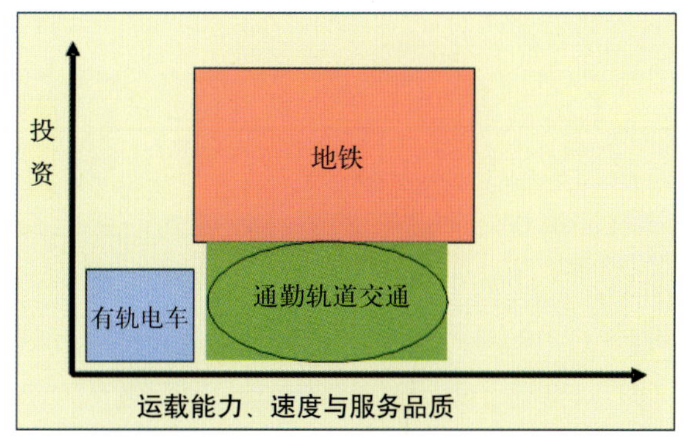


图2　20世纪60年代之前轨道交通方式的投资成本与服务水平之间的关系

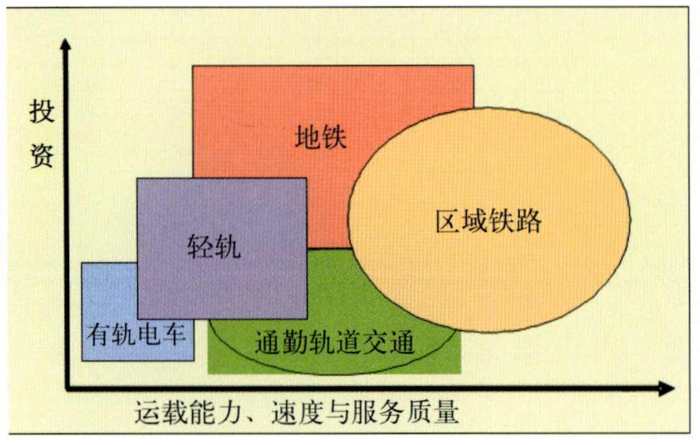


图3 当今轨道交通方式的投资成本与服务水平之间的关系

总体来看，在过去的40年中，特大型城市轨道交通的发展趋势是修建地铁系统的同时，采用轻轨和区域铁路两种新的轨道交通方式加以弥补，以更好地满足需求。区域铁路由通勤铁路加密发车次数而形成。图2显示了这些新型轨道交通系统在城市轨道交通体系中所处的地位。

轻轨交通是沿着城市的街道、通过受保护的专用道路将其与别的交通分隔，在交通拥堵的交叉路口则将轨道抬离地面，甚至在城市中心地区将其置于隧道之中。与此同时，大运载量的铰接车辆也被开发出来，从而可以使列车减少车厢数量来运行（1~4节车厢）。经过这些改进后，如今全球数十座城市中都新建起了LRT系统，而且即便在特大型城市中，如巴黎、伦敦和墨西哥城，LRT也占有一席之地。

在大型城市中，对区域铁路服务的需求与日俱增。利用城市区域中的铁路轨道和火车站，提供定期、车次多、性能高的客运交通服务，使这样的需求得到了满足。在许多城市（如柏林、巴黎、费城），位于城市中心不同侧面上的火车站通过隧道而相互连接起来，同时修建了新的线路来扩大新型的区域铁路网络，为整个地区提供了富有吸引力的大运载量交通服务。

现代化的区域铁路系统建设中，最著名的有慕尼黑、柏林、汉堡和德国其他大型城市中的郊区铁路（S-Bahn），以及巴黎的“市域快速铁路网”（Réseau Express Régional，法文缩写RER），此外还有东京、纽约、费城和伦敦的区域铁路。第7节将进一步详细讲述LRT，第8节则重点介绍区域铁路。

## 3.2 轨道交通方式在大都市圈中的作用

并非世界上所有的特大城市全都修建有四通八达的轨道交通网络。目前建成的城市包括：北京、伦敦、莫斯科、纽约、巴黎、墨西哥城和东京。表1是对这些大都市圈所采用轨道交通方式的描述。

在上述城市中，到目前为止，基本上地铁所承载的客流量最大，只有东京例外（它建有目前世界上最大的区域铁路系统，每日客运量达到2,000万人次）。这些大都市圈中有许多相互连接的线路，使得人们能够在整个城域之间快速、高效地通行。因此，承担了城市交通出行中相当大的部分。

然而，靠近城郊、远离市中心的地区往往会出现两种问题：其一，地铁线路之间相隔的距离必然越来越远；其二，如果不先进入城市中心，则很难从一条地铁线路乘坐到另一条线路。解决这两个问题便是轻轨所承担的任务。

表1 某些大都市圈中的轨道交通方式

| 城市 | 交通方式 | | | 备注 |
|---|---|---|---|---|
| | 地铁 | 轻轨（LRT） | 区域铁路（RGR） | |
| 北京 | √ | | | |
| 伦敦 | √ | √ | √ | 世界上年代最久的地铁 |
| 墨西哥城 | √ | √ | √ | 刚开通第一条RGR线路 |
| 莫斯科 | √ | √ | √ | |
| 纽约 | √ | √ | √ | 地铁有460座车站 |
| 巴黎 | √ | √ | √ | 四通八达的地铁和RGR，正在修建轻轨 |
| 东京 | √ | | √ | 全世界最大的RGR |

城郊地区，与采用完全立体交叉的地铁支线来提供轨道交通服务相比，采用轻轨线路衔接地铁线路投资更少。与捷运的大运载量要求相比，轻轨的运载量更适合于这些环境条件，而它的速度和服务品质又比公交高。例如，伦敦（克罗伊登和多克兰）、洛杉矶和巴黎便建有这样的轻轨线路。巴黎的LRT系统中有3条线路提供衔接功能：每一条都切向连接好几条地铁线路和至少两条RGR线路。此外，LRT线路还服务于地铁线路之间的居民区，使其能够便利地通达地铁系统。

大都市圈的规模宏大（人口超过500万），因而需要区域铁路系统来高效地将人们送往城市中心地区，并使人们能够在广大的区域之间穿越、通行，而无需依赖小汽车和拥挤的高速公路，尤其是在交通高峰期。

### 3.3 北京地铁所承担的任务

北京已经建成了四通八达的地铁系统。到2015年，将成为拥有世界上最大的地铁网络的城市之一。当前尽管地铁在北京市内所有交通出行中分担率相对较低，但是其便利性和覆盖优势对分担率提高有很大的帮助。随着北京私家车数量以前所未有的速度增长，这一点就尤为重要。学习和借鉴世界其他大都市圈轨道交通发展的经验教训，仍然是北京轨道交通实现可持续发展的关键。关于这方面，我们将在随后的小节中予以探讨。

## 4 北京地铁系统的设计

近几十年来，北京在修建地铁线路网络方面取得了巨大的进步，尤其是近年来，随着2008年奥运会准备工作的开展，新线路修建的速度不断加快。这样的步调现在仍然得到了保持，而在将来还会继续保持。

地铁线路修建的这种突飞猛进的速度是相当少见的，自然会引起对地铁规划与设计全过程的许多分析与讨论。高额投资与建设过程，以及地铁系统所产生的永久性影响，都要求对设计的效用、对其他城市经验教训的借鉴以及地铁与北京其他交通方式之间的关系开展大量的研究。

下文列出了对当前地铁规划、设计、施工与运营过程进行调查的主要结果。

## 4.1 交通工具与基础设施设计

交通工具的尺寸、数量和开门的宽度，以及6节车厢铰接的列车，代表了当前地铁车辆最先进的设计要素。在所有线路上仅采用6节车厢铰接列车组是有问题的，在随后的小节中，我们将专门利用一节来讨论这一问题。

车站设计包括了楼道、电梯、站台以及站台屏蔽门和公告系统，它也是以许多最新的设计理念为依据的。对于乘客在中转车站各个站台之间行走的便利性和快捷性，有些要素会产生影响，后文将对这些要素进行更加详细的探讨。

## 4.2 覆盖面积

对于一套地铁系统网络，在决定它的性能以及它对乘客的吸引力方面，线路走向和覆盖面积是最为重要的两项要素。在充分发挥地铁系统在城市中起到的作用方面，也同样重要。其中线路走向通常应当与出行主流方向一致，同时车站的数量和位置也决定了多少潜在的交通出行者将能够利用到这些地铁。

在随后的4个小节中，我们将讨论线路走向的类型和特点，尤其是可供北京参考的类型和特点。车站位置和设计方面的考虑事项则在本报告的第5节中讲述。

## 4.3 单线与支线的对比

很多大型的地铁系统，都是仅由单线构成的，没有设支线，其中巴黎、马德里、东京和莫斯科这种情况尤为突出。这些线路的设计者和运营者声称，单线运行起来最简便，因为不存在不同支线上的列车合并和运载量不均的问题。尽管这种说法没错，但若认为支线运作困难，而仅采用单线因此造成晚点的增多和客运量的不均，这显然就不合理了。

在许多城市，多种因素的影响使得这种单线优越性的说法遭到强烈质疑。简言之，单线的主要缺点在于：

a. 单线的客运量会沿途逐渐减少，而如果采用辐射形的单线，也就是从城市中心往外通到郊区的线路，情况就更是如此。这样一来，对于整条线路本身能够提供的运载能力，平均利用率就比较低，从而导致经济效益低下。

b. 在一套地铁系统中，随着辐射式线路（连接城市中心和外围）和穿越式线路（线路穿越城市中心、连接两个外围点）穿越城市而通往城外，这些线路会逐渐分隔得更远，留下大片没有地铁服务的区域。如果采用半径式或直径式线路的支线来为郊区不断扩大的区域服务，会比新建一整条穿越城市中心地区的直径式线路省钱得多。

c. 由于客运量较低，每条支线的发车间隔可以比主干道连接线所需要的长2倍，这样便可以提高运载能力的使用率和经济效益。

d. 许多地铁、区域铁路和轻轨系统的实例表明，如果支线在长度、行程时间以及客运量方面设计比较好，就能够非常可靠地运行。

总之，交运公司中一些运营人员的观点往往比交通规划者和交通线路设计者的想法更有说服力。他们发现支线在提供服务方面更有效、更能代表乘客的利益。在扩大覆盖面积方面，与修建独立的线路相比，采用支线的性价比要高得多。

◆ 建议北京的地铁设计者改变设计单一线路的做法，而在网络进入郊区的地方采用支线。在大多数情况下，就提高覆盖面积而言，在郊区采用带支线的地铁网络，其性价比要比仅由单线组成的网络要高很多。

## 4.4 独立线路与一体化线路的对比

在许多交通系统中，一方面交通运营者偏好独立单线的简单运作；另一方面，对于互相连接的线路，采用不同的路线和线路时刻表，能够减少换乘、为乘客带来方便。在这两者之间，也存在着与上文所述相似的差异。

单线的网络模式在莫斯科、巴黎和另外几座城市被采用。北京一直以来修建的也只是单线网络。在规划将来的线路时，应当重新审视这种网络模式，因为一体化线路所构成的网络在多数情况下都具备超越单线网络的显著优势。

与单线相比，一体化线路网络的优劣如下（优势以＋号表示，劣势以－号表示）：

＋ 线路相互衔接，方便乘客直达，避免长距离的步行和换乘的延误；

＋ 线路的互连灵活，可以针对个别地方设计，在提高对既定运载能力利用率的基础上，从而减少运营成本；

＋ 与独立单线相比，共用轨道交通车辆能够达到规模效应，规模效应既能减少投资，也能降低运营成本；

＋ 如果客流量随着城市的增长而产生变化，那么还可以对互相连接的线路网络进行重新组织，即改变线路的布局，而独立单线则是无法改变的，近些年以来，很多地铁系统（纽约、芝加哥、汉堡）已经利用线路重组的优势来更好地适应不断变化的城市规模增长；

－ 互相连接的线路在运行上更为复杂，因为如果一条线路晚点，会随之使得其他线路也晚点；

－ 对于使用频繁的线路而言，如果是单线，则能达到大运载量，因为这些线路上不存在一体化线路之间的晚点的相互影响；

－ 如果一体化线路中各条线上的客运量差异极大，那么运行时刻的安排会相当困难，因为交汇线路要么必须在网络中某些路段上安排不规则的发车间隔，要么必须以不同的利用率来运行，从而增加运营成本。

如上面对比所示，在许多情况下，一体化线路网络不仅方便乘客，而且规模效应的出现，能够降低运营成本。此外，组织灵活也是其非常重要的优势，即在所服务的区域中出现不同空间增长模式时，可以进行重新组织。在每一条线路上都需要最大化运载量的情况下，尽管单线网络具有一定的优势，但其无法适应乘客需求模式或客流量随时间变动的情形。

表2是对建有大型地铁网络的城市的回顾，主要列出了哪些城市建有单线，哪些城市建有一体化线路。尽管在这些城市中有一些采用了单线，如巴黎、莫斯科和东京的地铁，但仍有一大部分城市，不管是年代久远的还是新建的，如纽约、芝加哥、伦敦、汉堡和慕尼黑的系统。另外，对于区域铁路和轻轨交通系统也采用了极为复杂的一体化线路网络。

◆ 建议北京地铁网络的设计者详细研究对一体化线路网络的采用，而不是仅仅采用单线。

表2 某些大型城市地铁线路类型

| 城市 | 类型 | | | | 备注 |
|---|---|---|---|---|---|
| | 单线 | 支线 | 共用轨 | 快轨 | |
| 北京 | √ | | | | |
| 汉堡 | | √ | √ | | 最近重新组织了线路网络 |
| 伦敦 | | √ | √ | | 支线众多，一体化线路网络 |
| 莫斯科 | √ | | | | |
| 纽约 | | √ | √ | √ | 四通八达的4轨快车/慢车 |
| 巴黎 | √ | √ | √ | √ | 地铁：单线<br>RGR：复合线路，一体化线路网络 |
| 华盛顿 | | √ | √ | | |
| 旧金山（湾区捷运系统） | | √ | √ | √ | |
| 东京（地铁） | √ | | √ | √ | 最近对线路进行了重组 |
| 所有的轻轨网络 | | √ | √ | | 区域铁路有四通八达的支线和连接线 |
| 所有的区域铁路网络 | | √ | √ | √ | |

## 4.5 环线

鉴于环线需要专门的运行措施来弥补晚点，有些交通专家批判环线，但其仍然具备突出的优点，并在许多地铁系统中都发挥着重要的作用。例如，莫斯科、首尔和伦敦的地铁网络，环城线就极为重要。柏林开通了一条郊区铁路（S-Bahn）环城线；在东京，环城区域铁路线则是最重要的交通承运线路，也是地铁和区域铁路线路之间的联结纽带；马德里新近也建成了两条环城地铁线，新的轻轨网络中也建成了一条环城线。

北京的地铁环城线（2号线）设计良好，能够服务于该市许多重要的地点和交通走廊，而且连接了好几条地铁线路。同时，还充任其他线路的集散点。在将来，随着更多的线路建成并与之相连，重要性还会进一步提高。该线路唯一突出的问题是采用了6节车厢的列车，运载能力受到限制。另外，对于这条线路上到其他线路的中转站，还需要给予更多的重视，因为这些中转站的客运量和换乘乘客数量将会不断增多。

# 5 车站与多模式联运协调

## 5.1 车站设计与多模式联运协调

中转车站的基本功能是允许使用某一种交通方式（如步行、公交车）的交通出行者能够转换到另外一种交通方式（如轻轨），或是转换到同一交通方式的另一条线路上（如从一条地铁线换乘另外一条）。

提到车站时，人们大多是针对以乘客换乘前往和离开该站的主要交通方式而言的，如地铁车站或火车站、公共汽车总站和机场。不过，在许多情况下，换乘不仅发生在“支线”（feeder）和主要交通方式之间，而且在接运线之间、主要交通方式的不同线路之间同样会发生。因此，在设计车站时，应当考虑到对车站中所有换乘的协调。

对轨道交通车站总体而言，设计时不仅要提供便利、安全的步行通道，大多数情况下还必须考虑到与公共汽车的便利换乘，并需要提供公交上下乘客区域。总之，要建成高效的车站，就要着眼于各种交通方式之间的协调。具体而言，地铁车站应由两到三层的平面构成，以楼梯、升降梯和电梯来将这些楼层连接起来，并应修建步行走廊，其空间要足以容纳预计的高峰最大客流量。如果车站的容量有限，使得乘客无法进行高效的移动，就会影响到整条线路的运载能力和安全性。

## 5.2 北京地铁车站设计

北京的地铁线路网是采用了巴黎、莫斯科和东京的那种独立单线模式。正如在第4节中所指出的，使用这种单线的地铁网，列车不需要在各条线路之间中转，但是大量的乘客却需要在列车之间换乘。尽管这种类型的网络对于运营者而言是相当高效的，但它却给所有需要换乘的乘客强行施加了不便的负担。在这种情形下，为换乘提供方便、宽敞的走廊就相当重要。

在北京多数老地铁车站中，供乘客在各条线路之间换乘时使用的走廊极为曲折迂回，而且多数也不够宽敞，这也许与修建时没有预计到现今需要接纳的客流量有关。新建成的地铁站点在内部交通方面相对较好，走廊宽敞、照明齐全。许多新车站有相当宽敞的开放空间，并且有合适的引导标志指引乘客进入规定的站台。希望下一步待建的车站在内部交通方面会有更进一步的提升。另外做好站台的预留设计也是至关重要的。新车站的走廊和楼梯等设施，尺寸如果仍然是按照6节车厢列车的客流量来设计的，给今后车辆升级为8~10节造成一定困难。

## 5.3 北京地铁多模式联运协调

北京车站的步行通道普遍都比较好，一般的车站都有好几个入口供步行者选择。与大多数系统一样，有些地方的通达条件也比较糟糕。例如，要进天安门广场的前门车站就特别困难。

北京多数地铁车站周边的公交衔接都显得杂乱无章，往往缺乏协调。也许是由于北京各种交通方式收费上的差异，使得公共汽车与轨道交通之间的换乘并不太多。但是，即便如此，轨道交通车站内的公共汽车上下乘客处也可以成为公共汽车之间换乘的方便地点，应被视作是所有新建地铁车站的一个组成部分，而不只是在特殊情况下才将其包括在车站中。

实际勘察中注意到在北京火车站，公共汽车与轨道交通之间的换乘相当困难。北京西站，供城际和本地公共汽车上下乘客的地方看起来设计得相当好，但与出租车和私家车相比，车站附近的公共汽车交通却没有得到优先。即便在新建的北京南站，公共汽车上下乘客处看来也不合适，许多公共汽车乘客进站时都需横穿公共汽车道。公交出入车站的地方情况混乱，与火车站顶层出租车出入的顺畅形成了鲜明的对比。

◆ 建议北京地铁车站的设计者在可行之处安排离街的公共汽车上下乘客处，这样不仅能改善车站的公共汽车出入条件，而且还能为公共汽车之间的换乘提供一个方便的地点。

# 6 运载能力的提高

## 6.1 决定运载能力的设计要素

轨道交通线路的运载能力是由3项基本要素所决定。

a. 轨道交通车辆的规格与布局。对于地铁线路而言，轨道交通车辆的规格由隧道的剖面来决定，而后者又是依据所需要的车辆运载量与隧道建设成本之比以及其他因素来选择的。各地的地铁隧道剖面差异极大，比如，伦敦的地铁隧道（tube）直径仅为3.9米，而多伦多和香港的隧道则允许通行宽度超过3米、长度22米的车辆。北京的隧道剖面采用的是大型城市用于同时代地铁系统的典型尺寸，是相当科学的。

鉴于轨道交通车辆设置的座位越少，就能容纳更多的乘客。因而，沿着车厢壁纵向安置座位方能达到车辆的最大运载量。在客运量极大的所有地铁系统中（如在香港、莫斯科、东京以及另外许多日本城市），都采用了这种方式。如果线路行程较短、上下车频率较高，那么这种布局是可以接受的。北京的地铁车辆就是采用的这种配置。

1980年前后出现了一种新发明的4轴（4-axle）轨道交通车辆，铰接车体为整个列车提供连续的内部空间。香港和日本部分城市率先使用了该种车辆。这种设计的好处在于，铰接方式使得车辆之间的挂接不会损失空间，乘客能够方便地沿着列车分散。另外采用这种设计，加快了乘客上下车的速度，从而减少车站上的停时，提高线路的运载量。在世界许多城市中，包括巴黎、罗马、新加坡以及北京，这种铁路车辆设计已开始得到广泛应用。

b. 列车的车厢数量。决定线路运载能力的第二大因素是列车长度。在大多数特大城市中，地铁系统都采用8~10节车厢的列车，有些还特别采用11节车厢（如纽约和东京山手线）。旧金山的湾区捷运系统（BART）设计于20世纪60年代，适用于10节21.7米长的车厢，也就是217米长的列车。

线路运载能力和列车精确停车所要求的最大列车长度决定了所应修建的站台长度。在这方面，北京地铁存在着严重的问题。从20世纪60年代期间修建的第一条地铁开始，车站设计便采用的是6节车厢的列车长度。随着城市的迅速增长、地铁系统客运量的日渐增多，这样的列车长度在大多数线路上都是不够用的，而这一问题还会随着时间的推移而不断加剧。

c. 每小时离站的列车数量（最大行车班次或最小发车间距）。这是决定线路运载能力的第三大要素。它取决于许多因素，包括信号系统类型、信号闭塞的长度、自动化程度、车门控制类型、每个车站的客流量及其沿着站台的分散情况。

随着线路客流量接近线路运载能力，减少车站停靠时间就相当重要。主要的瓶颈关注点应该是使用最为频繁的车站，因为车站最长停车时间决定了整条线路的运载量。

北京地铁网络使得乘客能够以相当高的效率在车站换乘，尤其是铰接式组合列车能够最大限度地提高客运效能。不过，由于缺乏指示车站停时详情的数据，不能衡量是否还有进一步改善的空间，是否需要通过减少关键车站的停车时间来增加线路运载量。

从实际运营来看，信号系统使得发车间隔能够接近于90秒（行车班次为每小时40车次），这可能使得在短时间内能够达到每小时36~38车次的最大吞吐量，或是在整个一小时的时段内达到30~36车次。

## 6.2　北京地铁系统容量不足的问题

北京首都机场以及北京火车南站的高速列车都考虑到了未来乘客的扩容，提供的容量比较充足。相比之下，地铁系统在这方面比较差。北京比较老的地铁线路（1号线和2号线）已经接近运载能力极限，目前在有些高峰时段甚至超出了运载能力。考虑到它们是20世纪50年代设计的，当时的规划者无法预见到2009年的客流量，这种状况可以理解。但令人惊讶的是，最新地铁线路也已经拥挤不堪，为提高运载量所准备的空间也远远小于预期。

通过修建新的线路，是会改善、还是会加剧容量不足的问题？有人也许会认为，未来5年内开通的许多新线路会缓解拥挤线路上的压力。但是，许多城市的经历却表明，线路越多，提供的覆盖面积就越大（车站越多），整个系统会诱增更多客流量。例如，北京新近开通的线路并未缓解1号线和2号线上的拥挤，倒是加剧了这种状况。

另外，下述因素的存在也使得容量不足问题加剧，分别是：

- 人口持续增长；
- 人口流动性（交通出行的需求）持续增加；
- 私家车越来越多，通过提高公共交通服务品质，抑制小汽车出行，减少交通拥堵显得至关重要。

## 6.3　提高容量的可行措施

线路容量现在能否得到提高？前面的分析表明，鉴于隧道已经固定的剖面宽度，北京地铁车厢不可能制造得更大。在最大限度提高对列车长度的利用率方面，已经采用了铰接列车和合适的车门。同样的，通过改善运行方面进一步减少车站停时，虽然可能会提高容量，但是效果不会十分显著。

增加列车长度是目前提高线路容量的唯一措施，也是潜在效果最显著的措施。对此提出以下几方面措施，以备进一步研究并付诸实施。

在所有地铁线路上，高峰期间最大的列车长度是6节车厢（8号线的3个站台例外，它们采用8节车厢的长度）。因而，要永久性地提高北京地铁的线路容量，唯一可行的方法是加长地铁站台。将地铁线路上所有站台从6节车厢长扩建到8节车厢长，就可以增加33%的线路容量。如果扩大到10节车厢长，则可以使线路容量提高66%。世界上大多数特大城市都采用的是8节和10节车厢的列车，如表3所示。

表3 某些大都市圈中地铁列车的车厢数量（单位：个）

| 北京 | 伦敦 | 墨西哥城 | 莫斯科 | 纽约 | 巴黎 | 东京 |
|---|---|---|---|---|---|---|
| 6 | 8 | 9 | 7 | 8~11 | 5~6 | 10 |

北京能否增加站台长度？这样做是否性价比更高？北京交通规划方面的工作人员估计，一座常规地铁站台的成本是2亿元人民币，如果再增加两节车厢的长度，那么额外增加的成本可以达到15%（即3,000万元人民币）。每公里常规地铁（包括车站）的成本为6亿元人民币。因此，假定每公里设一座车站，那么，要为一条新建地铁线路增加33%的容量，就需要增加5%的建设成本（3,000万元人民币）。事实上，北京地铁系统是平均每1.1公里一座车站，因此，每公里额外增加的成本要略低于5%。

对于尚未开通、还处在设计或建设阶段的线路，现在就投资修建至少8节车厢的站台的性价比是相当高的。这些站台增加的成本会略高于5%，但是相对于新增33%的容量，这也只是个小数目。即使线路推迟开通，容量的提高也有明显的价值。一旦某条线路开通运营后再加长站台就会花费更多，而且也极不方便。

◆ 应当立即认真考虑将所有尚未开通的车站站台长度增加到至少8节车厢长，最好增加到10节车厢长，即便必须推迟线路的开通时间。

当前，有4条线路应当认真考虑采用10节车厢的站台长度。首先是7号线和9号线，它们连接北京火车西站，是全国最繁忙的火车站之一；另外还有4号线，它连接北京火车南站和9条其他的地铁线路；最后是14号线，它将火车南站与8条地铁线路连接起来。在这样一座24轨的主要火车站；基本上每几分钟就可能有高速列车到站，如果仅采用6节车厢，或可能已经接近容量极限的地铁列车来连接，是不合理的。

另外，在此推荐一种加长列车的方法，以供详细研究。这是一种列车运行的方法，并非地铁系统中的通常做法，但因为采用了组合铰接列车，这种方法或许是可行的。依照新的运行方法，现有线路上的站台虽然是6节车厢长，但可以运行8节车厢的列车，只不过列车第一节和最后一节车厢的车门不打开，这两节车厢停靠的地方将超出于站台长度之外。乘客会得到通知，知道这两节车厢的门不打开，因此只有行程较长的乘客才愿意使用这两节车厢。目前来看，这种运行方式在一些区域铁路列车上得到了采用，往往是针对列车十分长与所停靠的站台比较短的情形。地铁系统中还不曾采用这种方式，不过，随着铰接列车的通行，如今它在地铁中也许是可行的。当然，有几项技术或运行方面的问题还有待解决，如修改信号以便探知不同列车的长度、对第一节和最后一节车厢的车门进行单独控制、向乘客发出通知等。

◆ 强烈建议将来所有的地铁站台都针对至少8节车厢的长度来修建，最好是10节车厢长。

### 6.4 在运营方面做出改进的其他可行措施

北京地铁的运营者或许可以考虑在某些线路上采用一种“跳跃式停站”（skip-stop）的运行方式。跳跃式运行已经在纽约、费城和芝加哥等好些地铁线路上得到采用。按照这种运行计划，第一班列车每次停站后便跳过下一座车站（或大致如此）。下一班列车则在前一班列车跳过的车站上停站，同时跳过第一班列车停过的车站。但两班列车在所有换乘车站和其他重要车站上则都要停站。这种运行方式可以减少大多数乘客的行程时间，也可以减少线路上投入服务的列车数量。这种方式的缺点是某些乘客的候车时间可能更长，并且需要将这种运行方式告知公众。

经过一个多星期的调查发现：目前列车在站台上停留的时间往往都过长，特别是在车门关闭之后，列车要等3~10秒钟才开始移动。如果每次停站节约5秒钟的时间，为一名普通乘客节约的时间就可以达到1分钟。尽管1分钟微不足道，但却能对每日数百万的乘客产生正面的影响。此外，减少列车的行程时间会改变列车的时刻表，从而减少给定班次所需要的列车数量，最终则会直接减少投资和运营成本。

## 7 轻轨与北京的地铁

### 7.1 轻轨交通的特点

轻轨是动力由架空接触网导线提供，在平交路口拥有绝对的信号优先权，运行于与其他交通隔离的专用道路上的一种城市轨道交通方式。对于隔离的方式从隔离车道到地面立交或地下立交，各不相同。另外，轻轨交通具有在步行地段内协调运行的适应能力，能提高无机动车区域的吸引力，在服务水平方面甚至能够接近捷运线路的性能水平。

在一些客运量较低的地方，捷运线路的费用和运载能力都显得浪费，但是在速度、运载能力、乘车品质、形象以及环境敏感性方面，这些地方的要求又高于公共汽车所能达到的水平。而轻轨在这些地方就能达到最高的效用。图4~图7提供了洛杉矶某条线路上轻轨运行的4种环境实例。图4显示主干金线（Gold Line）某一段1公里的高架结构，列车正离开洛杉矶市中心驶向帕萨迪纳（Pasadena）。在接下来的13公里路段中，列车绝大多数时候是在地面的专用道路内行驶（图5），在交叉路口穿行时，轻轨列车拥有绝对的交通信号优先权。在某一处，列车在修建在公寓综合楼内的车站停站（图6）。在这条22公里长的线路中，最后7公里是铺设在高速公路的中间隔离带上

（图7），列车在这条路段上的速度是105公里/小时。

图4 高架结构上的轻轨列车

图5 道路中间分隔带上的轻轨

图6 轻轨列车停靠的车站位于住宅区

图7 高速公路中间隔离带内的轻轨

与公共汽车捷运系统相比，轻轨的速度、运载能力和乘车品质都相对较高，但是，在大多数情况下，它的修建成本也更高。以上照片中显示的洛杉矶轻轨金线每天载客25,000人次，平均行程时速41公里。洛杉矶公共汽车捷运系统（BRT）的橙线（Orange Line）每天载客也是25,000人次，平均时速是29公里。按每公里每位乘客计算的运营成本大致相当。洛杉矶轻轨蓝线（Blue Line）的日客运量为85,000人次，按照每公里每位乘客计算的运营成本比BRT线路的要低得多。总体来看，在洛杉矶，轻轨线路的修建成本大约是BRT橙线的2倍。不过，每一种交通方式的投资成本随地方条件的不同而有着巨大的差异。例如，波士顿BRT中包括了一条2公里长的隧道路段，它的投资比全美所有城市的任何LRT线路都要高得多。

## 7.2 轻轨交通在北京经济技术开发区内的运用

从北京地铁开通与规划来看，地铁线路将在五环路区域内形成稠密的轨道交通覆盖网络。但同时地铁线路在郊区必然会相隔得更远，因为在这些人口密度更低的地区修建成本高昂的地铁线路是不切实际的。从交通的可持续发展来看，这些地区仍然需要运载能力更大的大容量交通，特别是在这些地方私家车遇到堵车和停车困难的情况相对较少，竞争更强烈，如果任由其发展，则会重蹈中心区的覆辙。

从轻轨的服务特征来看，在郊区以轻轨作为连接线是非常有效的。首先其修建成本不到地铁线路的三分之一；其次还可以在城郊地区为两条以上地铁线路和区域铁路线路提供跨村镇的连接，巴黎最近建成的3条线路就是这样。

从北京自身需求来看，随着北京进入和穿越该市的辐射形线路的增多，这些线路之间切向连接的需求也在日益剧增。也许在某些地点，公共汽车能够满足这种需求，但是它们的服务品质比轻轨的要低得多。另外“大北京”（Greater Beijing）规划未来将在城市中心以西新建一系列新城，以东则修建主要面向工商业的新城。这些容纳75万~150万人的新城需要的不仅是通过区域铁路线路来实现与市中心的连接，而且还需要高质量的交通线来为其服务并将它们相互连接起来。轻轨作为一种投资少、组织灵活的方式，非常适合承担这些任务，既成为中等运载能力的新城交通系统，同时还作为大容量的轨道交通高速线路而将新城相互连接起来。与所有的轨道交通系统一样，轻轨在本质上与土地使用规划和新城设计之间有着明显的互动关系。

从世界其他城市的发展经历来看，大中型城市近年来的轻轨修建数量大幅增多。由于地铁对专用路权的投资相当高，在美国、法国、西班牙、德国和其他国家的数十座城市中，那些客流量不支持这样投资的地方，尤其在需要修建隧道的情况下，都选择轻轨这种更经济的交通方式来代替地铁。在特大城市中，如伦敦、纽约、巴黎、伊斯坦布尔和马德里，也存在着在郊区采用轻轨的趋势。

北京对地铁进行高额投资，还未认识到轻轨这种所需投资仅是地铁几分之一的高品质交通的优势。对于中等容量的交通线路，轻轨有着巨大的潜力，可以成为富有吸引力的轨道交通系统，而且成本有效性远远高于地铁。在许多国家，人们都认为轻轨是一种高效的交通方式，按照相同的投资水平，它构成的网络以及覆盖的面积比地铁的要大3倍。

◆ 强烈建议北京投资轻轨交通线，以便在郊区达到更大的覆盖面积，并通过这种富有吸引力的轨道交通方式来将城郊的新城连接起来。对于众多的城市轨道交通应用而言，轻轨比地铁便宜得多。

# 8 北京区域铁路

## 8.1 区域铁路的发展

区域铁路已成为世界上许多大都市圈的重要交通方式。其原因在于这些城市的规模太大，需要更快速和质量更高的服务来高效地连接城市区间。

常规的通勤轨道交通服务在设计上针对的主要是郊区和城市中心之间的通勤者，但这种服务只能部分地满足这些通勤者的需求。终点站往往离城市中心还有一段距离，而且这些交通线路几乎无一例外地采用辐射形，而不是对角式地穿越城市中心。正如第3节中指出的，在郊区轨道交通网络的升级换代工作中，重要的一个步骤是通过穿越城市中心来将这些轨道交通车站相互连接起来，一般采用的方式是修建隧道。之后，这些辐射形的通勤轨道交通线就被连接起来，形成跨越整个地区的对角式线路。慕尼黑、奥斯陆、布鲁塞尔、费城、曼彻斯特和许多其他城市便都采取了这种对角式线路，经过升级换代，在区域内的长途行程中，已经能够提供速度和品质与汽车相当的服务。如此，便形成了一种“超级地铁”，其规模按照整个地区的需求来决定。图8展示了这种理念。

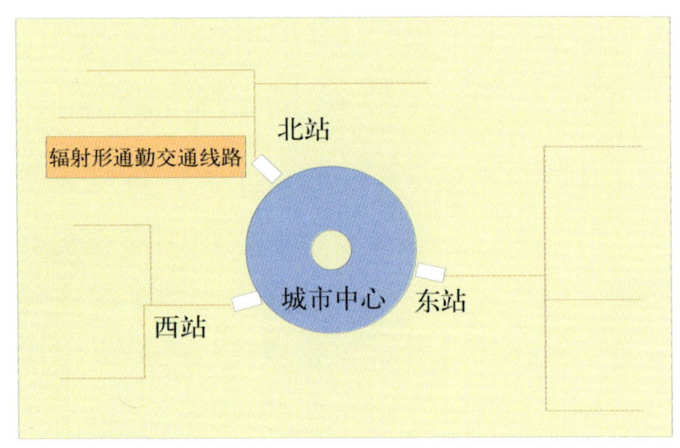


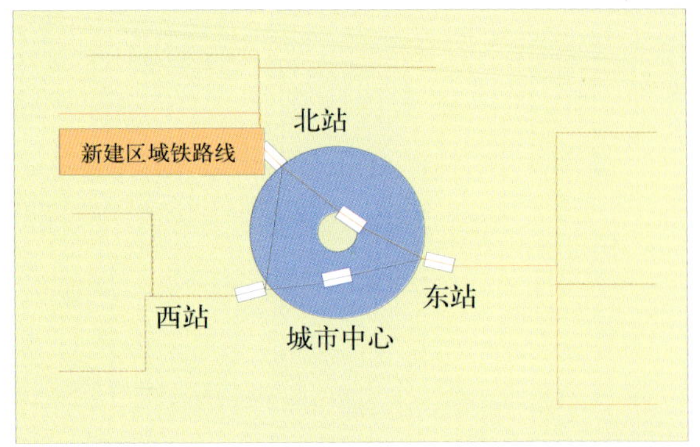


图8 带示意线路的新建区域铁路系统图

## 8.2 大都市圈

在中型城市的城郊各地之间，交通出行常常都相当困难。乘坐公共汽车或地铁在区间内穿越出行时间长。即便乘坐汽车、通过城郊高速公路来绕过城市中心，跨区间的行程也相当远。为此，大量的现代大都市圈都投资修建了区域铁路系统。

对于北京，巴黎的RER系统是可供效仿的范例，因为巴黎之所以修建这套RER系统，许多原因都与北京的相类似。在20世纪60年代，巴黎拥有着稠密的地铁线路网，覆盖的地区极为广泛，但由于车站很多，地铁的运行速度相当低；而考虑到住房价格，巴黎人口的增长，大部分人口向城市外围扩展。这些新城和工商业中心围绕着巴黎构成了一个更加广大的地区，于1976年被正式命名为“法兰西岛”（Île-de-France）。从许多方面来看，法兰西岛与北京经济技术开发区（Economic Zone）相似。巴黎人意识到这座城市需要一套远比它的地铁系统更大、更快的轨道交通系统来为这一地区服务，于是便开始在通勤轨道交通车站之间修建地下连接线，并为老的通勤轨道交通线升级换代，从而开发了一套区间高速交通网。

巴黎的RER线路仅由5条基础干线构成，却形成了相当复杂的网络。5条干线中有4条是对角式的，从该地区的一端通到另一端。所有的干线都建有多条支线和列车线路。在有些路段上轨道由两条线路共用，还有一条轨道则构成围绕巴黎塞纳河左岸的环线。运营方面，有两条线路是由地铁运营机构RATP（巴黎大众运输公司）和国家铁路机构SNCF（法国国营铁路公司）联合经营的，其他3条线路则由SNCF单独经营。RER的列车最长有10节车厢，每节车厢都是超大型，能够容纳300多位乘客。车站分散隔开，使得服务于巴黎市中心便只有少数几座车站，并确保所有车站都通过多条地铁线路来相互连接。总体上来看，RER系统是使用巴黎的地铁作为集散系统的。

## 8.3 适合北京的区域铁路

北京拥有开发一流区域铁路网的机会。首先，它建成了在整个城市中心分散区域铁路乘客所需要的地铁系统。其次，它有两套通勤轨道交通系统服务于北京火车西站和北京火车站。再次，它已经在动工修建北京火车西站与北京火车站之间的地下连接线。最后，在绿色交通、人文交通、科技交通的2009~2015年行动计划，通过“1-1-2”小时交通圈政策已经认可了改进整个地区出入条件的必要性[2]。下一步措施将对城西和城东的辐射形通勤轨道交通线进行升级换代，使它们成为一套东西对角连接的区间轨道交通线路网。

尽管我们并没有机会从任何细节上来研究北京周围的铁路网络，但据调查所知，北京经济技术开发区已有一套铁路网。其中大多数线路是客货两用，而且某些线路的运载能力有限。铁道部可能已经在考虑增设轨道并改进信号系统，以提高速度和增加班次，这对区间客运轨道交通服务而言是相当重要的。建议抓住这一契机，通过利用现有基础设施和数百公里铁路这一优势，以低于新建地铁线路的成本来建成发展世界一流区域铁路系统。

对于位于西直门枢纽的火车北站，每天只有18个往返行程的行车班次，每日客运量为7,000人次。很显然，这座车站还有着巨大的潜力，尚未得到充分利用。目前有3条主要地铁线服务于这座车站，同时还将北京与中国主要的旅游胜地之一八达岭长城连接起来。2008年8月，通到八达岭的S2号城铁线路通车，每天往返8个行程。令人惊讶的是，尽管在通往八达岭的高速路上小车和公共汽车拥挤不通，这条线路也没能吸引多少乘客。在这种情况下，应当去分析它利用不足的原因，并采取措施来提高吸引力。另外，北站应当有通往北京火车站的直达线，这样就能为区间出行建立起高速轨道交通的南北连接线。

[2]根据该计划，1-1-2是指在五环路内到北京市中心的行程时间1小时，从新城到五环路1小时，而从北京经济技术开发区内前往北京，行程时间不超过2小时。该计划其他的目标包括：将小车分担率从2009年的33.6%降低到2015年的28%，将公共交通分担率从36.8%提高到45%，同时使公共交通承担工作交通出行的50%。该市还将继续扩大公交专用车道系统，到2015年，公交专用道将达到450公里，并且相互连接、形成网络。90%的乘客500米内即可到达公共交通站点（have transit access with 500 meters）。地铁网按如下步骤来扩建：2010年为300公里，2012年为420公里，2015年为561公里。到2015年末，地铁系统将形成一套“3环、4横、5纵、8径向”的线路网。这套系统每日客运量将达到1,000万人次，并且承担整个公共交通（公共汽车和地铁）需求的50%。

总而言之，随着大都市圈的迅速增长，加之私家车数量的增加，这些城市对区域铁路存在巨大需求。区域铁路采用电车，是一种高品质、高性能且富有吸引力的客运方式。在工业化国家的大多数城市（从纽约、多伦多和伦敦到东京、巴黎、布宜诺斯艾利斯和墨尔本）自19世纪以来建成了区域铁路系统，许多发展中国家的城市（如孟买、约翰内斯堡、圣保罗和墨西哥城）在近数十年间也投入了大量精力来全新开发这类系统。

在遍及全球的区域铁路发展浪潮中，基于其先进的铁路系统，北京应该规划并开发自己的区域铁路网。另外在此过程中，尽管有着广大的基础设施、强大的专门技术和组织结构来开发区域铁路系统，但仍需要克服缺少机构设置、缺少关注的障碍。

◆ 北京应当利用经济区内四通八达的铁路网优势，开发一套与德国S-Bahn或巴黎RER系统类似的区域铁路网络。这样的网络将通过高品质、高性能和大容量的轨道交通，为整个地区的交通出行提供便利的服务。

# 第 2 篇

# 城市公共交通枢纽设计与发展

戴浩仁（Oren Tatcher）第1部分
苏佑田（Simon）第2部分

DATEV
11-16
S
PLUS

# Beijing Transit Hub Evaluation
# 北京公共交通枢纽评估

## 戴浩仁(Oren Tatcher)：

戴浩仁(Oren Tatcher), OTC有限公司总监; OTC成立于香港, 专门从事交通设施的建筑规划与设计, 以及以交通为导向的城市总体规划。1995年毕业于哈佛大学设计研究生院(Harvard University's Graduate School of Design), 取得建筑硕士学位。及后加入Skidmore, Owings & Merrill (SOM) 建筑公司纽约分公司。自2003年起, 成为SOM香港及上海分公司的城市设计总监。期间的工作主要为机场客运大楼、公共交通设施的的规划设计, 以及以交通为导向的城市总体规划。

2007年起于香港执业, 成立OTC有限公司。 OTC从事建筑规划与设计, 包括机场大楼、铁路车站、海运码头以及中国、阿拉伯联合酋长国、印度等多地的交通联运站。期间亦与美国、中国等多间非政府组织(NGO)紧密合作, 促进发展中国家的可持续交通发展与优良的城市设计。最近在中国、印度、墨西哥和巴西等地积极推动公共交通枢纽的发展。

## 苏佑田（Simon）：

苏佑田博士是BMT亚太公司的董事及首席经济师。该公司业务跨多个领域，包括商业战略、经济、运营、工程科学及技术咨询等，尤其在物流、港口、交通及运输等方面拥有领先行业的雄厚实力。苏博士拥有伦敦大学经济博士学位和伦敦帝国商学院硕士学位。他还在美国哈佛大学接受了高级行政管理人才的培训。他在多家国际性的物流相关杂志和报刊中发表多篇文章，内容包括中国加入世贸组织对全球或地区贸易模式的影响等。

拥有超过16年的有关物流及运输行业的咨询研究经验，苏博士是亚太地区少有的对陆上、海上、航空等多种交通物流拥有完备且深入见解的专家。他带领公司的全球经济战略团队，主要在交通物流方面为跨国公司、政府机构、投资者和领先企业提供卓越的战略建议、创新思维和有效的解决方案。苏博士特别对公共交通的公私合作关系有着深入的研究和丰富的咨询经验。

苏博士的项目经验遍布世界各地，包括中国内地、中国香港、中国台湾、日本、英国、美国、德国、荷兰、澳大利亚、新加坡、越南、马来西亚、印度尼西亚、阿联酋、黎巴嫩、毛里求斯、尼日利亚。苏博士是或曾是多个重要国际及区域性组织的会员，包括国际经济与金融协会、国际经济学研究中心、经济研究培训欧洲协会、中国香港总商会船务及运输委员会、中国委员会、经济政策委员会、中国台湾小组委员会。

# 摘要

一个良好、高效的公共交通系统是城市经济可持续发展的必要支柱。随着中国经济的快速发展，以及各地方政府承诺加大公共交通基础设施的投入，这些都为中国城市未来几十年的发展奠定了坚实基础，并提供了巨大的机遇。但是与此同时，如果产生任何失误，都可能对居民生活质量造成长期负面影响，以至于损害到城市的形象和成功。

## A 公共交通枢纽设计

### 公共交通枢纽的设计目标

在不同的交通运输模式之间提供高效的转换点，以优化整个交通运输网络的功能，使其运行更加合理。

为乘客们提供高水准的服务水平（LOS）。整体服务水平是关于发车频率、车辆品质以及场站服务质量的函数。一个能够为乘客们提供完美舒适出行体验的高服务水平的公共交通枢纽，是使公众放弃私人汽车的关键，也是为公共交通运营商提供可持续经济基础的关键。

公共交通枢纽中的商机最大化，以获得额外的收入来源，补贴公共交通枢纽的维修和运行。高客流对许多种类的商业都有吸引力，如果设计合理，可以在不损害交通运输系统运行或服务水平的情况下创造收入。

将公共交通枢纽融入城市环境，方便的步行和自行车通达性，鼓励以公共交通引导城市发展（TOD），并保持与周围城市土地利用和城市肌理的协调。

### 公共交通枢纽的设计原则

交通运输设施的设计原则与乘客和车辆流动、配套设施及城市设计有关。关键点如下：

- **详细的、长期的规划**：规划需要预测未来各交通方式分担率和需求；还必须具有灵活性，因为预测可能会发生变化，所以需要考虑到未来的扩建。
- **按高峰时段的需求设计**：预测的高峰客流量是确定场站规模的基础，包括站台、通道、等候区、售票区、排队区和扶梯等。
- **各要素保持一致的服务水平**：交通设施中的每一项要素都需进行合理设计，要注重协调，避免出现“低服务水平瓶颈，高服务水平浪费”现象。
- **将步行距离和垂直变化最小化**：交通运输场站的设计应尽量紧凑，确保车站入口与乘车区的距离以及不同交通模式换乘的步行距离最小。垂直变化对于乘客来说是不便的，因为它会增加出行时间，并且垂直变换设施的安装和维护费用昂贵，如扶梯和电梯。
- **垂直变换的合理设计**：扶梯、电梯和传送道应谨慎设计，为达到预期的服务水平需提供足够的备用设施。另需充分考虑承载量、备用数量和乘客携带行李的情况。
- **便利路线的引导系统**：这包括清晰的场站布置；便利且符合标准的标志、标线和良好的信息系统。
- **舒适的环境**：一个舒适的环境应被视为服务水平的关键要素。对恶劣气候的防护、空气质量的掌控、美观和清洁是一个成功的公共交通枢纽的关键。
- **乘客便利设施**：足够的座位、方便的售票处、休息室和其他便利设施对于乘客来说像票价一样重要，尤其是对于长途交通运输设施。
- **良好的车辆交通组织**：可独立运行的锯齿形公交站比直接式的公交站要好；专用通道对于整合周围交通十分重要；在场站运营区外需要提供候车区域。
- **方便的人行通道**：公共交通枢纽需要与其所在的城市街区的步行网络相结合。多个入口可方便乘客从周围区域直接进入，如果合适的话，还可将其与商业性建筑邻接。
- **公共交通引导发展**：在公共交通枢纽周围应鼓励进行高密度、混合利用的建筑开发，使交通可达性和土地之间协调，使效益最大化。土地混合利用度从中央商务区的办公、商业零售到外围地区的主要住宅、商业开发可以有所变化。

◆ 避免“堡垒”效应：一个公共交通枢纽应在使用、规模和可达性上尽可能地与周围环境有机融合。高容量道路围绕公共交通枢纽形成了“堡垒”，割裂了城市结构，应尽量避免。

## 我国城市公共交通枢纽分析

本文以北京市目前已建成的东直门公共交通枢纽为例，对我国城市公交枢纽规划建设情况及其服务水平进行分析，希望对我国城市交通枢纽的应用提出相应的建议。

鉴于目前尚没有针对多模式交通枢纽设计和运行的固定国际标准，加之我国城市经济和交通基础设施的快速发展的特殊性，本文采取了对比分析的思路，研究世界范围内与东直门交通枢纽相似的成功枢纽设施的特点，以此为基础，对我国城市公共交通枢纽的发展提供相关经验。其中选取的范例分别位于中国香港与西班牙马德里。

◆ 现有公共交通枢纽中的设计误区分析。

◆ 东直门交通枢纽的详细分析以及建议和解决方案。

◆ 东直门交通枢纽换乘线路评估。

其中主要采用OTC公司的服务水平评估工具（LOSAT）。标准对比的结果总结如表1所示。

表1　北京公共交通枢纽服务水平评价和对比总结

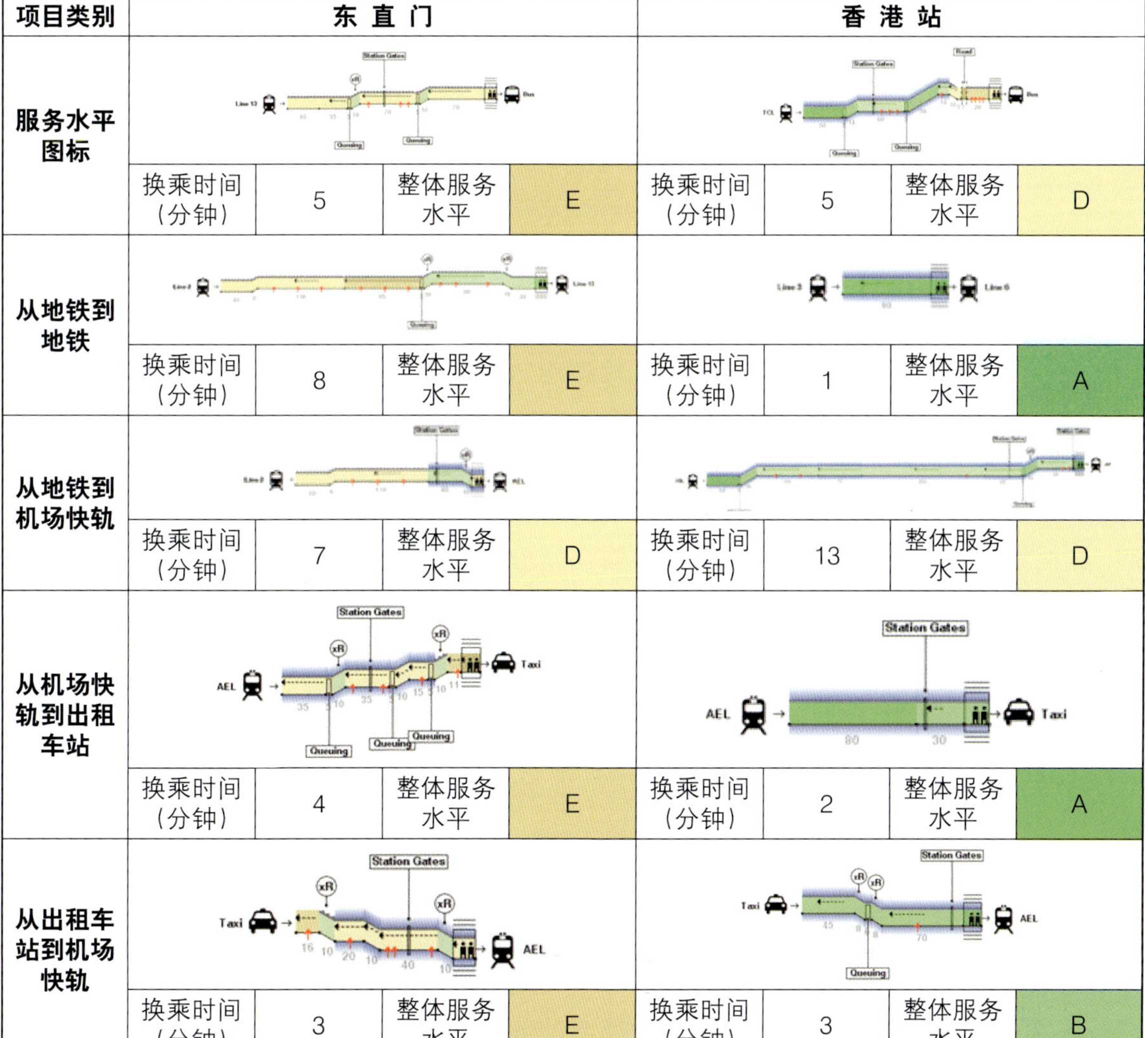

| 项目类别 | 东直门 | | | | 香港站 | | | |
|---|---|---|---|---|---|---|---|---|
| 服务水平图标 | 换乘时间（分钟） | 5 | 整体服务水平 | E | 换乘时间（分钟） | 5 | 整体服务水平 | D |
| 从地铁到地铁 | 换乘时间（分钟） | 8 | 整体服务水平 | E | 换乘时间（分钟） | 1 | 整体服务水平 | A |
| 从地铁到机场快轨 | 换乘时间（分钟） | 7 | 整体服务水平 | D | 换乘时间（分钟） | 13 | 整体服务水平 | D |
| 从机场快轨到出租车站 | 换乘时间（分钟） | 4 | 整体服务水平 | E | 换乘时间（分钟） | 2 | 整体服务水平 | A |
| 从出租车站到机场快轨 | 换乘时间（分钟） | 3 | 整体服务水平 | E | 换乘时间（分钟） | 3 | 整体服务水平 | B |

（续上表）

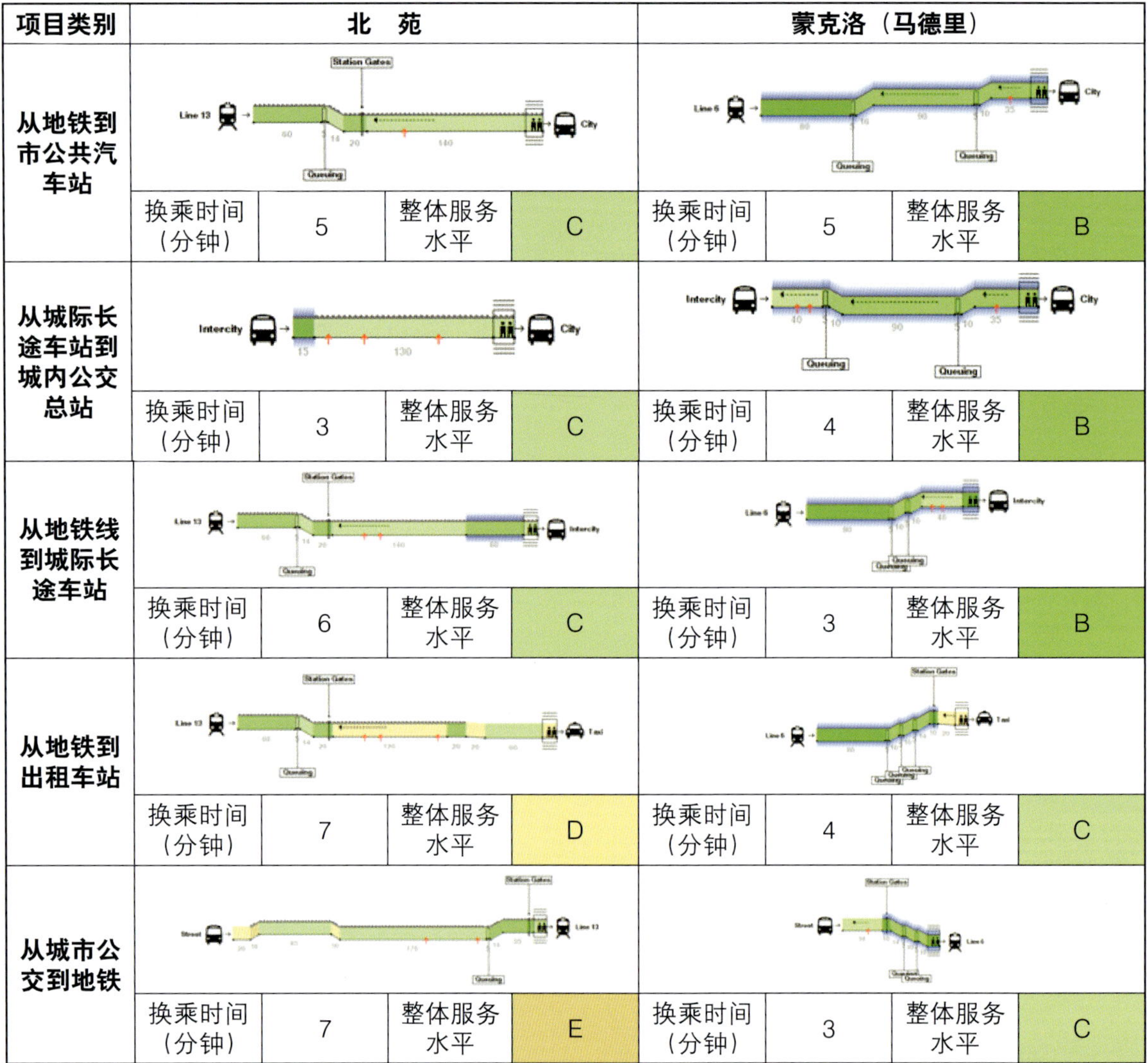

| 项目类别 | 北苑 | | | | 蒙克洛（马德里） | | | |
|---|---|---|---|---|---|---|---|---|
| 从地铁到市公共汽车站 | 换乘时间（分钟） | 5 | 整体服务水平 | C | 换乘时间（分钟） | 5 | 整体服务水平 | B |
| 从城际长途车站到城内公交总站 | 换乘时间（分钟） | 3 | 整体服务水平 | C | 换乘时间（分钟） | 4 | 整体服务水平 | B |
| 从地铁线到城际长途车站 | 换乘时间（分钟） | 6 | 整体服务水平 | C | 换乘时间（分钟） | 3 | 整体服务水平 | B |
| 从地铁到出租车站 | 换乘时间（分钟） | 7 | 整体服务水平 | D | 换乘时间（分钟） | 4 | 整体服务水平 | C |
| 从城市公交到地铁 | 换乘时间（分钟） | 7 | 整体服务水平 | E | 换乘时间（分钟） | 3 | 整体服务水平 | C |

## *结论和建议*

总体来说，服务水平是对于公共交通运输的总体感受；高水准的服务意味着整个换乘过程是在舒适优雅的环境中完成的。“C级”及以上服务水平应该作为任何公共交通系统的服务目标，尤其是一个必须要同私家车进行竞争的公共交通系统。

一个公共交通运输系统的整体服务水平是关于发车频率、车辆和场站质量的函数。发车频率通常可以增加，车辆也可以轻易地升级，但是交通场站则属于固定的基础设施，如果没有巨大的成本和运行中断，要升级是极度困难的。设计交通场站时，从一开始做好服务水平设计是至关重要的。

通过对乘客在公共交通枢纽所换乘路线的整体服务水平进行分析，发现目前东直门公共交通枢纽的服务水平总体来说不够好。与运营时间超过10年的香港和马德里的枢纽站相比服务水平偏低。另外，随着交通网络的扩展与客流的增长，北京市公共交通枢纽的服务水平有继续恶化的趋势。

服务水平评估的结果并不是偶然的，是与枢纽在设计过程中存在一些缺陷甚至错误直接相关，产生这些错误的原因可能主要是以下两个方面。

在设计过程中规划信息不充足，尤其是长期规划信息；缺乏对服务水平以及它在交通设施设计中的重要性的正确理解。

在对比东直门公共交通枢纽和本报告所选的国际范例时，这两个问题得到了充分的展现。在香港，公共交通设施必须要经过精确的规划过程，尤其是地铁站，通常都经过周密的规划，确保在一定服务水平的前提下，满足预测的容量，并能够处理类似北京的极度拥挤的情况。在马德里，对于服务水平的关注可以推动与公共交通有关的所有决策，包括对宽敞舒适的多模式无缝转乘场站的设计和建设。

同其他国家相比，我国城市公共交通需求巨大，因此设计人员在规划设计的过程中有可能没有充分注意服务水平的要求，而把市民搭乘公交当成了必然选择。但是，如果将公共交通设施的高服务水平看成是不必要的昂贵投资，而就不提高服务水平的话，那么随着人民日益富裕，他们将会直接转向购买私人汽车，这会导致更多的道路拥挤和空气污染。马德里有关部门深刻理解这一点，所以他们在公共交通上投入了巨大的资金。在香港，虽然汽车的价格是北京的一半，但香港政府认识到高质量的公共交通是香港核心竞争力之一，并且是市民满意度的关键。

我国城市建设很有可能在未来的几十年内仍需面对一些规划和设计方面的错误，或者花费大量的资金来修正这些错误。所以我们建议在新的公共交通枢纽建设之前，重新审视目前的做法和方式。对于已有的设施，需要进一步研究与落实本报告中提出的一些建议，来提高系统容量和服务水平。

一个细致、系统和科学的场站规划的重要性无论怎么强调都不过分。列出一些好的原则，并使用电脑来进行模拟仿真并不能创造出优秀的公共交通枢纽。原则是简单的，但是将其综合应用到场站的规划和设计中是很困难并且很耗费时间的。

优秀的公共交通枢纽是清晰的目标、正确的标准，精确的设计过程、优秀的规划者、充足的时间和资源共同作用、理性创造出来的结果。

## B 公共交通枢纽的公私合营（PPPs）

公私合营的概念有很多不同的说法，目前并没有一个完全统一的界定。不同于传统的做法，公私合营使得私营企业的收入回报与服务产出和特许经营期间的表现相关联。

公私合营包括许多不同的模式，从相对短期的管理合同，到特许经营权，再到国有企业和私营企业之间的不同程度所有制的合资企业和部分私有化企业都是其表现形式。

### 公私合营的种类

公私合营主要有4种方式：公有制、私人承包制、特许经营权/租借合同和私有化。如果进一步细化，这些种类可以细分成7种特殊形式，包括服务合同、管理合同、租借、合资企业、建设—经营—投资、特许权和资产剥离。

### 成功的关键性因素

北京市公共交通枢纽的公私合营，同公共交通引导发展一样，只有准确定位参与方的利益，才能取得成功。其中3个最关键的因素如下。

交通：私营成分的加入不仅帮助政府发展基础设施，而且可以以增加客流的方式获得利益。在这种情况下，就要求有一个精心设计的公共交通场站，以支持高效的交通换乘，同时可能需要邻近的土地。

私营企业介入：在参与性开发中，私营企业的加入是必要的，如房地产行业。但私人开发商往往会根据自身需要削弱公共部分。公共部门需要介入公共交通枢纽的开发以实现公共部分的价值，这种行为即我们所知道的“价值获取”。

公共领域和总体规划：公共领域指的是通过确立一套简明的设计原则来加强开发特征，以创造一个安全、具有吸引力和容易进入的居民区。高效的总体规划则是实现高质量的公共领域的方式。

公私合营已经成为建立一个可持续的制度框架的有效方式，这个框架允许私营企业来经营、承担风险和从事创新性活动而获益，同时使得城市利用市场力量实现交通的可持续性。总体上实现了企业与公共部门在“收益”与“环境可持续”方面的双赢。

## 北京市公共交通枢纽的特性

在开发模式方面，北京市一些公共交通枢纽基本上是混合开发的，包括购物、居住、旅馆和餐饮等。例如，东直门公共交通枢纽将是一个容纳五星级酒店、居住和商用建筑、餐厅、展览馆以及其他娱乐性设施的158米高的综合性大厦。实际上，对于那些没有配套内部购物、居住、旅馆和餐饮的公共交通枢纽，仍然需要将其功能与该区域现有的或者将来的经济活动相结合。未来北京市的每一个公共交通枢纽都将以地铁为网络主骨架。到2015年，预计有50%的公共交通出行者会使用轨道交通，常规公交线路将会进入每一个公共交通枢纽。**在枢纽管理模式方面**，公共交通枢纽的运营权归北京公联公司所有。电费、水费和基本管理费，都是由枢纽内的企业承担，维护费用是由北京市政府来支付。另外可以在枢纽内设立一些零售摊点，来分担一部分运营费用。北京公联公司（BGC）是北京市所有公交枢纽的所有者，其中由其组建的北京公联公共交通枢纽建设有限公司（BGTHCLC）负责枢纽的建设和运营。相应的混合开发如零售摊点和简便饮食店等，则由公联公司自身负责。

## 国际范例：中国香港

为了满足日益增长的通勤需求，缓解有限的土地上人口增长所带来的压力，中国香港特区政府出台了一系列发展政策，其中包括通过建立一个高效的公共交通系统，减少小汽车的使用。

香港也提供与公共交通引导发展相似的开发项目，包括日出康城、奥海城和东涌开发项目，其中奥海城（位于港铁奥运站）被认为是公私合营开发的典型成功案例。

除了交通基础设施，港铁奥运站周围还分布着购物中心、居住区和娱乐场所等。奥海城的一期和二期都规划有综合购物商场，包括两百多家店铺和四十多家餐厅，总零售空间共有800,000平方英尺（约74,322平方米）。在购物中心还有电影院、保龄球馆和健身场馆。

香港地铁系统是由香港地铁有限公司（MTRC）拥有并负责运营。初期，该公司为一个完全由政府所有的企业，直到2000年，香港特区政府将该公司股份的23%出售。香港地铁有限公司在香港股票交易所上市之后更名为香港地铁股份有限责任公司（MTRCL）。不过，香港特区政府仍然持有大部分股份。

香港地铁有限公司为地铁建设出资，政府作为补偿给予一定的土地使用权（包括开发权）。随后香港地铁有限公司对周边土地开发权进行招投标，但是仍保留土地租赁人的地位。在此过程中，土地地价由香港地铁有限公司同香港特区政府谈判决定。

有几个开发商联合体参与了港铁奥运站公交枢纽的开发，如表2所示。

表2　奥海城及其周边产业的开发商

| 位　置 | 开 发 商 | 类　型 |
|---|---|---|
| 港铁奥运站 | 香港地铁有限公司 | 多层公共交通枢纽 |
| 第一组（维港湾、香港上海汇丰银行（HSBC）中心、中国银行中心、奥海城一期项目） | 信合置业有限公司、中国银行投资有限公司、嘉里建设有限公司、中国海外发展有限公司、新加坡嘉德置业有限公司 | 办公、零售、居住、室内运动场馆和停车场 |
| 第二组（柏景湾、中心公园、奥海城二期项目） | 信合置业有限公司、中国银行投资有限公司、嘉里建设有限公司、中国海外发展有限公司 | 零售、居住、市场和停车场 |
| 第三组 | 新鸿基地产有限公司 | 居民区、幼儿园和停车场 |

来源：香港地铁有限公司投资者关系报告，2004。

奥海城开发项目所使用的土地是由香港特区政府授予香港地铁有限公司。对于居住和商用区域开发用地则是通过招投标委托给私营开发商。在此过程中，私营开发商需将通过香港地铁有限公司谈判土地地价支付给香港特区政府。

对于地产开发，香港地铁有限公司与承担开发项目风险的私营开发商合作。但其仅仅是以名誉开发者的身份进入，因此，土地地价和建设费用，以及由此产生的所有开发风险都由开发商承担。

## 国际范例：马德里

马德里由于有着高密度的人口，公共交通系统也曾遭遇了诸如：交通拥堵、交通方式之间缺乏协调、网络设施不足以及服务质量低下等一系列问题。同香港一样，马德里政府也出台了一系列公交改革政策以提升公交的服务质量，鼓励居民使用公共交通，其中包括建立了一个多模式交通换乘站（IES）。

多模式交通换乘站（IES）是一种地下建筑，主要服务通勤人群，确保其在不同的交通方式之间实现换乘。站内有区域公交、地铁、城市公交、通勤铁路线路、城际长途客车以及公共停车等。我们选择了运输换乘站作为标准。

本研究中选取其中5个实行公私合营的多模式换乘站作为典型实例（表3）。5个换乘站建设用地由马德里市政府或地区政府提供。尽管建成的公交设施归国家所有，但在建设中，政府通过与开发商签订特许权合同引进了私人资金。

表3　马德里通过特许经营已投入营运换乘站主要特征

| 多模式场站 | 建设年份 | 投资额（百万欧元） | 特许权时间（年数） | 股　东 | |
|---|---|---|---|---|---|
| AVDA（美洲站） | 2000 | 25.62 | 25 | 公共汽车交通运输第一有限公司 | 25.50% |
| | | | | 公共汽车交通运输第二有限公司 | 25.50% |
| | | | | 第一建设有限公司 | 20.50% |
| | | | | 第二建设有限公司 | 20.50% |
| | | | | 银行 | 5.00% |
| | | | | 设施管理有限公司 | 2.00% |
| | | | | 咨询有限公司 | 1.00% |
| 卡斯蒂拉广场站 | 2007 | 120 | 33 | 公共汽车交通运输第一有限公司 | 34.00% |
| | | | | 公共汽车交通运输第二有限公司 | 22.00% |
| | | | | 公共汽车交通运输第三有限公司 | 8.00% |
| | | | | 公共汽车交通运输第四有限公司 | 8.00% |
| | | | | 公共汽车交通运输第五有限公司 | 3.00% |
| | | | | 建设有限公司 | 20.00% |
| | | | | 设施管理有限公司 | 5.00% |
| 蒙科洛阿站 | 2007 | 100 | 35 | 公共汽车交通运输有限公司 | 80.00% |
| | | | | 建设公司 | 20.00% |
| 普林西比站 | 2007 | 50 | 33 | 公共汽车交通运输第一有限公司 | 30.00% |
| | | | | 公共汽车交通运输第二有限公司 | 5.00% |
| | | | | 建设公司 | 55.00% |
| | | | | 设施管理有限公司 | 10.00% |
| 埃里普迪卡广场站 | 2007 | 36 | 35 | 公共汽车交通运输有限公司 | 20.00% |
| | | | | 建设公司 | 80.00% |

来源：Floridea Di Ciommo，“私营企业出资的城市多模式交通换乘站：马德里案例”，TBM 2009年度会议。

在招投标阶段，马德里政府给投标者们提供多模式交通换乘站的初步设计，同时要求投标者们提供详细设计。一旦特许权被授予，特许权获得者有义务按照所呈交的详细设计方案建设换乘站。

## 成功经验

### 香港

公私合营的发展得益于香港主要地产开发商的经验。

公私合营制使得枢纽周边用地规划与开发更加高效。同时，公交枢纽的建设为该地区的购物者、上班族以及当地居民的出行提供了多种选择。

奥海城于2001年竣工不久，由于开发项目自身质量高并拥有便利的交通，使得其购物使用率达到最高。另外，该项目开发后吸引了其他区域多数人前来居住，从而缓解了岘港其他地区的拥堵问题。

公共部门和私营实体企业，如房地产开发商等，都从此类开发项目中获取了利益。在开发之前，通过角色分配，明晰各自目标是关键的。该模式也使正开发或规划中的项目得到了应用，如奥海城第三期正在修建5个新的居住区。

### 马德里

马德里公共交通枢纽成功的关键是私营企业承担基础设施的建设、维护和运营。其前提是在特许经营期间，可以收取使用费。

公共交通枢纽建设提高了公共交通的使用率，不仅减少了交通拥堵，还带来了一定的社会经济效益。首先减少乘客换乘时间，增加了乘客的舒适度，进而增强了公交的竞争力；其次公交使用率提高，拥堵缓解，燃油消耗量减少，城市环境也得到了改善。经济方面，换乘站建设也降低了区域公交的运营成本。据测算：节约的运营费用约是投资的2倍。另外授予特许权的做法，基础设施的费用全部由私营企业提供，减轻了政府的财政负担。

## 对北京市公共交通枢纽公私合营的启示

潜在的问题和可能的解决方案如表4所示。

表4　北京市公共交通枢纽公私合营的潜在问题和可能的解决方案

| 潜在的问题 | 可能的解决方案 |
| --- | --- |
| 公共和私营利益相关者期望值不同 | 在开发项目开始之前，协商好项目范围，所有的利益相关者必须认同并满足对方的目标和需求 |
| 公共部门失去管理控制权 | 建立可预测的决策流程；准确定位关键利益相关者所需扮演的角色；加强所有利益相关者的积极性 |
| 私营企业表现不佳 | 使用以效绩为基础的评价标准；采用项目系统质量监控 |
| 公众对于开发项目的接受度 | 公共部门与社区共同设定长期的远景。评估公众需求；项目中引进市场研究 |
| 在公私合营方面的经验不足 | 借鉴国际公私合营的成功经验；需要制订总体规划，定时进行更新和检查 |

（续上表）

| 潜在的问题 | 可能的解决方案 |
|---|---|
| 不可预测的经济上的变化，导致某一方产生财政困难，危及项目的进行 | 允许财务缓冲；明确其他利益相关者/合作伙伴的财政状况，确保可以承担项目。尽管中国经济在“金融危机”之后，仍然保持了一个相对强盛的发展势头，但是，仍然应该考虑制订应急计划；就像我们从马德里的案例中所学习到的一样，授予特许权是解决政府所面临的财政问题的一个很好方法 |
| 违背总体设计 | 不要走捷径；采取长远的眼光，结合应用开展设计；对于马德里的案例来说，政府提供给投标者公共交通枢纽的初始设计，但是每个投标者都必须呈交他们各自对于该招标项目的设计；在特许权被授予之后，特许权接受者有义务按照在招投标时所呈递的设计落实建设 |
| 变化的市场条件导致需求变化 | 北京市公共交通枢纽的管理，必须频繁地注意市场条件的变化和需求预测，以提高项目的市场适应程度，增加价值。例如，港铁奥运站其中一块用地在2002年由旅馆调整成居住区，相应的规划也需要及时更新，将更多最新的信息纳入考虑范围 |
| 同时发展多个多模式公共交通枢纽给使用者带来困惑 | 开发商必须保证在枢纽内部的设施运营符合标准，确保上下班人群在使用时不会感到困惑；尽管某些设计方面，如交通运输枢纽场站的外观，可能需要保持独一无二，但是内部设计最好采取相似的外观。例如，香港地铁全部使用相同的售票机，内部设计和配色方案大部分保持一致 |

## 北京发展特性

同香港市700万的人口和马德里320万的人口相比，拥有几乎2,000万人口的北京市的公共交通枢纽的任务要比前面两个城市重得多。在枢纽建设期间，可能会影响当地的交通网络，严重时会导致交通拥堵。

污染一直是北京市一个悬而未决的问题。如果没有将环境影响研究和应对举措纳入考虑，这些广泛分布的公共交通枢纽的建设将会加剧污染问题。

文化和传统是北京居民生活中最重要的部分。在公共交通枢纽的设计中要注重融入中国文化元素，而不仅仅是设计一个纯粹功能的交通枢纽。

北京市公共交通的成本与香港和马德里相比要便宜得多。低廉的费用，不应仅归因于政府希望更多的人来使用公共交通，还应考虑到一个事实，那就是居民的平均收入要低得多。

贫富差距一直是政府担心的问题，提供的公共交通系统资源必须使所有人不管收入水平如何，都可以负担。

# 第1部分 公共交通枢纽设计

## 1 介绍

### 1.1 背景

运行良好而高效的公共交通系统是城市可持续发展不可缺少的组成部分。近年来，城市政府对公共交通基础设施的巨大投资为城市的发展带来了巨大的机遇，但同时也带来了技术和规划方面的挑战。由于基础设施使用的长效性，如果规划建设不当，则会延缓城市的发展，效率不佳，对城市居民的生活质量改善不大，甚至造成长期负面的影响，并且损害城市形象。

以北京市为例，根据北京市公共交通系统规划，到2020年，将一共建设33个综合多模式公共交通枢纽。到2009年底，3个公共交通枢纽已经建成、4个部分建成、1个在建、还有6个处于规划和设计阶段。这样大规模的建设在全国各个城市都在展开，因此如何有效地利用规划和设计手段保证公共交通枢纽的高效性，是当务之急的问题。

### 1.2 目标

本文探讨的主要目标如下。

- 分析我国城市公共交通枢纽的规划、设计、周围土地的开发和运营中存在的技术问题和挑战。
- 针对关键性问题，给出相应解决方案，作为市长在制订十二五规划时的参考。
- 简单列举未来值得进行研究的课题。

### 1.3 研究范围

本文重点集中在公共交通枢纽的规划和设计，以及公共交通枢纽的运营和周边土地的开发。另外，还有一个部分探讨公共交通枢纽开发中采用公私合营（PPPs）的范例。研究的主要内容包括：

- 审视公共交通枢纽的设计原则以及它们与可持续经济和社会发展之间的联系。
- 设立服务水平目标和其他设计标准，并将它们作为公共交通枢纽评估的基础。
- 总结国际大都市公共交通枢纽规划和设计中的经验与教训，确定与我国城市的关联性。
- 分析我国城市公共交通枢纽中存在的设计问题。
- 针对东直门公共交通枢纽中特殊设计问题，与相关的国际成功案例进行比较。

本文所选择的公共交通枢纽包括：

- 东直门站（部分开放）
- 香港（香港站）
- 马德里（蒙科洛阿站）

- 推荐改善措施和值得进一步研究的领域。

### 1.4 研究方法

研究方法包括以下几个关键性步骤。

- 数据分析：参考公开可用的关于公共交通枢纽的规划图纸和数据。
- 对东直门公共交通枢纽进行现场参观，评估它们的规划性能，与北京公联公司和北京市市政工程设计研究总院的人员会谈，讨论所研究的公共交通枢纽的规划和运营问题。
- 参观并收集香港和马德里公共交通枢

纽站的有关材料，与规划和运营人员会谈，讨论所研究的公共交通枢纽站的规划和运营问题。

◆ 对公共交通枢纽及国际成功案例的多模式换乘路线的总体服务水平进行评测。

◆ 讨论城市公共交通枢纽的关键性规划和设计问题以及相应的解决方案。

# ② 多模式公共交通枢纽基本设计要素

## 2.1 设计目标

多模式公共交通枢纽设计的目标可以总结如下。

◆ **在不同的交通方式之间提供一个高效的转换点**，以优化整个交通网络的功能，使其运行更加合理。如果没有公共交通枢纽，公共交通的覆盖率将会减少、路线重复系数增加，从而加剧交通堵塞，导致公共交通系统的经济可行性下降。

◆ **为乘客们提供高水准的服务水平（LOS）**。如果有所选择的话，大多数人会选择汽车实现门到门式的出行。整体服务水平是一个关于发车频率、车辆和场站质量的函数。一个能够为乘客们提供舒适完美出行体验的高服务水平的公共交通枢纽，是使公众放弃私人汽车的关键，也是为公共交通运营者们提供可持续经济基础的关键。

◆ **将公共交通枢纽中的商机最大化，以获得额外的收入来源**，补贴公共交通枢纽的维修和运行。高客流量对许多不同种类的商业都有吸引力，如果设计合理，可以在不损害交通系统运行或服务水平的情况下创造收入。

◆ **将公共交通枢纽融入城市环境**，方便的步行和自行车通达性，鼓励以公共交通引导城市发展，并保持与周边土地利用和城市肌理的协调。

## 2.2 设计原则

### *2.2.1 交通场站设计原则*

以下总设计原则适用于所有种类的交通场站，从公共汽车站到机场。

◆ **详细的、长期的规划**。这一原则有以下几个组成部分。

- **交通方式分担率**：设计必须对所有交通方式作出预测，包括交通方式分担率以及换乘客流等。
- **设计年份**：必须明确多个设计年份的需求和目标流量，包括评估该场站初始阶段的规划容量。
- **未来扩建**：必须预测长期需求以确保场站未来的扩建，其中包括对未来交通方式分担率的预测以及未来扩建的概念规划。
- **保证灵活性**：必须保证灵活性，以应对路线、方式划分等方面出现变化。规划设定的条件必须定时更新，场站相应的设计应尽可能作出调整。

◆ **依据高峰时段流量确定场站规模**。预测高峰客流量是确定场站各要素规模的基础，包括站台、通道、等候区、售票区、排队区和扶梯等。设计高峰时段的确定方法不止一个（这通常不是指“最坏情况”的高峰时段），场站的不同部分可能会要求使用不同的方法。流量分析必须详细，以为场站各要素规模确定提供参考依据。在香港，扶梯承载量设计按早高峰承载量如图1所示。

图1　在香港，扶梯承载量是按早高峰每小时来设计的

◆ **合理利用早晚高峰特征**。大多数城市交通场站都会经历早晚两个高峰期，并且期间交通会呈现潮汐形式。优秀的设计会利用这个现象降低建设成本。例如，通过在扶梯、楼梯和场站大门等设计中增加动态分配栏杆、标志牌以及相应的运营人员等，实现同一资源双向服务使用的目的，避免资源浪费。

◆ **保持一致的服务水平**。交通设施的每个要素都需进行合理设计以实现目标服务水平。保证所有要素不低于目标服务水平是非常重要的，因为低服务水平区域有可能成为服务瓶颈从而损害设施的质量形象。相反，服务水平过高的那些区域会被视作过度建设。

◆ **避免客流冲突**。这一原则包含以下两个因素。

• **交叉冲突**。交叉冲突会降低设施效率，同时产生困惑和不适，应该尽可能地避免这种情况。

• **反向客流**。反向客流在同一走廊中没被分离，也会减缓系统运行速度。在客流量大和客流方向明确的大型场站，如机场和长途火车站等，分离到达和离开的乘客是较为明智的做法。

◆ **避免过街**。这对进出公交车和出租车来说尤其重要，尽管通过人行天桥和地下通道可以很好地解决该问题，但场站规划仍然应将邻近的步行区放在地面上。

◆ **尽可能减少步行距离**。交通枢纽的设计应尽量紧凑，将车站入口与乘车区的距离，以及换乘的步行距离最小化。实际上，超过五分钟的步行距离对于许多乘客来说也已经是个障碍。

◆ **尽量减少上下变化**。上下走动对于乘客来说是不舒服的，因为它会增加换乘时间，并且垂直循环设施的安装和维护也很昂贵，如电梯和扶梯。

◆ **合理设计垂直循环系统**。扶梯、电梯和传送带应谨慎设计，尤其是为达到预期的服务水平需提供足够的备用设施。在长途场站，应特别考虑行李的搬运。

◆ **便利的路线引导系统**。这一原则包括以下几点。

• **简易和直观的路线指示**：场站设计应方便乘客查找路线和他们的目的地。直接的流动路线和清晰的视觉引导是非常重要的。

• **便利的标志系统**：指示牌应保持一致、清晰与易读，尤其是在一定的距离处。

• **信息系统**：信息牌应显示路线信息、站点布局以及目的地等，这对多模式枢纽来说尤其重要。

• **标准化**：在同一交通网络中采用标准的站点布局、指示牌和信息系统可以大大提高系统的服务效率。

◆ **舒适的环境**。舒适的环境是实现服务水平的关键，尤其是针对候车区域来说。这一原则包括以下几点。

• **对恶劣气候的防护**：这是一个成功交通场站最重要的特征之一，尤其是在有着恶劣气候的城市。理想的场站会将同样的防护延伸到车辆上，包括空调，并避免任何“薄弱环节”，如露天通道等。

● **空气质量**：通过配备高效通风装置来实现，尤其是在公交场站和地铁隧道。

● **美化**：不是所有的场站都必须成为建筑史上的杰作，但是采用高质量材料和干净、整洁且时尚的设计，会提高乘客出行的舒适感。

● **清洁**：场站设计易于清洁和保养是非常重要的。有调查显示，清洁程度是乘客对交通设施关注的首要方面。

◆ **乘客便利设施**。这一原则有以下几个组成部分。

● **座位**：即使是高容量的大型交通场站，为老年人提供座位也是至关重要的，如地铁站台和候车大厅等。对于长途的交通场站，如火车站、长途客运站和机场等，必须根据需求预测在候车厅设计足够的座位，以容纳大部分候车乘客。同时，座位必须尽可能地接近乘车区域。

● **零售**：在不影响乘客流动和场站运营的前提上，在交通场站中设置某些种类的零售摊点不仅对乘客来说是一种便利设施，对于场站经营者来说也是个重要的收入来源，如便利店、食品店、干洗店、花店和其他即买即走零售摊点。另外，对于规模较大的场站，尤其是长途交通场站，同样需要餐饮中心等。

● **休息室**：休息室在大型的多模式场站中是必不可少的，尤其是那些长途客运场站。

● **其他便利设施**：长途客运场站可能还需要其他设施，如儿童玩耍区、贵宾休息室、商务中心、网吧，以及祈祷所等体现当地文化特色的设施等。

### 2.2.2 道路交通设计原则

交通枢纽中的道路设施设计必须考虑以下几个关键性的原则。

◆ **乘客上下车区域设计**：为了保证车辆流畅、安全运行和乘客的安全乘车，理想的乘客上下车区域的设计应该是允许每个区域独立运行。最常见的解决方案是为单一路线设计锯齿形或堆叠式的上下车区域。

◆ **与周围交通的顺畅融合**：为了保证进入和离开公共交通枢纽的道路交通运行畅通，从而保证公共交通枢纽区域不至于成为城市道路系统中的瓶颈部分，应该提供专用引道、避险车道、合流车道、交通信号灯，以及其他交通设计。

◆ **等候区**：必须为公共汽车和出租车提供足够的停候区。在交通较为稠密的城市区域，停候区可能需要设在一个不同的地点，通过及时调度到达上客处（图2）。

图2 等候区

◆ **行人优先**：必须优先考虑公共交通枢纽内部和周围的行人安全和便利。在交通缓慢的环境下，人行横道比人行天桥或地下通道更合适。在高流量或快速交通状况下，人车立体分离是可行的，但是，其增加的上下或绕行等“额外工作”应该由车辆来完成，而不是行人（图3）。

图3　行人优先

## 2.2.3　城市设计原则

◆ **方便进入的步行通道：**公共交通枢纽需要与其所在的城市街区的步行网络相结合。多个入口可方便乘客从周围区域直接进入，有条件的话，还可将其与商业建筑邻接。

◆ **公共交通引导发展(TOD)：**鼓励在公共交通枢纽周围进行高密度、混合开发，确保交通设施可达性和土地利用协调发展的效用最大化。土地混合使用度可以从中央商务区（以办公/零售为主）到外围区（以住宅/商务区为主），层次有所变化。

◆ **避免"堡垒"效应：**公共交通枢纽应在使用、规模和可达性上尽可能与周围环境有机融合。应尽量避免高容量道路围绕公共交通枢纽的"堡垒"形式，防止城市结构被割裂（图4）。

图4 "堡垒"形式

◆ **停车换乘整合：**在郊区，停车换乘设施增加了公共交通设施的使用频率。因此，在公共交通枢纽的设计中，应该考虑此类设施。并且，应该尽量规避由停车场包围的"孤岛"站场现象，提倡将停车换乘设施与枢纽附近的高密度商业建筑相结合。

◆ **公共汽车站：**公共汽车在停车或空置状态下，对环境来说是个妨害。如果列队，则会隔断沿街视线，产生巨大的噪声和污染。因此，应尽量妥善安排公共汽车站，使其不接近步行街，尤其不能接近公共休息空间（图5）。

图5　公共汽车站

## 2.3 服务水平（LOS）

### 2.3.1 服务水平的概念

公共交通系统的整体服务水平是关于发车频率、车辆和场站服务质量的函数。发车频率通常可以增加，车辆也可以轻易升级，但是交通场站则属于固定基础设施，要升级就要付出巨大的成本和运行中断。因此，在设计交通场站时，确立正确的服务水平是非常重要的。

服务水平是交通场站设计和评估的关键要素。两者的关系可以简单界定为：

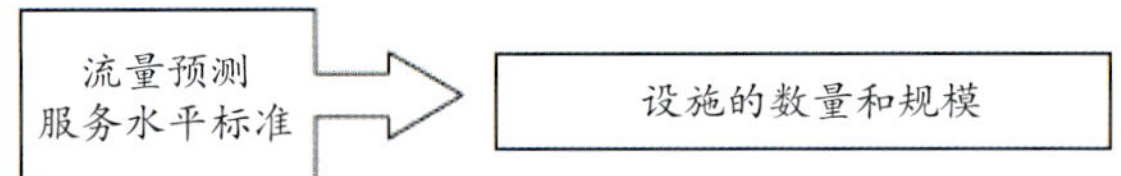


服务水平标准在交通设施中的应用，主要体现在步行通道和垂直循环设施的容量确定方面。服务水平概念，首先由John J. Fruin[1]提出，并且依据人均可用空间指标被划分为A~F共6个等级（见图6）。尽管多数人质疑Fruin提出的评估范围可能仅仅适用于北美国家的特定文化和空间条件，但是，其仍然是一种有用的概念性工具。我们只需作出一些调整，便可利用其来确定任何地区设施的规模。

许多交通系统运营者已经提出他们自己的服务水平标准，除了行人流通的空间标准外，还包括其他因素，如扶梯的最大等候时间、自动售票机的通行能力等。这种定制式标准反映了设施的特殊性质和所处的文化情境。例如，英国的机场管理局制定了适用于英国机场的服务水平标准，而香港地铁公司也有一套适用于香港地铁站的服务水平标准。这些标准的不同，反映了长途换乘者和通勤人群、携带行李和不携带行李乘客之间的不同特征以及不同文化对于拥挤的容忍程度等。

最高服务水平并不是我们需要达到的目标。事实上，大多数的运营者和设计者们都将“C类”服务水平确定为设计目标。对于中国城市公共交通系统来说，设计一个特定的服务水平，意义是双重的。

1. 保证所提供的公交服务质量与其他交通方式来说具有竞争性，如与私人汽车相比。

2. 建立乘客使用公共交通的期望标准，由此提升整个公共交通系统的形象和品牌。

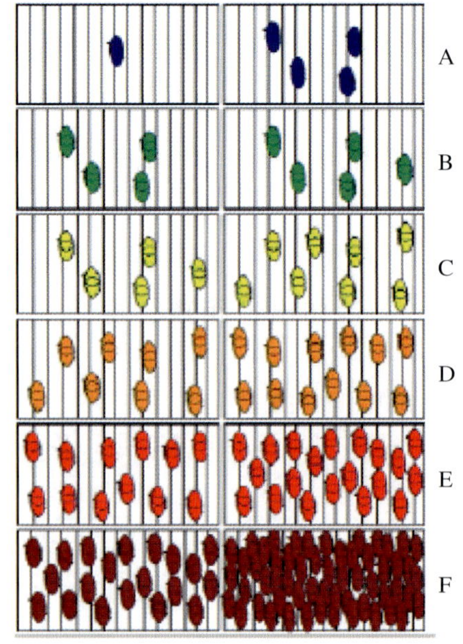

图6 服务水平图解（从高到低，A~F）

[1]步行规划和设计，1971。

## 2.3.2　整体服务水平评估

在评估公共交通设施时，还需要考虑其他因素，包括：对恶劣气候的防护、换乘所需时间、上下楼的数量以及是否提供扶梯等，如图7所示。

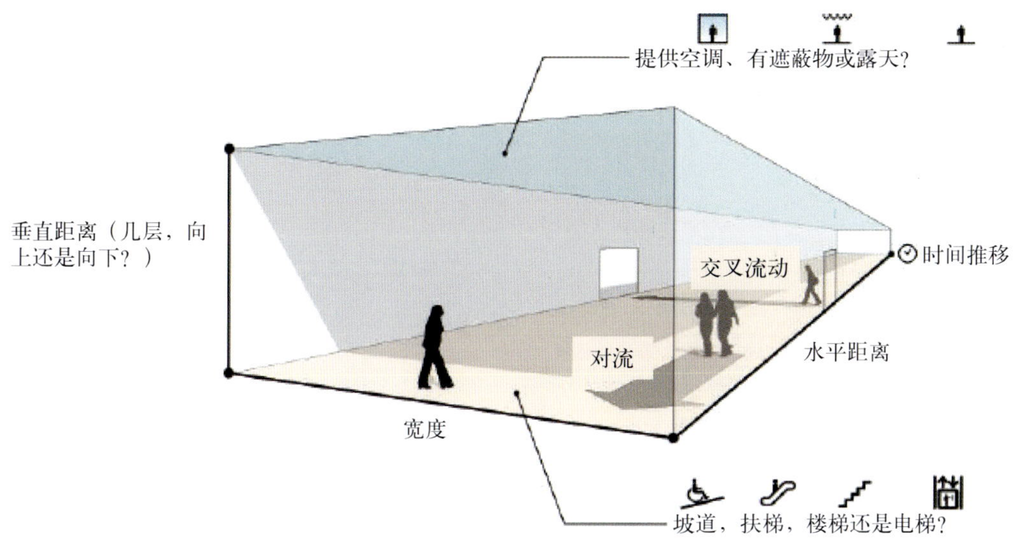


图7　服务水平评估考虑因素

**香港OTC公司**开发了一种服务水平评估系统，这种系统试图对上述因素进行全面评估。其原理为：首先对整体距离、层数变化、气象防护、分流以及步行通道和垂直设施实际流量等多个因素进行打分；其次利用各站要素得分与一些诸如出行距离、层数变化等总体参数加权获得线路整体服务水平，如图8所示。

本研究也使用该系统对东直门公共交通枢纽的性能进行了评估，并将其与国际成功案例进行对比。由于缺少详细的流量数据，得出的结果仅仅具有参考性。如果有详细流量数据，该系统则可对枢纽设计进行准确检验，并保证它们符合运营者所设立的目标服务水平。

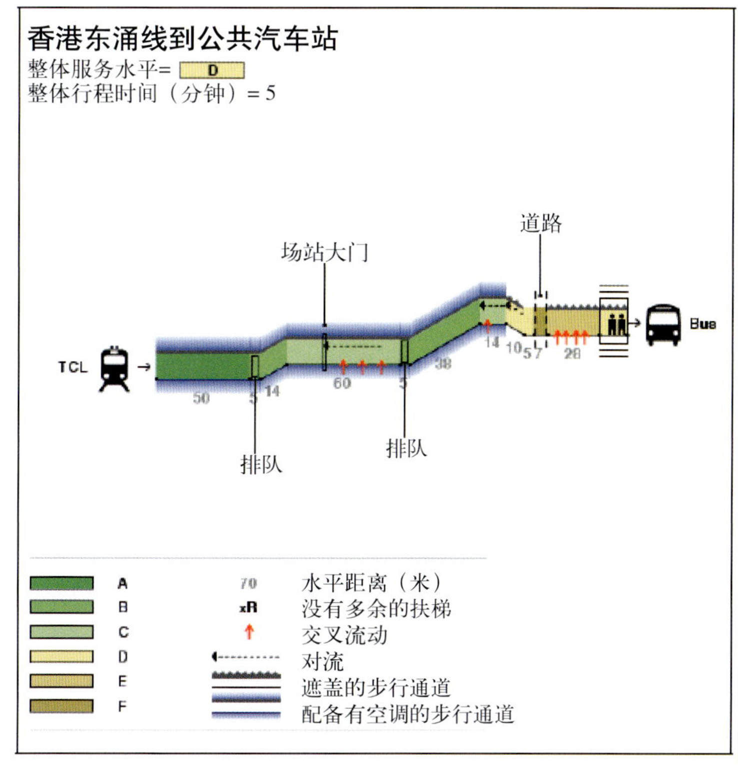


图8　OTC公司所开发的服务水平评估系统图例

# ③我国城市公共交通枢纽评估——以东直门枢纽为例

## 3.1 介绍

本报告集中对东直门公共交通枢纽进行评估。其为大型多模式公共交通枢纽，主要服务于地铁2号线和地铁13号线，机场快轨，当地公交，出租车和步行。该枢纽大部分已经投入运营，只有周围的商业开发和机场快轨的一部分还没有完工。

本章首先通过对北京市公共交通枢纽与国际成功案例——香港和马德里进行比较，总结北京枢纽设计整体存在或潜在的问题；其次对东直门站和北苑站进行详细研究。

## 3.2 国际成功案例

### *3.2.1 概述*

目前，由于各地经济发展水平、历史状况和文化特征不同，对于多模式枢纽站的设计和运营没有一个国际性的标准。北京市巨大人口规模以及其经济和交通基础设施的快速发展，使其独具一格，没有任何一个国外的地区与其相似。但是，仍有可能找到世界上那些与北京市有着某些共同点的，并在公共交通系统和设施方面取得成功的案例。例如本报告中提到的香港与西班牙马德里。

### *3.2.2 香港*

香港是世界上拥有最优秀公共交通系统的城市之一。目前，已经构成了地铁为主骨架，常规公交、轻轨以及轮渡为辅的大公共交通格局。覆盖范围广，服务质量高，车辆清洁而且舒适。其中地铁运营由地铁公司负责。

高效的公共交通系统不仅使其公交分担率达到90%，同时也成为其吸引经济投资的政策优势。低小汽车拥有率既是选择公共交通系统的原因，也是其结果。在香港，每一百户居民只拥有不到五十辆私人汽车， 而新加坡为一百辆，纽约和首尔则为两百辆。

香港的公共交通系统尽管由政府严格管制，但其运营仍由像香港地铁公司和获得授权的公共汽车运营商等私营公司或半私营公司负责。香港地铁站的融资、设计、建设、运营和维护均由香港地铁公司负责。而公共交通换乘站（PTI），包含公共汽车、小型巴士和出租车设施的融资、设计和建设则交由私营开发商负责。依据香港运输署的设计导则开展上述工作，然后在一定年限后移交给运输署进行运营和管理。

**香港公交体系的主要特征**

- 公交分担率高达90%。
- 覆盖广阔的网络延伸到香港的每一个角落。
- 所有交通方式都在通过提高发车频率和改善车辆舒适度来提高服务水平——香港认为乘客对交通方式的选择与服务水平直接相关，因此提高服务水平是吸引公交出行的核心。
- 地铁站服务水平高，但对于其他交通设施，如公共汽车终点站的服务水平相对较低。

● 多模式枢纽和换乘线路之间尚缺乏协调性设计。

● 制订了基于长期发展预测的详细且严格的交通设施规划标准和导则。

● 高标准的交通设施管理和维护要求。

### 网络特征

香港地铁线路覆盖了大多数主要的高密度城市区域，并且延伸到郊区大多数“新城”中心。围绕地铁站发展的新城模式实现了与中心商务区和其他就业中心的衔接。而内部居民区当地的地铁站的客流接驳则由当地常规公交和小巴士系统（部分由香港地铁公司负责运营）承担。

重要的是，香港还开通了很多郊区与中心商务区的常规公交或小巴士直达线路，为地铁站覆盖范围外的居民提供服务。从这个角度来看，常规公交和小巴士同香港地铁系统存在竞争关系。

香港通过高速轮渡将偏远的岛屿同中心商务区连接起来。在轮渡线路终端同样设有常规公交和小巴士接驳线路。

### 多模式换乘场站

原则上，香港制订了促进多模式转换枢纽的发展政策，以使公共交通网络更加合理化，从而减少道路拥堵。但实际上，考虑到土地短缺、支持现状的商业发展和政策上的压力，这类场站并没有专门建设。

实践中，大多数香港地铁站都被整合到了大型混合开发项目中。同时，这些项目也包括常规公交、小巴士和出租车等设施的多模式公共交通换乘站。一些枢纽，如在本报告所提到的香港站/换乘广场，其地铁与其他模式之间换乘率高达25%。

尽管在所有交通枢纽中都存在多模式换乘线路，并且这些线路都被清晰、直观地标记出来，但其初衷*并不是为多模式换乘所设计*。其中的主要原因如下:

● 交通网络的设计是非综合的（如上讨论）。

● 缺乏集中的公共交通枢纽的设计和管理部门；香港地铁站设计和建设由地铁公司负责，而公共交通换乘站的设计和管理则由香港运输署负责。

● 模式转换并不是土地拥有者关注的核心利益，他们一般只会按照运输署的最低要求例行建设。

造成的结果通常是多模式的公共交通换乘服务水平相对较低。这与香港地铁站为其乘客以及地铁线路换乘乘客所提供的高服务水平形成了鲜明的对比。

### 设计标准和实际操作

正如上文所提到的一样，在香港，对于多模式换乘场站没有固定的设计标准，但是对于场站中每一种模式的设计都有着非常清楚的标准，这将在接下来的章节中进行讨论。

香港地铁站（图9）：香港地铁站配有设计手册，清楚地规定了地铁站设计的规划基础，具体包括如下:

● 站台、候车厅服务水平标准，扶梯等候时间，地铁站大门、自动售票机以及从入口到站台或者站台之间所需要的行程时间。

● 设计年地铁站所有部分的高峰时间人流量都必须进行预测。根据预测结果，在首次施工中就必须设置足够的场站设施及空间，以达到要求的服务水平。另外，必须计算最终目标年的高峰流量，从而确定将来的场站扩建规模。

● 对于所有场站设施都要进行容量设计，包括通道、垂直周转设施和场站大门等。考虑到异常流量、预测误差、地铁发车频率减少和出入口的临时性关闭等因素，所有要素的最大通行能力都应进行折减。对于已有的场站按0.8的设计系数折减，对于新建场站则按照0.6的变数折减。

图9 香港地铁站

对每个新建地铁站点的设计，香港地铁公司制定了一套功能要求手册。设计者能够根据手册的不同标准对新站点的特定地点和流量预测进行合理的设计。

香港地铁规划过程的确考虑过模式间换乘流量，但是只是为了确定服务这些流动乘客的场站入口和候车大厅的大小。

公共交通换乘站（PTI）由香港运输署负责设计和建设，并且在建成之后负责它们的运营和管理。其制订的交通规划和设计手册提出了以下规划和设计依据。

- 乘客和行人需求，使用不同的方法确定每种客流的需求。
- 总体设计要求，如较短的步行距离、提供“舒适的候车环境”以及提供电梯和扶梯等。但是，并没有强制规定满足这些要求的条件以及这些设施的数量，仅仅指出与乘客流量有关。
- 公交换乘站设施布局，在与车辆、乘客周转和排队空间有关的不同布局选择上，确定最大周转断面尺寸。同时提出了多种设施的参考容量，如步行通道和扶梯等。

值得注意的是，尽管“C类”服务水平在某些情况下被作为目标（根据标准的界定），香港运输署并没有像香港地铁公司为香港地铁站指定一个总体服务水平一样，为公共交通换乘站（图10）的设计指定一个总体服务水平。

图10 香港公共交通运输换乘站

## 3.2.3 马德里

### 概述

与许多古老的欧洲城市一样，马德里公共交通系统的发展历经了一个多世纪。马德里第一条地铁线在90年前开放使用。与欧洲和西方国家不同的是，马德里目前的公共交通网络，包括大部分地铁线、公交线路、车站以及轻轨线，绝大多数是西班牙在几十年的经济停滞期之后、基础设施快速现代化的最近20年内发展起来。在这一点上，它为我们提供了经验教训，因为它比任何其他发达城市都更接近于中国城市目前的状况。

马德里是世界上地铁网络分布最广的城市之一，超过了许多城市规模更大的城市。另外，马德里还拥有高度整合的公交多模式换乘管理体制。1986年成立的马德里地区交通运输管理集团，其目标是协调公共交通服务、网络和费用，为乘客提供一个高容量、高质量的服务系统。该集团吸纳了西班牙政府、马德里自治区政府和市政府以及从事交通运输服务的公共和私营企业多方人才。其中，牵头公共交通枢纽的设计和实施是其主要职责之一。自从其建立以来，马德里公共交通使用率提高了68%，而在同时期（1986~2008）人口仅增长了31%。

马德里地区交通运输管理集团主要履行4个职责。

1. 规划公共交通基础设施。

2. 整合公共交通网络收费系统。

3. 规划和协调各种交通方式运营服务。

4. 创造公共交通系统整体形象，由马德里地区交通运输管理局处理与用户的外部关系。

与香港不一样的是，马德里的交通政策对于该市的交通基础设施多模式整合给予了高度全面的重视。同样注重保持较高的服务水平，包括多模式换乘，因为它意识到公共交通系统是在为富裕并且拥有汽车的人群服务，他们需要公共交通服务是舒适和便利的。

## 网络特征

马德里地铁网络经历了持续快速的发展过程，这与发展马德里和西班牙整体经济的趋势相一致。其中，公共交通网络反映了城市发展和人们的活动路径。

自1991年以来，地铁网络经历了多次扩张，目前甚至已经延伸到市区之外。整个网络包括13条线，全长283公里， 232个站点，是世界上规模最大的地铁网络之一。最近一次延伸是在2003~2007年之间，增建了一条连接巴拉哈斯机场的新线路。

值得注意的是，马德里地铁正在努力实现现代化，使用最现代化的设备，并采用尽可能安全的措施，以确保使用者满意。

郊区铁路包含8条线路，在过去的10年里这些线路也经历了重大的改变。最具象征性的举措是，一条新的南北隧道的开通，连接了阿托查和查马丁这两个长途站，并在位于两者之间的城市中心区——太阳广场增设了新站点。

自2007年之后，马德里跟随世界发展潮流，建设了全长36公里的轻轨电车网络。用户友好型、成功型的交通运输模式关键要素就是更新以前没有连接起来的部分。

西班牙和其首都马德里在过去15年里的巨大发展使得马德里周边的郊区城市化加速。在西班牙历史上，公共交通占据了陆上交通的很大一部分份额。以至于由私人公司运营的长途公共汽车很大程度上承担了马德里地区各个城市间的客流。为了更进一步促进此种公共交通模式，马德里地区交通运输管理集团从1995年开始就不断推出新的计划和提议，来大力推进这种公共交通网络的发展。该提议包括：在主要放射道路上设立公共汽车（高占有率的汽车）专用通道。公共汽车由高速公路和城市道路匝道直接进入地下公共汽车换乘站点（图11），并且高效便捷地与地铁系统相连接。

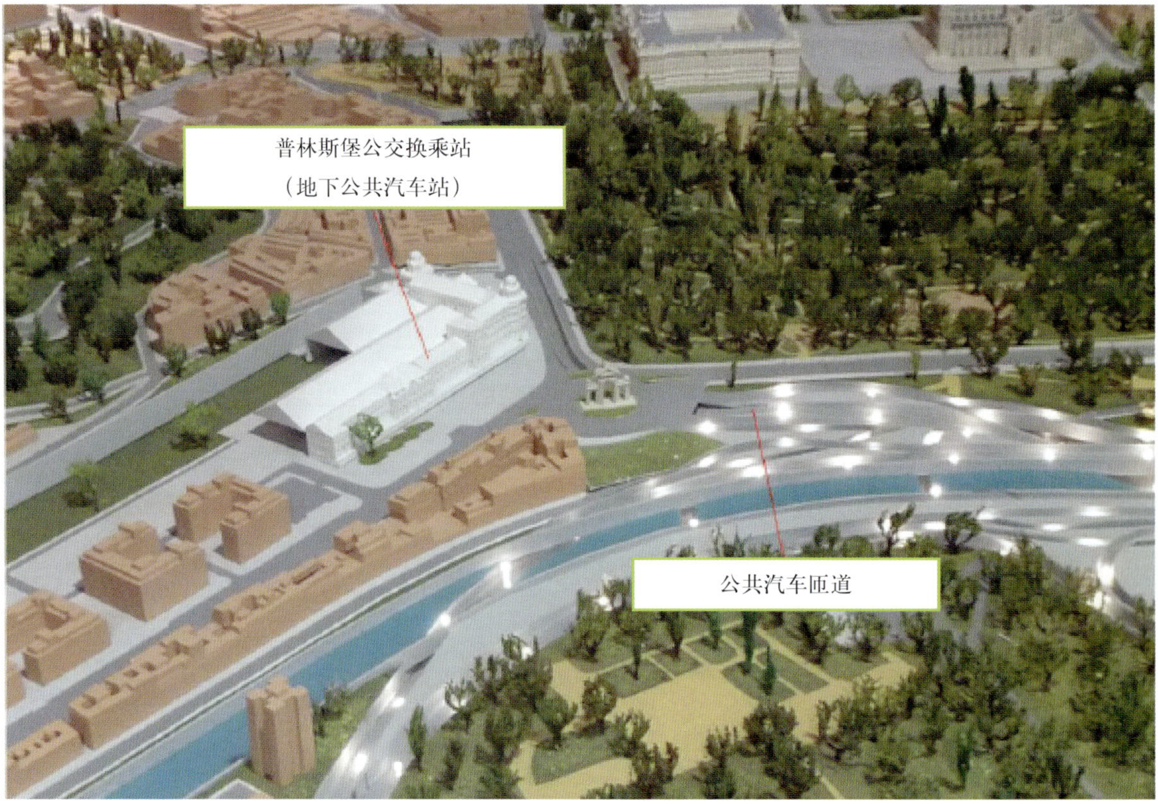

图11 直接连接环城公路和多模式公共交通枢纽的公共汽车匝道

## 多模式交通换乘站

与香港不同，马德里对发展多模式换乘站点（图12），特别是长途汽车、城际火车、常规公交以及地铁之间的换乘有着明确的规划。

图12 马德里公共汽车站点

所有的长途公共汽车都集中在马德里之内同一个地点，并形成公共汽车专用道路，这样能为固定乘客和临时乘客提供方便。

在马德里地区交通运输管理集团的监督下，在过去的15年中，马德里共建造了4座多模式换乘站，另有2座正在计划筹备中。为了避免城市交通拥堵，曾尝试修建地下站点和公交专用匝道。多模式换乘枢纽建设确保了交通方式之间的无缝衔接，也让乘客感觉到了出行与服务的一致性。

作为马德里地区交通运输管理集团提高系统无缝衔接的一个例子，原本分开的地铁3号线和6号线随着蒙克洛多模式换乘站的建设得到合并，并通过一个地铁站点与夹层实现了地铁与公共汽车以及出租车的衔接。

◆ 设计标准和实际操作

马德里地区交通运输管理集团在2000年出版了多模式枢纽官方设计手册。该手册遵循了PIRATE项目提出的“推进换乘合理、可达、高效”多项原则。PIRATE项目是由欧盟委员会组织的项目，旨在通过分析欧洲多模式换乘站案例来界定满足各利益相关方需求的服务范围和效率，然后制订创新的规划，并测试不同规划对需求的满足程度。这种做法使所有利益群体直接参与多模式换乘的创新和再发展中。

该手册从垂直周转设施、残疾人无障碍设施到零售以及座位的设计等都制订了相应的设计标准和规划方法。

对于换乘规划和设计，PIRATE列出了5个方面的要点。

1. 换乘衔接以及方式整合（距离、可达性等）。

2. 与城市的衔接（距离、可达性、自行车停放等）。

3. 乘客服务设施（零售、候车厅、问讯处等）。

4. 乘客服务信息（信息显示、时间等）。

5. 整体形象（安全、明亮整洁的环境等）。

马德里交通运输管理局拥有自己专门的规划和设计部门来监督多模式换乘站的设计，包括整合其他公司的部分设计，例如，马德里地铁站。马德里交通运输管理集团在招投标过程中要求投标方按照设计标准提供详细设计。这种做法使得设计标准在多个设施设计中得到了一致应用，从而也提高了乘客出行的舒适度。

◆ 马德里——关键的要素

- 由马德里交通运输管理集团制订对整个交通网络的集中规划。
- 以中高层人群作为服务对象。
- 各种交通方式都要求高质量服务水平。
- 多模式枢纽整合设计为各种换乘线路提供高质量的服务水平。
- 在以行人为导向的老城区仔细整合新设施。
- 加大优秀设计方案资金与政策投入。
- 由马德里交通运输管理集团牵头推行设计标准。

## 3.3 我国换乘枢纽的设计问题——以东直门公交枢纽为例

### *3.3.1　设计过程*

我国城市现有和规划中的车站设计大部分是符合当代实践思路的。设计文件显示：其主要关注行人流量，指引系统和建筑风格。另外，车辆交通组织也在考虑范围内。

但就目前设计方案来看，目标服务水平平衡、行人流量预测、站点设施规划等方面缺乏科学、合理的方法。目标服务水平没有界定清楚，设施规划也缺乏完整、合理的数据支撑。特别是设计过程没有根据预测流量，对特别区域和设施进行设计的修订，最终导致出现瓶颈或过度建设现象。

比如，对于某些枢纽设计，设计人员提出百分之百利用自动扶梯的服务水平目标。为了将这个目标变成可行的设计方案，通常就需要测定每个自动扶梯的高峰流量。然而这个关键性的分析在设计中却被忽略。这就导致一方面出现区域性拥堵，服务水平与运营效率降低；另一方面出现资源浪费，建设及维护成本提高。

设计过程另外的缺点就是缺乏长远规划。这样很容易出现现有设施满足不了日益增长乘客需求的情况。

即使在一个动态和快速变化的环境中，也必须认识到扩建或者迁移枢纽中心通常是极度的昂贵和严重破坏城市秩序的。值得注意的是，发达国家在100~150年前所建造的铁路、地铁的网络和站点绝大部分至今还在使用，其根本是归功于当初的设计。那些未以长远眼光开展的设计，会对今后的发展起到阻碍作用，并且会消耗巨大的改造费用；反之，则会促进城市持续发展。例如，纽约在19世纪末20世纪初建成的交通系统，在之后的几十年中一直都能满足城市快速发展。

### 3.3.2 共同关注的领域

表5列出了在北京（东直门枢纽）、香港以及马德里公共交通设施相比较的基础上得出的关键性设计问题。

表5 北京东直门枢纽、香港和马德里公共交通设施的比较

| 序号 | 问　题 | 北　京 | 标　准 |
|---|---|---|---|
| 1 | **长远设计**<br>在北京，一些新建的设施已经开始出现超负荷运营。在香港，交通车站设计通常会考虑长远需求。候车厅设计会提供额外通行能力以及相应的防护措施 |  |  |
| 2 | **以高峰客流作为设计依据**<br>北京部分地区交通设施出现“瓶颈”与“浪费”两种现象。在香港，公共交通设施设计时就细致考虑了高峰客流。其结果就是很好地满足了高峰需求，提供了高质量的服务和低成本的建造 |  |  |
| 3 | **公交终点站服务水平**<br>在北京，乘客候车站台狭窄，没有足够的空间来排队和通行。大多数都是露天的。在马德里，候车室宽敞，有空调，而且到达和出发的客流明确分流。座位、信息和服务设施一应俱全 |  |  |
| 4 | **公交停靠和安全问题**<br>在北京，公交站点通常是直接式的，加之外侧没有充足的空间导致很多公交车在马路中间上下客。在马德里，锯齿形公交站为上下乘客提供方便，同时独立的轮候型车站允许每条线路独立运行 |  |  |

（续上表）

| 序号 | 问　题 | 北　京 | 标　准 |
|---|---|---|---|
| 5 | **配套环境**<br>在北京，很多交通中心的走廊和候车大厅设计简陋，照明不足，疏于维护。在香港，地铁站都经过了高水准的设计以及精心的维护，从而保证了长期的高质量环境 |  |  |
| 6 | **出租车组织**<br>在北京，出租车载客区要么是紊乱无序的，要么就是在封闭污染的地方。在香港，出租车被视为高档的交通工具。在香港机场快线站，出租车上下客区有良好的组织和通风条件 |  |  |
| 7 | **缺乏充足扶梯**<br>在北京，自动扶梯在高峰期会很拥挤，有的甚至没有运行。因此，很多乘客都不得不使用楼梯。在香港，自动扶梯能百分之百满足高峰使用需求。几乎没有乘客需要使用楼梯 |  |  |
| 8 | **无应急配备设施**<br>北京很多地铁站点没有备用自动扶梯，当遇到紧急情况时没有补救能力。但是在马德里，车站一直都设有备用楼梯，在繁忙的区域，车站会提供至少三台自动扶梯，其中两台用于承载高峰客流，一台备用 |  |  |
| 9 | **标识和信息系统**<br>在北京的一些交通站点，标识标准不统一、随便安放且不易查看。在香港，标识都是统一的，大小适中，安放在醒目的位置，并且带有内部照明 |  |  |
| 10 | **规划与舒适高于美观**<br>北京一些新建的交通站点有着良好的建筑外形。但是，玻璃的顶棚在夏天会造成内部炎热，从而提高运营成本。同时，一些复杂的设计也会使车站的改建和扩建变得困难。在马德里，简洁设计重点强调灵活性、扩展性以及乘客舒适性 |  |  |

# 3.4 东直门枢纽

## 3.4.1 功能概述

如图13所示，位于东二环路和东直门外大街交汇处的东直门枢纽站是北京最重要的交通中心之一。在现有的地铁2号线的基础上，新建的地铁13号线和通往首都机场的机场快线以及连接市区和郊区的公共汽车线路都在此设立站点，并且还设立了一个地下停车场。除此之外，东直门外大街的公共汽车站以及出租车上下客点也设立在此。

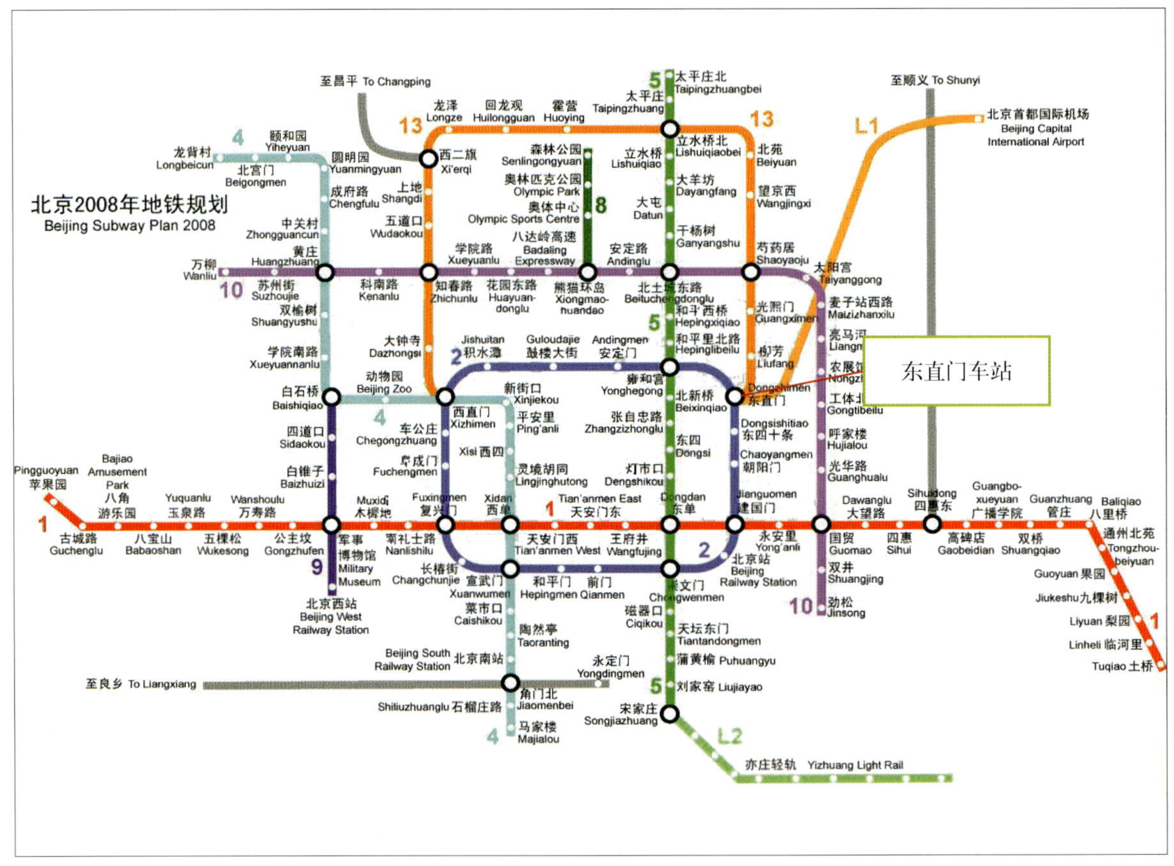


图13 北京地铁系统

机场快线车站之所以受到特别的关注，是因为它的重要性已经远远超过了一个公共交通设施。这条线路的终点站是北京首都机场，对于很多游客来说，机场快线就代表着北京乃至中国的门户形象。在全球，各国对于机场通往市区的交通线路的关注和资金投入在不断增加，这些线路的受众群定位在中高收入人群，因此就被视为打造良好城市形象以及推进城市发展的关键因素。

东直门枢纽站地上设施包括公共汽车站，是由私人投资商设计修建的，而地铁站大厅和站台是由北京地铁公司设计和建造的。

在撰写本报告时，除了机场快线未运营外，东直门站大部分交通设施已投入运营。

东直门枢纽站的建造，还包括大量的地上和地下商业设施以及办公与民用住宅楼。

东直门车站区域见图14；东直门车站设计与建成后见图15。

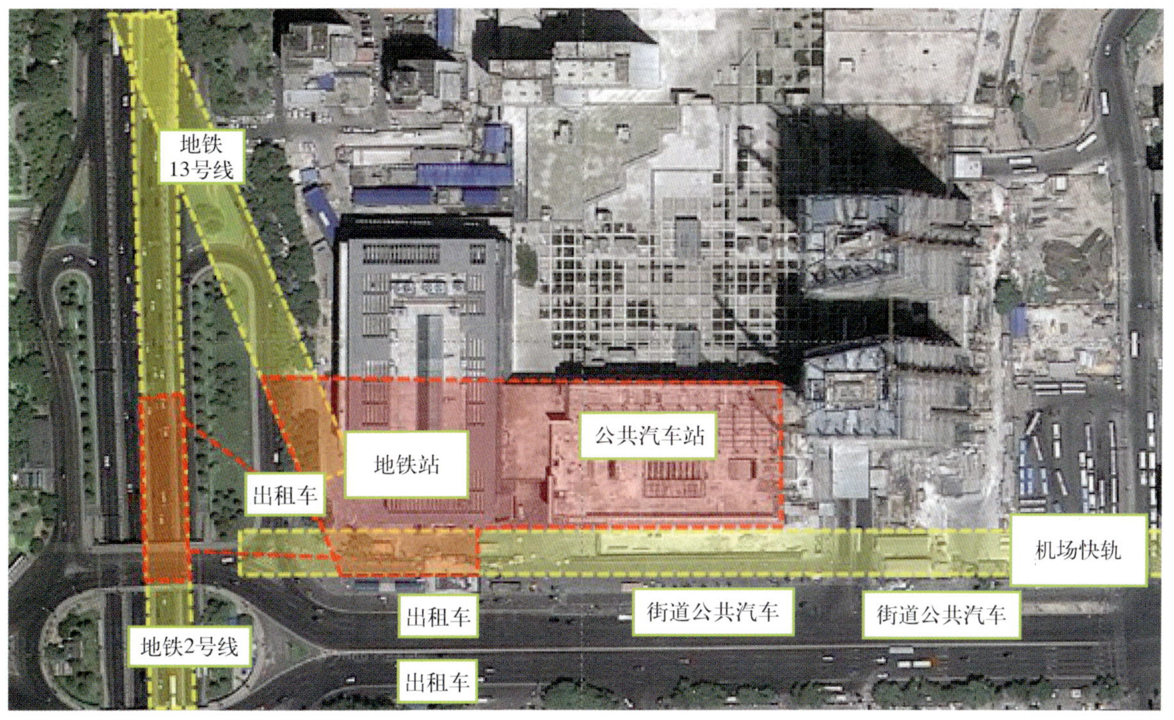


图14　东直门车站区域

图15　东直门车站设计（左）与建成（右）

### 3.4.2 国际成功案例：香港站/中环站

香港地铁系统如图16所示。

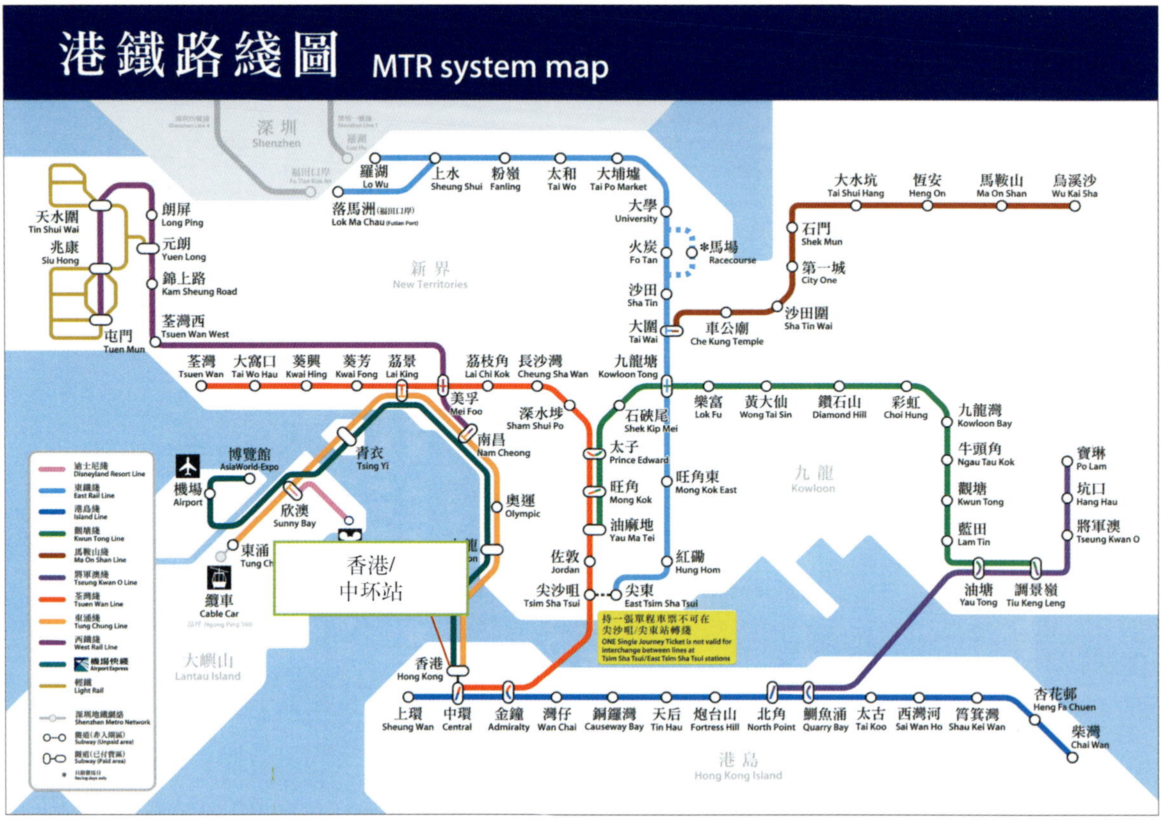

图16 香港地铁系统

香港站/中环站有着和东直门站相类似的交通方式，包括3条地铁线路，1条连接香港国际机场的机场快线，公共汽车站，巴士站和出租车上下客点。除此之外，香港交通站还连接了几个轮渡码头。与东直门站不同，香港站大概有70%的乘客都是靠步行到达他们的目的地，包括到达周边的一些大型的商用办公楼，也都是通过高架行人通道网络实现。

香港站主要出入口如图17所示。

图17 香港站主要出入口

香港枢纽站分期建成。公共汽车站的换乘广场先于中环地铁站的港岛线和荃湾线。1998年，香港站开通运营，新建成的东涌线和机场快线与港岛线和荃湾线之间通过一个收费的地下通道相连，中间相隔几百米，服务水平低下。另外，与公共汽车站的连接也不是很方便，需要过马路。实际上，公共汽车站本身是香港老一代的换乘站，采用分线路的短小平行港湾形式，乘客需要穿越停靠区才能到达相应站点，进一步恶化服务水平。

香港中环站区域见图18；香港站布局图见图19；香港站、机场快线站未来扩建见图20。

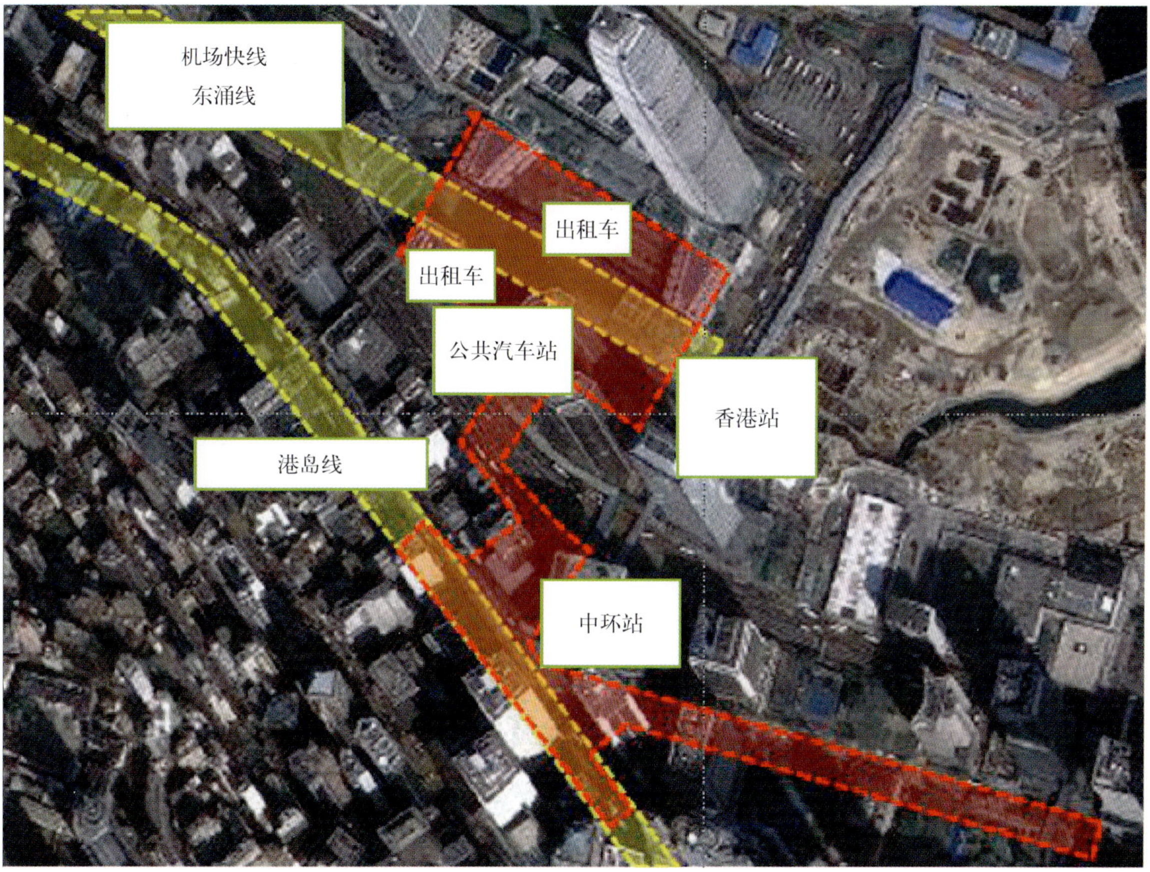

图18　香港中环站区域

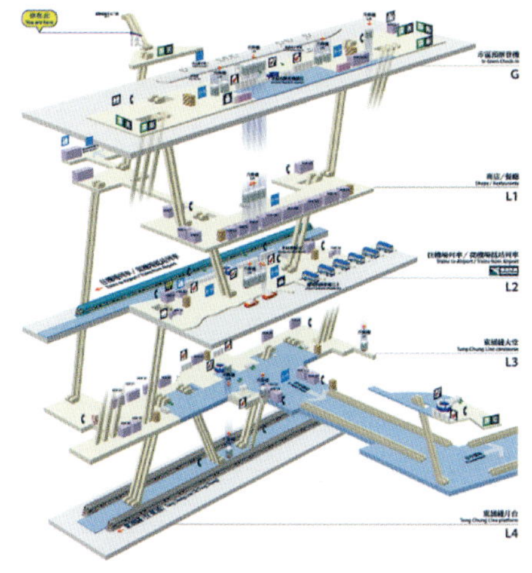


图19　香港站的布局图

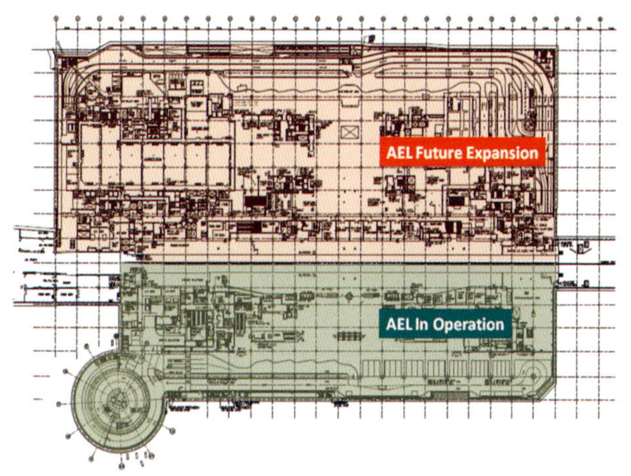


图20　香港站、机场快线站未来扩建

值得注意的是，在国际金融中心综合购物中心地下的机场快线车站目前只有一小半在使用，其中包括额外的站台、独立的候车厅、地下通道以及出租车上客区域。在用的部分已经被认为是世界一流的机场到市区的交通服务设施，而剩下未使用的部分会提供在现有服务水平基础上2倍以上的运营能力。

### 3.4.3 换乘线路比较

东直门车站为行人提供了几个直接从街道通往车站的入口通道。鉴于本报告旨在评估多模式换乘枢纽的功能，所以不同交通方式间的换乘线路就成了评估的关键。

我们对东直门站不同交通方式间关键换乘线路采用OTC服务水平评价软件进行了评估，并与香港与马德里站的换乘线路进行比较（见表6~表10）。

由于OTC无法获得高峰客流量的数据，一部分评估是通过观察来预测的。一旦获得各换乘线路高峰客流量的数据后，需要进行进一步的修改。

下面的图例（图21）适用于下文提供的所有图表。其中Los指的是整体服务水平，与下面表格相应栏目中的颜色相对应。

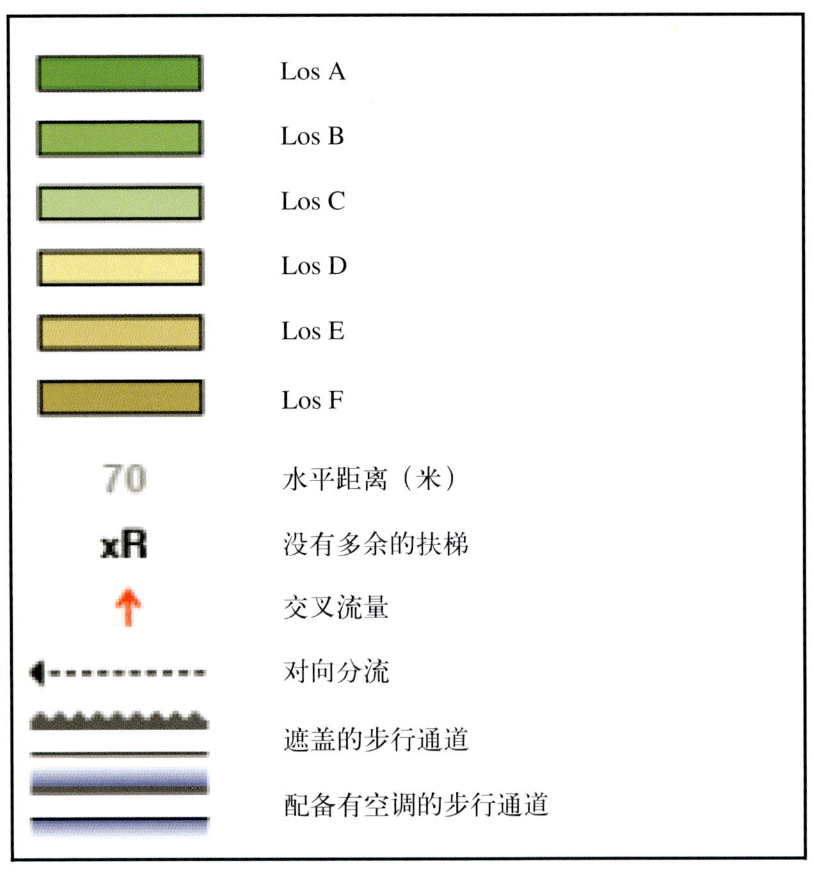


图21 OTC服务水平评估图例

表6　服务水平比较A1

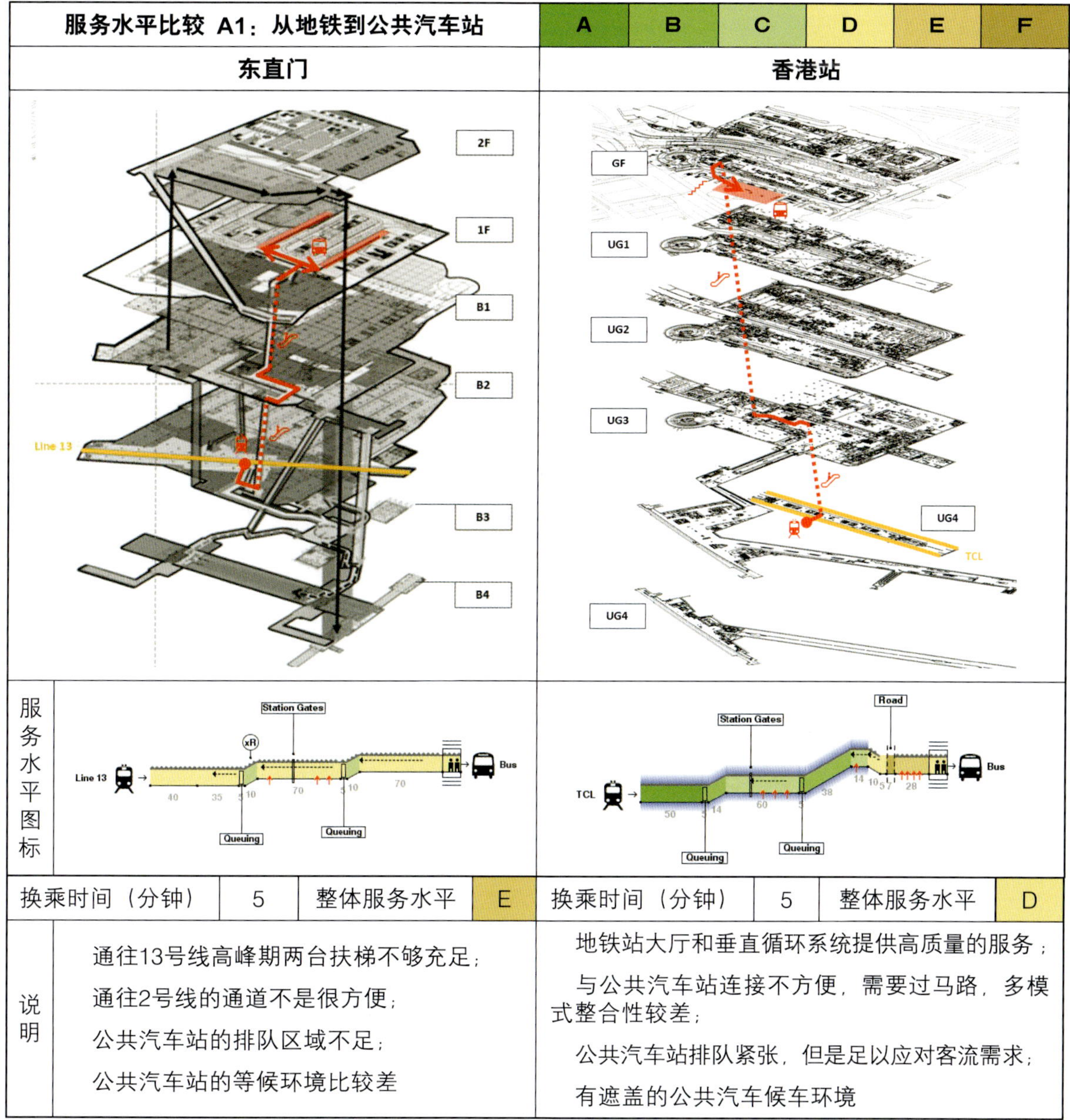


| 服务水平比较 A1：从地铁到公共汽车站 | | | | A | B | C | D | E | F |
|---|---|---|---|---|---|---|---|---|---|
| 东直门 | | | | 香港站 | | | | | |
| 服务水平图标 | | | | | | | | | |
| 换乘时间（分钟） | 5 | 整体服务水平 | E | 换乘时间（分钟） | 5 | 整体服务水平 | D | | |
| 说明 | 通往13号线高峰期两台扶梯不够充足；<br>通往2号线的通道不是很方便；<br>公共汽车站的排队区域不足；<br>公共汽车站的等候环境比较差 | | | 地铁站大厅和垂直循环系统提供高质量的服务；<br>与公共汽车站连接不方便，需要过马路，多模式整合性较差；<br>公共汽车站排队紧张，但是足以应对客流需求；<br>有遮盖的公共汽车候车环境 | | | | | |

表7　服务水平比较A2

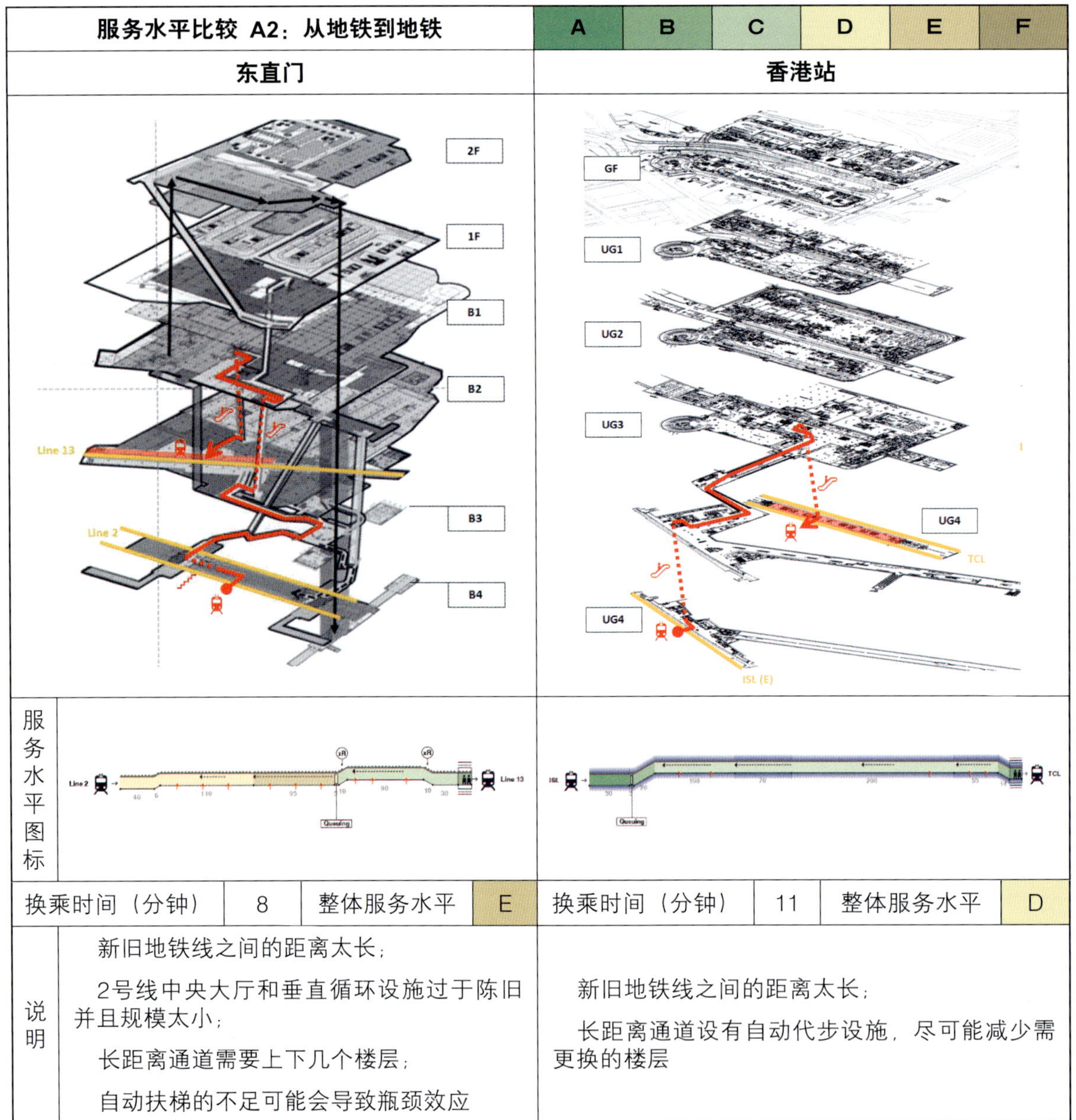


<table>
<tr><td colspan="4">服务水平比较 A2：从地铁到地铁</td><td>A</td><td>B</td><td>C</td><td>D</td><td>E</td><td>F</td></tr>
<tr><td colspan="4">东直门</td><td colspan="6">香港站</td></tr>
<tr><td>服务水平图标</td><td colspan="3"></td><td colspan="6"></td></tr>
<tr><td>换乘时间（分钟）</td><td>8</td><td>整体服务水平</td><td>E</td><td colspan="2">换乘时间（分钟）</td><td>11</td><td colspan="2">整体服务水平</td><td>D</td></tr>
<tr><td>说明</td><td colspan="3">新旧地铁线之间的距离太长；<br>2号线中央大厅和垂直循环设施过于陈旧并且规模太小；<br>长距离通道需要上下几个楼层；<br>自动扶梯的不足可能会导致瓶颈效应</td><td colspan="6">新旧地铁线之间的距离太长；<br>长距离通道设有自动代步设施，尽可能减少需更换的楼层</td></tr>
</table>

表8　服务水平比较A3

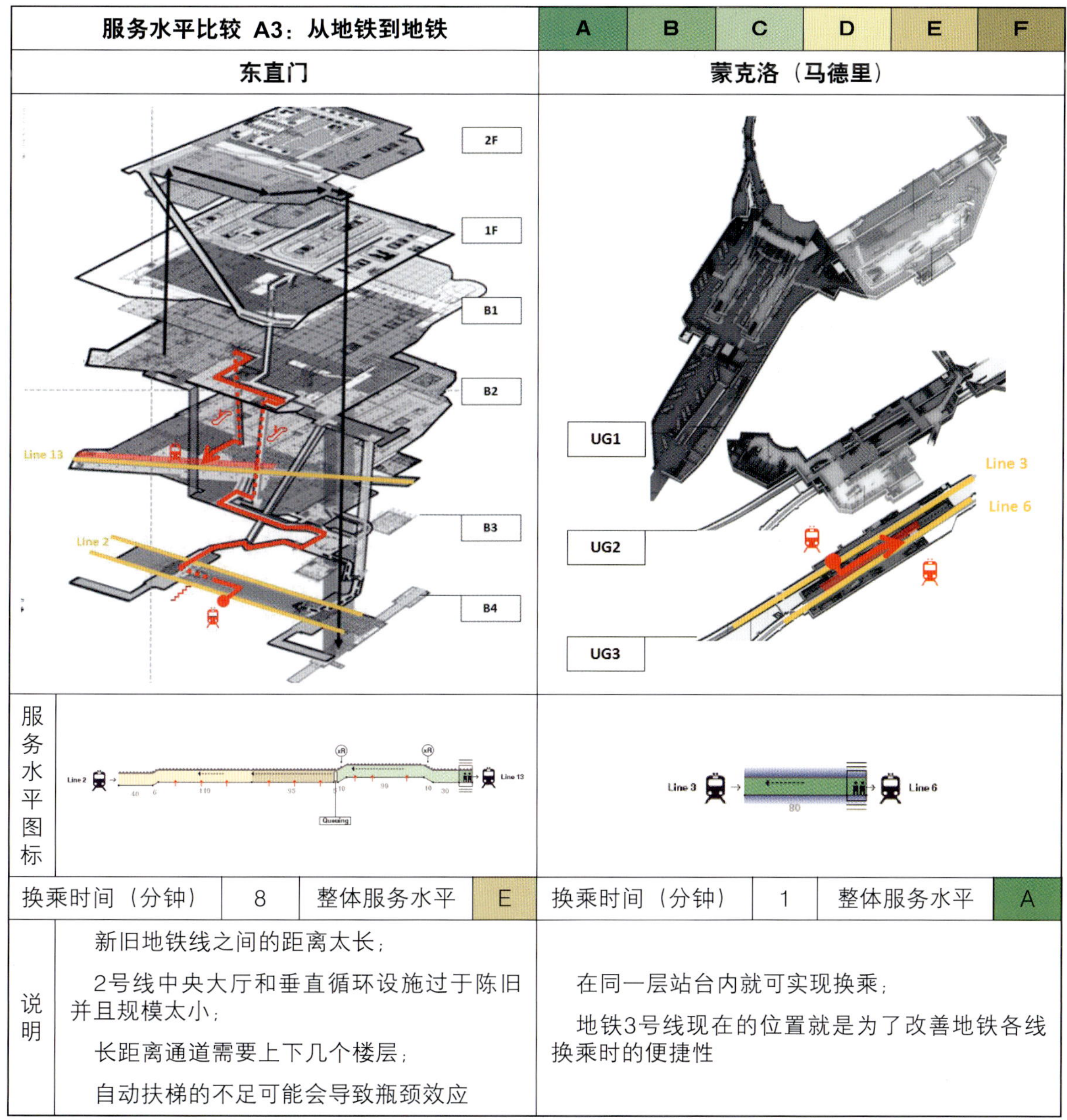


| 服务水平比较 A3：从地铁到地铁 | | A　B　C　D　E　F |
|---|---|---|
| | 东直门 | 蒙克洛（马德里） |
| 服务水平图标 | | |
| 换乘时间（分钟） | 8　整体服务水平　E | 1　整体服务水平　A |
| 说明 | 新旧地铁线之间的距离太长；<br>2号线中央大厅和垂直循环设施过于陈旧并且规模太小；<br>长距离通道需要上下几个楼层；<br>自动扶梯的不足可能会导致瓶颈效应 | 在同一层站台内就可实现换乘；<br>地铁3号线现在的位置就是为了改善地铁各线换乘时的便捷性 |

表9　服务水平比较A4

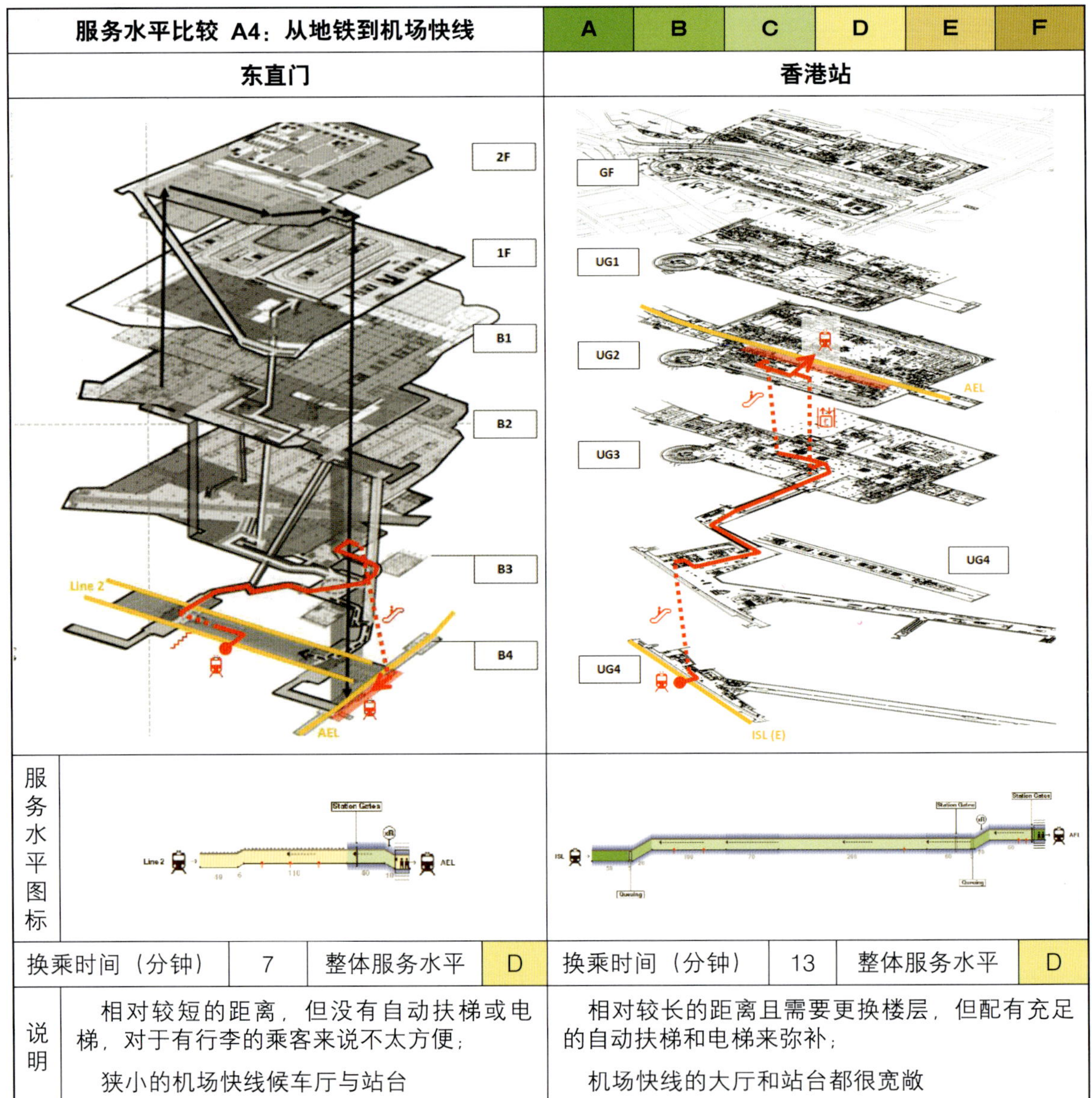


| 服务水平比较 A4：从地铁到机场快线 | | | | | A | B | C | D | E | F |
|---|---|---|---|---|---|---|---|---|---|---|
| | 东直门 | | | | 香港站 | | | | | |
| 服务水平图标 | | | | | | | | | | |
| | 换乘时间（分钟） | 7 | 整体服务水平 | D | 换乘时间（分钟） | 13 | 整体服务水平 | D | | |
| 说明 | 相对较短的距离，但没有自动扶梯或电梯，对于有行李的乘客来说不太方便；<br>狭小的机场快线候车厅与站台 | | | | 相对较长的距离且需要更换楼层，但配有充足的自动扶梯和电梯来弥补；<br>机场快线的大厅和站台都很宽敞 | | | | | |

表10　服务水平比较A5

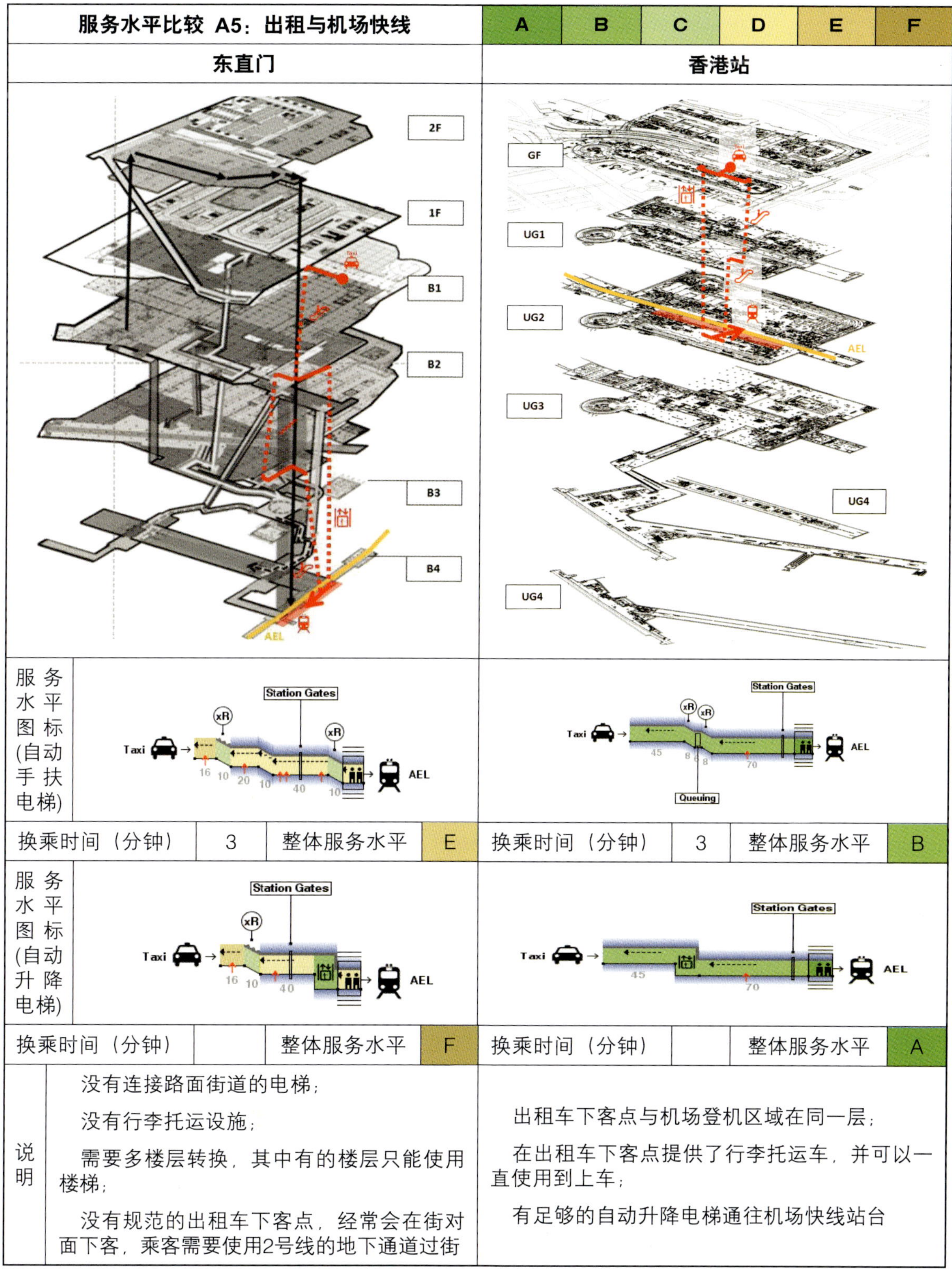


| 服务水平比较 A5：出租与机场快线 | | | | A B C D E F | | | |
|---|---|---|---|---|---|---|---|
| 东直门 | | | | 香港站 | | | |
| 服务水平图标（自动手扶电梯） | | | | | | | |
| 换乘时间（分钟） | 3 | 整体服务水平 | E | 换乘时间（分钟） | 3 | 整体服务水平 | B |
| 服务水平图标（自动升降电梯） | | | | | | | |
| 换乘时间（分钟） | | 整体服务水平 | F | 换乘时间（分钟） | | 整体服务水平 | A |
| 说明 | 没有连接路面街道的电梯；<br>没有行李托运设施；<br>需要多楼层转换，其中有的楼层只能使用楼梯；<br>没有规范的出租车下客点，经常会在街对面下客，乘客需要使用2号线的地下通道过街 | | | 出租车下客点与机场登机区域在同一层；<br>在出租车下客点提供了行李托运车，并可以一直使用到上车；<br>有足够的自动升降电梯通往机场快线站台 | | | |

### 3.4.4 重点关注问题

3.4.3节中列出的各项相对不足直接反映了东直门枢纽站的设计不尽如人意。另外，作为北京最重要的交通中心之一，以及北京市的门户，这些问题都是不相称的。

由于缺乏关于该枢纽设计和规划方面的相关资料，本研究所提出的关注点主要是通过对现有的运营设施实地勘察，并结合所提供的站点平面规划图得出的。其中发现的一个问题就是实际运营设施与平面设计图存在不一致情形。该枢纽站整体服务水平低下，一部分原因来自于常规枢纽的设计缺陷，另一部分则来自于其自身，如，其规划与运营分拆给不同的部分负责。

表11总结了该枢纽值得关注的问题，并提出了相应的改善措施。

表11　东直门枢纽站值得关注的问题

| 序号 | 问　题 | 参考图 | 标准形象 | 可行的解决方案 |
|---|---|---|---|---|
| 1 | **容量和拥堵**<br>东直门站的部分设施已经出现了满负荷运转的情况，特别是地铁2号线的部分通道，由于是多年前建造的，目前明显满足不了高峰客流的需求。公共汽车站也非常拥挤，特别是星期五下午。这也反映出在应对高峰客流的设计细节上与香港站存在差距 |  |  | • 减少东直门公共汽车站内的线路条数<br>• 采用流量实时动态管理<br>• 扩建地铁2号线换乘通道 |
| 2 | **公共汽车站**<br>东直门公共汽车站乘客服务质量低。站台狭窄，尤其是在高峰时特别明显，护栏高而不适，标识不明确，没有提供座位，空气流通不畅。仅仅运营一年，车站就看起来陈旧和杂乱。这与马德里的机场式的公共汽车站设施形成了鲜明的对比 |  |  | • 减少东直门公共汽车站内的线路条数<br>• 采用流量实时动态管理<br>• 更换标识<br>• 将栏杆换成和马德里一样的联排座位<br>• 更新通风排气系统<br>• 改革后期维护的相关制度 |

（续上表）

| 序号 | 问　题 | 参考图 | 标准形象 | 可行的解决方案 |
|---|---|---|---|---|
| 3 | **地铁换乘**<br>地铁2号线和13号线之间的换乘距离过长，存在多个上下楼层。相反地，在香港，为了缩短新旧线路之间的距离，新增东涌线并通过宽敞舒适的通道与原有的港岛线连接。在马德里，则是通过改变地铁3号线的走向，缩短其与6号线之间的换乘距离 |  |  | • 考虑用13号线南边站台来上下客，至少在非高峰时期使用<br>• 运用较好的材料以及采光系统，改善通道的环境<br>• 拓宽地铁2号线的换乘通道<br>• 新建综合性B1通道，以连接所有的地铁站台 |
| 4 | **机场快线站台**<br>东直门的机场快线站台尤其狭窄，经常出现拥挤现象。当列车从机场返回时，下车人流与去往机场的人流在同一站台汇集（不清楚以后这种情况会不会改善），造成多股人流交叉冲突。尤其是大件行李进一步恶化了候车环境。相比较而言，香港的机场快线站台更宽阔，其作为一个主要的交通中转点，提供了更高的服务水平 |  |  | • 为到站的列车设计第二个站台（据说已经设计过）<br>• 增加工作人员，确保乘客在列车到达时远离屏蔽门，防止出现安全问题<br>• 加宽站台 |
| 5 | **机场快线的垂直设施**<br>机场快线的垂直设施规划十分糟糕，从B1到B2没有提供扶梯，从街道到B2的车站通道也没有电梯入口，降低了服务水平<br>考虑到乘坐机场快线的旅客都携带有大量行李，香港机场快线站都提供了充足的扶梯和行李托运车 |  |  | • 增加B2到街道的电梯<br>• 安装B1到B2的电梯<br>• 条件允许的话，对从地面到站台的各个通道进行重新规划，确保提供充足的垂直设施 |
| 6 | **机场快线检票**<br>L2到车站的连接通道在一开始就规划了机场线检票设施。如果建成，在乘客携带行李多时，可以提供高质量的服务 |  |  | • 实行原始规划的或其他的检票设施方案<br>• 安装机场快线标识系统<br>• 安装机场快线自动检票一体机 |

（续上表）

| 序号 | 问　题 | 参 考 图 | 标准形象 | 可行的解决方案 |
|---|---|---|---|---|
| 7 | **出租车组织**<br>出租车的乘车、下车，对于任何交通枢纽都是至关重要的，不过其在机场快线的运营中却十分不理想<br>带行李的去途乘客希望在车站入口下车，返途旅客也希望有方便的乘坐出租车区域，而由于目前没有固定的出租车上下客点，出租车经常把下车乘客放在大街的另一侧，乘客往往需要穿越2号线的地下通道 |  |  | • 在新车站入口处划分清晰明了的出租车上下客区域<br>• 杜绝出租车将乘客放在东直门外大街的另一侧<br>• 建设一个全新的、合理组织、设施齐全的出租车乘车点，并通过多台电梯连接到车站通道，已达到与机场的士相同的服务水平 |
| 8 | **扶梯**<br>站内的许多扶梯好像已经永久停止使用。部分地点，扶梯运行和配备也不充足。在香港地铁站，扶梯不仅在数量上很充足，而且它会按照高峰期的人流量，来优化调整扶梯运行的数量以及运行方向（上或下） |  |  | • 改善扶梯维护和管理制度<br>• 对照既定的服务水平目标和远期客流预测，改善扶梯的运行和供给状况 |
| 9 | **标识系统**<br>东直门的指示牌除临时指示牌外，其他的设计与安放地点都不合理。字体太小，显示不清晰，较远的距离视认性差 |  |  | • 更换标识系统 |
| 10 | **环境**<br>东直门许多组成部分设计与维护不到位，给人留下一种落后的感觉，尤其是2号线地下通道里的非法摊贩，进一步恶化了周边环境 |  |  | • 升级内部装饰和照明<br>• 改善养护管理机制 |
| 11 | **与周边开发项目的衔接**<br>在东直门混合开发还没完成时，其已显示出了一定的限制性。虽然扶梯可以将地面及地下的交通枢纽与商业零售设施连接起来，但在主要入口仍存在潜在拥堵。另外，跨过二环和东直门外大街到达枢纽开发项目也是很困难。在香港，与周边开发项目的结合，包括A级办公大厦、高端购物广场以及五星级宾馆，这不仅极大地提高了整个区域的档次，也实现了真正的公共交通引导发展 |  |  | • 增加公共交通枢纽各个方向的出入口数量<br>• 周边繁华路段提供舒适的地下通道 |

# 4 结论与建议

## 4.1 结论

作为大都市，为保证其经济发展和居民生活质量，不仅要发展公交系统，而且要将其发展成为城市的主要交通方式。

近十年中，我国大城市政府已将对公共交通基础设施的投资作为连续投资的一部分。然而，由于公共交通枢纽仍存在很多设计方面的挑战，服务水平不高。我们认为原因主要有以下两个方面：

1. 设计过程中规划信息使用不足；

2. 对于服务水平概念理解不足，对其在交通设施设计中的重要性认识不够。

上述两个方面在与成功案例进行对比评测的过程中显得尤为明显。在香港，公共交通设施必须要经过精确地规划，尤其是地铁站，在满足预测的客流量与目标服务水平的基础上，能够处理极度拥挤的情况。在马德里，对于服务水平的关注推动着与公共交通有关的决定，特别是对于无缝衔接多模式枢纽的设计和建设。

确切来说，服务水平是对于公交出行全过程的评价。一个高水准的服务水平应该意味着整个换乘过程是在舒适的环境中完成的。通过应用服务水平评估工具（LOSAT）分析，发现：我国公共交通枢纽的服务水平与香港、马德里等国际成功案例之间存在差距。评价结果见表12。另外，因现有的交通枢纽没有考虑未来的扩建情形（不同于香港地铁站，它考虑了未来最大客流量），随着时间的推移和需求量的增加，服务水平可能会进一步恶化。

表12　北京公共交通枢纽服务水平评价和对比总结

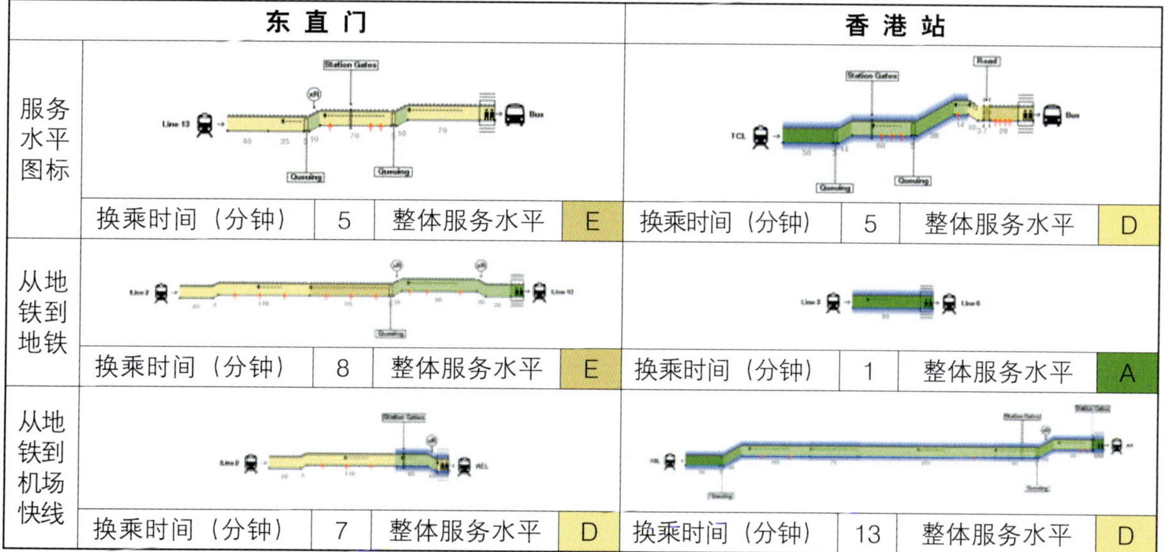

| | 东直门 | | | | 香港站 | | | |
|---|---|---|---|---|---|---|---|---|
| 服务水平图标 | 换乘时间（分钟） | 5 | 整体服务水平 | E | 换乘时间（分钟） | 5 | 整体服务水平 | D |
| 从地铁到地铁 | 换乘时间（分钟） | 8 | 整体服务水平 | E | 换乘时间（分钟） | 1 | 整体服务水平 | A |
| 从地铁到机场快线 | 换乘时间（分钟） | 7 | 整体服务水平 | D | 换乘时间（分钟） | 13 | 整体服务水平 | D |

（续上表）

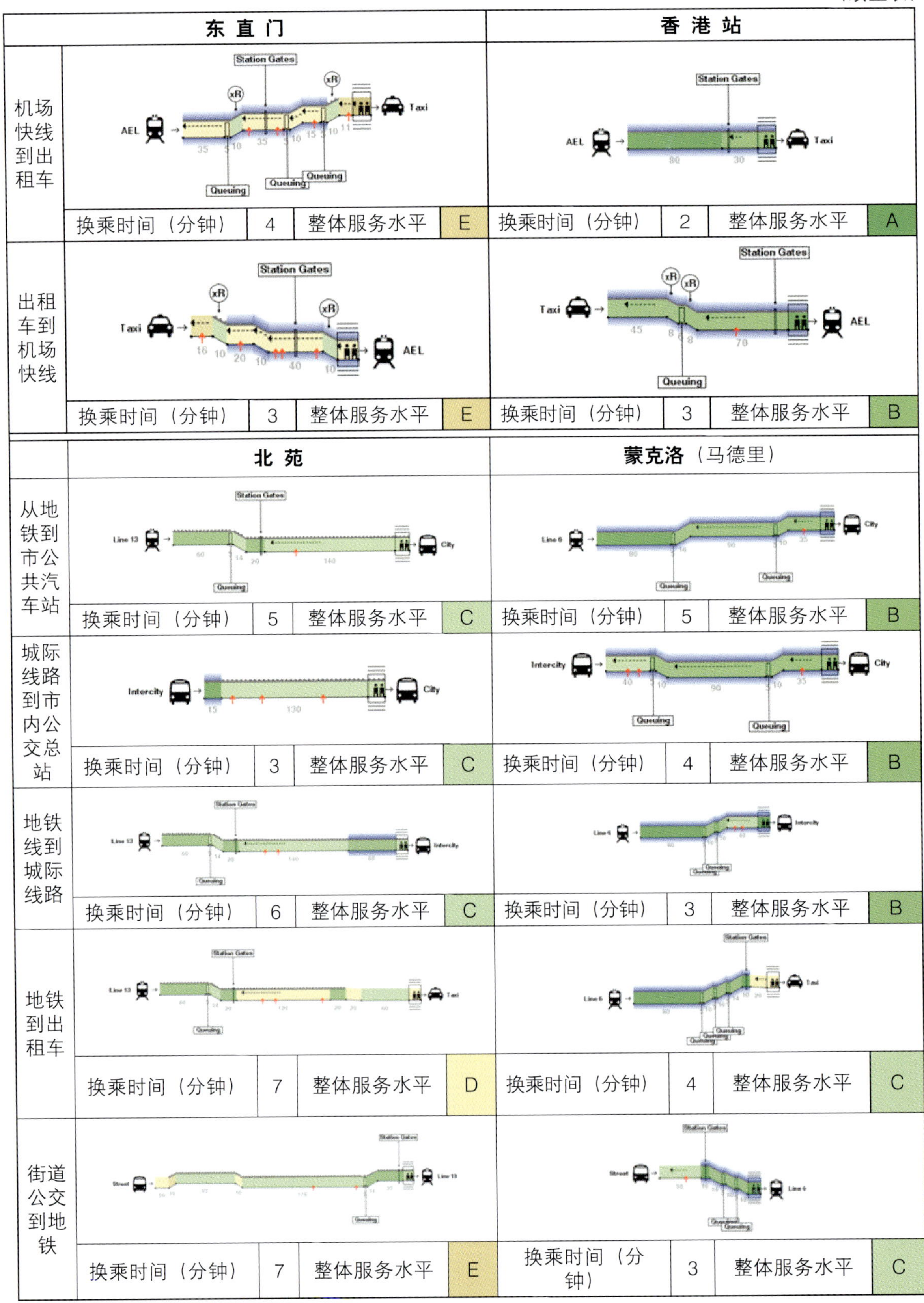


| | 东直门 | | | | 香港站 | | | |
|---|---|---|---|---|---|---|---|---|
| 机场快线到出租车 | 换乘时间（分钟） | 4 | 整体服务水平 | E | 换乘时间（分钟） | 2 | 整体服务水平 | A |
| 出租车到机场快线 | 换乘时间（分钟） | 3 | 整体服务水平 | E | 换乘时间（分钟） | 3 | 整体服务水平 | B |

| | 北苑 | | | | 蒙克洛（马德里） | | | |
|---|---|---|---|---|---|---|---|---|
| 从地铁到市公共汽车站 | 换乘时间（分钟） | 5 | 整体服务水平 | C | 换乘时间（分钟） | 5 | 整体服务水平 | B |
| 城际线路到市内公交总站 | 换乘时间（分钟） | 3 | 整体服务水平 | C | 换乘时间（分钟） | 4 | 整体服务水平 | B |
| 地铁线到城际线路 | 换乘时间（分钟） | 6 | 整体服务水平 | C | 换乘时间（分钟） | 3 | 整体服务水平 | B |
| 地铁到出租车 | 换乘时间（分钟） | 7 | 整体服务水平 | D | 换乘时间（分钟） | 4 | 整体服务水平 | C |
| 街道公交到地铁 | 换乘时间（分钟） | 7 | 整体服务水平 | E | 换乘时间（分钟） | 3 | 整体服务水平 | C |

总之，如果未来仍不重视提高公共交通设施的服务水平，随着人民日益富裕，他们将会直接转向购买私人汽车，这会导致更多的道路拥挤和空气污染。马德里有关部门认识到了这一点，所以他们在公共交通上投入了巨大的资金。在香港，尽管汽车的价格是北京的一半，但特区政府仍认为高质量的公共交通是其核心竞争力之一，是提高市民满意度的关键。

## 4.2 建议

鉴于我国城市很有可能在未来的几十年内仍需面对城市发展的挑战，或者花费大量的资金来修正，所以我们建议在实施新的公共交通枢纽建设之前，重新审视现有的做法。对于已有的设施，建议结合研究中提出的解决方案，来提高其服务水平。

一个全面、系统和科学的场站规划的重要性无论怎么强调都不过分。制定良好的原则，甚至进行计算机仿真，都远远不够。原则看起来简单，但是将其合理应用到规划和设计中是很困难并且很耗费时间的。

优秀的公共交通枢纽的打造是没有捷径的。只能依靠清晰的目标、正确的标准、精确的设计过程、优秀的规划者和充足的时间和资源。

北京首都机场3号航站楼就是一个设计和规划比较优秀的案例，如图22所示。

图22　设计和规划比较优秀的案例：北京首都机场3号航站楼

# 第2部分
# 采用公私合营建设公共交通枢纽

## ①概述

目前，采用公私合营的方式进行城市基础设施的建设，特别是一些大型的城市交通枢纽的建设，已经成为城市发展的重要议题。公私合营方式的运用，以及其机制效果，对于城市发展具有重要的影响。为了能够准确定位我国城市公共交通枢纽的运营发展方向，以及未来公私合营在我国城市建设中的应用前景，我们开展了以下公私合营建设公交枢纽的机制分析，其主要目标是研究我国城市公共交通枢纽的规划、设计、周围土地的开发和经营（包括现有的和正在建设的）的关键问题并提出解决方案，为城市政府使用公私合营的机制进行城市建设提供参考。

本部分的主要内容包括如下方面。

- **公私合营（PPPs）和公共交通引导发展（TOD）**：介绍公私合营的定义、类型和目的。同时对公私合营在公共交通引导发展中的作用进行讨论。
- **我国城市公共交通枢纽状况**：以北京市发展为基础，分析我国城市公交枢纽发展规划、结构和特征。
- **相关的国际案例**：简要回顾北京市公共交通枢纽采用公私合营的经验；介绍香港和马德里的公共交通枢纽采用公私合营的特征和经验，同时也对其成功因素进行讨论。
- **公共交通枢纽的公私合营的启示**：应用SWOT法详细总结分析香港和马德里成功案例的强项、弱项、机会和面临的威胁；对我国城市枢纽建设的一些独有特征进行重点研究。
- **总结和展望**：总结分析结果并提出其对北京市公共交通枢纽未来发展的建议。

## ②公私合营（PPPs）和公共交通引导发展（TOD）

### 2.1 什么是公私合营

公私合营已经从发达国家扩展到了发展中国家。由于国家体制的不同，从相对短期的管理合同，到特许权合同，再到国有企业和私营企业之间的不同程度所有制的合资企业和部分私有化，公私合营的形式呈现多样化。

与传统的采购不同，公私合营使得私营企业的收入回报与特许权期间提供的服务水平相挂钩。在有些情况下，私人服务供应商不仅要对设施的交付负责，还要对整个项目的管理和运营负责。

#### *2.1.1 公私合营的定义*

尽管公私合营自20世纪90年代之后开始被广泛的使用，但是对于它的定义有多种不同的说法。即使在多年致力于公私合营发展的联合国官员之中，也没有达成一个统一的定义。表1是对公私合营定义进行的简要总结。

表1　公私合营定义

| 公私合营的定义 | 来　源 |
| --- | --- |
| 公私合营是联合国系统中一方或多方与非国有行为者之间的一种自愿协作协议。有着共同的目的，共同承担风险、责任、挑战和利益<br>公私合营并不是定义在共同体级别。一般来说，这个术语指的是公共当局与商业组织之间的合作，其目的是致力于保证服务性基础设施的资金、建设、改造、管理和维护 | Nelson, J.（2002）.建立合作伙伴关系："联合国系统和私人企业之间的合作"报告由联合国全球契约办公室委托编写，联合国公共信息部：纽约。<br>欧洲委员会关于特许权和公共合同的公私合营和共合体法律绿皮书，2004年4月 |
| 公私合营是一种用来形容私人部分和公共部门之间关系的一般术语。一般引入私人部分的资源或专业技术来给公共部门提供资金或服务。多用来描述建设筹资和运营（DBFO）类的服务合同和正式的合资企业合同中非正式和战略性的合作关系 | 欧洲投资银行，欧洲投资银行在公私合营中的角色，2004年7月 |
| 公私合营将公共和私有部门用长期的合作关系和共同利益联系在一起。公私合营涵盖很多不同类型的合作关系，包括：国有企业里面引进私有制，利用各种可能的结构（浮选或引进战略合作伙伴），出售多数或少数股权<br>公共部门通过特许经营和加盟等形式利用私人部门的资金与专家服务等。在该过程中，私营单位要承担像提供维护、建设必要的基础设施之类的公共服务的责任<br>政府部分服务市场化，引进私人专业知识和资金能进一步发掘政府资产潜在价值 | 英国财政部（2000），公私合营：政府的做法，文书办公室，Vol. 伦敦。 |
| 公私合营致力于通过公共部门和私营企业之间的长期合作来提高基础设施项目的效率。其中，贯穿整个项目周期的整体分析是非常重要的 | 德国公私合营工作小组，德国交通、建设和住房部（Bundesministerium für Verkehr, Bauen and Wohnen） |
| 公私合营是一种公共部门与私有部门之间的中长期关系，其中包含为了达到预想政策产出的多部门技能、专业知识和资金的风险与回报 | 2005年标准普尔公私合营信用调查 |

## 2.1.2　公私合营的种类

成功的公私合营指南（欧洲委员会）和由 Goldman Sachs 所著“铁路—进化—公私合营概论”等指出公司合营种类包括：

- **公有制**
- **私人承包制**
- **特许/租赁协议**
- **私有制**

鉴于上述提法过于宽泛，表2依据公共/私营单位参与程度对其形式进行了进一步的细化，同时还阐明了政府在相应的公私合营中所扮演的角色。

谈及风险，服务合同对公共部门来说风险最大，而私营单位的参与程度和责任在这种情况下是最小的。相反，剥离则会导致所有的风险从公共部门转移到私营单位。

表2 私人/公共部门在公私合营中的参与程度

| 服务合同 | 管理合同 | 租赁 | 建造运营和投资 | 合资企业 | 特许权 | 资产剥离 |
|---|---|---|---|---|---|---|
| 公共部门 | 风险/控制级别 ←→ | | | | | 私营部门 |
| 提供方 | 政府角色 ←→ | | | | | 促进方 |

来源：Chris Hale，“公共交通引导发展的公私合营”，2008年6月；欧盟委员会，“成功的公私合营指南”，2003年1月；Shanshan Xu，“中国地铁基础设施中的公私合营”，2008年8月。

谈及政府的角色，服务合同是政府被期望投入更多的人力或资金资源的一种。表2可以看出：从左向右，政府提供方的角色会逐渐减弱，而扮演私营单位某些事务促进方的角色则变得越发明显。其中包括政府通过政策或给私营单位提供土地使用的行为。表3是对不同类型公私合营的基本特征的归纳。

表3 公私合营的特征

| 公私合营类型 | 特　　性 |
|---|---|
| 服务合同 | 与私营单位以合同形式开展公共设施建设；<br>由公共部门资助；<br>私营单位专门技能的运用 |
| 管理合同 | 把经营和管理承包给私营单位；<br>如果达到一定的目标，可给予私营单位激励报酬；<br>由公共部门资助 |
| 租赁 | 在给定的时限内给予私营单位经营、管理和更新工作；<br>所有权和财政责任归公共部门；<br>商业风险由私营单位承担 |
| 合资企业 | 分担风险、成本和利益；<br>公共部门仍然持所有权；<br>在项目开始前进行确认，可行性研究，技术设计和评估，并且要贯穿整个项目的始终，以保证项目的高质量；<br>私营单位通过公开招投标的方式参与 |
| 建造运营和投资 | 私营单位建造新的基础设施或升级现有设施；<br>所有的投资均由私营单位承担；<br>私营单位通过一段运营期收回投资；<br>经营期过后项目移交回政府；<br>公共部门没有任何资金风险或成本；<br>还有诸多此类型的变种，如BOT（建造—运营—移交），BDOT（建造—设计—运营—移交）和 BOMT（建造—运营—管理—移交） |
| 特许权 | 与“建造-运营”和投资类型一样，私营单位通过对用户收费来回收成本；<br>利用私营单位的技能，转让设计、运营和建设风险 |
| 资产剥离 | 私营单位从国企手中部分/全部的购买股份；<br>根据购买的份额，完成所有权和责任（资金、运营）从国企到私营单位的转化（私有化） |

### 2.1.3　采用公私合营的主要原因

- 公私合营可以减少对纳税人的影响；
- 更多的资金留给既定项目（债务/股本）；
- 经营风险转移到私营单位一方；
- 增加融资机会，尤其是公共交通设施；
- 更好地推动项目执行和服务交付；
- 增加财政投资机会，提高了基于风险的可接受回报率（私营单位）；
- 可以实现低成本、服务改善、新技术、风险减少、技术、管理经验、深度增加等方面的整合。

### 2.1.4　公私合营（PPPs）的优势与面临的挑战

公私合营已经成为政府部门吸引私人投资者参与公共基础设施建设的常用模式。尽管其能极大减轻公共部门财政负担，但也存在一定的缺点。表4是对公私合营的优点和推广公私合营面临的挑战的概括。

表4　公私合营的优点和面临的挑战

| 优　　点 | 挑　　战 |
|---|---|
| 公私合营减少项目投资；<br>公私合营最大限度地发挥私人经营者的技能；<br>在公私合营中，私人经营者承担生命周期成本风险；<br>在公私合营模式中，风险被转移给最有能力处理或吸收的一方；<br>公私合营使得预算相对可信；<br>公私合营使公共部门从一开始就专注于运营输出和收益；<br>公私合营下，服务质量可以得到终生保障；<br>公共部门只在服务付诸实行了以后才会支付费用；<br>公私合营鼓励专业知识技能领域的发展，如周期成本计算；<br>公私合营允许私人资本介入；<br>公私合营的交易可以在资产负债表外进行 | 用来保证公私合营实施的私人经营者的专业知识或技能能否充足？<br>公共职能部门是否有足够的能力来适应公私合营的实施？<br>不可能总转移生命周期的成本风险；<br>公私合营不可能将所有风险转移；<br>公私合营蕴含着公共部门的管理权力流失的危机；<br>公私合营周期长成本也高；<br>私人经营部门的财政成本会更高；<br>公私合营是长期的、死板的结构体制 |

## 2.2 公共交通引导发展（TOD）

公共交通引导发展可以定义为居住和商业混合开发，最大限度实现公共交通使用的途径。典型的公共交通引导发展以一个地铁站或公交车站为中心，周边进行高密度的开发，以带动其他地区以其为中心的向外辐射发展。

今天，公共交通引导发展已经成为构建活力社区的重要手段。其已经超越了一般意义上的交通设施，涉及了更多的公私合营投资，因此公私合营是决定我国城市公共交通引导发展成功的关键因素。

### 2.2.1　公共交通引导发展下的城市公交枢纽

城市公共交通枢纽具有典型的以公共交通为发展方向的潜力，可以成为紧凑、可步行的社区。以公共交通为导向的发展使得公共交通的用户，包括本地市民、国内外游客，不依赖私家小汽车，也可以享受到高品质的生活。

为了准确定位公私合营如何在我国城市TOD模式下枢纽中的实施，有必要分析公共交通引导发展的关键点及其复杂性。

### 2.2.2 公共交通引导发展的关键点

公共交通引导发展力求在一个可靠的交通通道周围，创造一个紧凑的、多用途、可步行的社区。交通方式选择常是轨道交通或快速公交。

公共交通枢纽中心常坐落在关键路段节点，这些路段常是多种交通方式的换乘点，需要高质量的客流设施与信息系统。其中乘客设施可能包含高质量与大容量的公交站，以及先进的信息系统。

### 2.2.3 以典型公共交通为方向的发展

- 步行规划优先，突出大容量交通地位；
- 地区节点附近混合开发，其中有办公、居住、商业零售点，以及城市公共设施等；
- 围绕大容量交通站点附近10分钟的步行圈内进行高密度、高质量的开发；
- 具有良好的公共交通支持，包括电车、有轨电车、轻轨以及公交车等；
- 进行自行车、轮滑、单脚滑行车等日常交通设施设计；
- 市中心和火车站10分钟步行圈内严格进行停车管理。

### 2.2.4 公共交通引导发展的驱动因素

在世界范围内，对于像北京和纽约这样人口数量多的大都市，解决交通拥堵的问题始终是需要优先考虑的。交通堵塞问题日益严重，2小时的日常上下班路程也已经成为习以为常的事情。通过多修建高速公路来解决问题，实际上造成了更多的混乱无序，最后导致更多的交通拥堵。这也就促成了公共交通引导发展理念（TOD）的诞生。公共交通引导发展作为一种解决交通拥堵、保护环境的利器，已经在全世界开始流行。然而，现代房地产开发投资者面临的挑战就是如何界定交通枢纽的发展潜力。

公共交通引导发展的驱动因素有：

- 大型城市和城区范围的交通拥堵日益恶化；
- 对于郊区生活的厌恶感增强；
- 对于高品质的都市生活质量强烈渴望；
- 对于远离各种机动车交通工具，选择步行生活的渴望愈发强烈；
- 家庭结构改变——更多单身与丁克族出现等；
- 国家越来越支持可持续型城市发展；
- 对新的政府政策的关注。

公共交通引导发展给政府和规划者也提供了更多寻找经济、社会、环境平衡发展的激励。具体如下：

- 高品质的生活；
- 舒适的生活、工作、娱乐环境；
- 出行更便捷；
- 公共交通使用人数增多；
- 减少交通拥堵和小汽车出行；
- 减少交通事故发生和人员伤亡；
- 减少家庭交通开支，从而提升住房支付能力；
- 更多步行使得生活更健康；
- 资产价值更高更稳定；

● 步行人数增多为周边商业区提供客源；

● 大大降低对进口汽油的依赖性；

● 极大地减少环境污染和破坏；

● 减少了发生混乱的诱因，鼓励紧凑发展；

● 与进行无序的道路建设和城市拓展相比，成本低；

● 增强城市经济的竞争力。

## 2.3 公共交通引导发展下的公私合营体制

前面描述仅仅是一般项目发展中的公私合营体制，如基础设施中的收费公路、收费桥梁和收费铁路。我国城市公交枢纽采用公交引导发展模式，不仅包括大量的交通设施，也包括高质量公交站点周边的紧凑型、步行化社区，如大规模混合利用的房地产开发项目。从这个角度来看，前面所提到的公私合营体制的一般应用范围对于城市枢纽TOD发展需要进一步修正。

## 2.4 公私合营在公共交通引导发展领域中成功应用的关键因素

一个成功的TOD项目通常包括：高质量的公共空间供给，充足的公共交通的通道和频率，高需求的上下班人群等要素。为满足这些要素，仅仅从政府公共部门获得规划用地与财政支持是不够的。

在大部分情况下，政府仅靠其自身的财政支出和技术力量完成包含众多要素的项目是不现实的。通常需要私人开发商或私人联合集团的加入，尤其是对于大规模的混合开发项目。

公私合营脱离TOD的特定需求是不可能成功的。其需要针对TOD中的各利益方对各要素进行相应的界定。尤其是以下3个关键要素。

1. 交通：TOD发展的关键目标是实现各交通方式之间的便利换乘。这也意味着需要高频率的服务。在许多国家，公共交通都被高度私有化。然而，公私合营体制则允许政府和私人之间进行合作，共同拥有公共交通业务。私营企业的介入不仅能帮助政府完成TOD发展，也可以通过周边的零售业等从中获得收益。这也就需要一个精心设计的公共交通场站，以支持高效的换乘。另外，也可能需要邻近区域的土地来支撑。

2. 私人介入：进行关联开发，如房地产开发，也是TOD发展的关键要素之一。鉴于房产投资开发偏离出公共部门的工作范围，私人介入是有必要。另外，通过枢纽提升周边房地产的价值，即所谓的“保值”，作为TOD发展的核心理念之一，政府部门也期望与私人部门合作。

3. 公共领域和总体规划：公共领域指的是通过确立一系列简明设计原则创造一个安全、具有吸引力和可达的居民区以加强TOD的发展特征。高效的总体规划是实现该目标的有效途径，其包括：公共空间景观维护、枢纽周边用地规划调整。这些方面大多数需要公共部门支持，通过良好的沟通和合作，使得私营开发商在其开发规划中认识到公共空间的重要性。然而，公私合营有助于推进上述模式的发展。

除了上述的关键性成功要素外，还有一些因素在决定TOD发展成败方面发挥着举足轻重的作用，包括：

- 具有前瞻性的领导团队；
- 项目的广泛支持；
- 明确的项目范围；
- 私营合作伙伴的财务收入潜力；
- 透明化的采购过程；
- 效绩评价标准；
- 系统的项目质量监控体系；
- 公共部门和私营企业之间成本和利益共享。

在研究国际成功案例的章节，我们将对这些重要因素进行详细的讨论，展示其在实际案例中的应用。

### 2.5 可持续经济发展

为了应对TOD发展所面临的挑战，可持续机动化需要一个能实现城市可持续发展的社会和政治手段。公私合营，作为其中一种，可以为构建可持续交通提供资金支持。为了保持高效性，合作双方必须有明确的目的；必须具有选择和制定战略的能力；必须参与由当地部门牵头的改革过程；而且应该在着眼于获取利益的同时关注环境的可持续发展。

#### *可持续城市，可持续交通*

公私合营的TOD公交投资比高速公路投资更能为城市创造经济效益，还能够使城市利用市场力量提升场站周边区域的密度，由此创造出更加高效的副中心，并将城市的无序扩张减少到最低。公私合营的TOD发展使城市以走廊为导向，提高基础设施运营和经济发展效率，构建公共交通为主导的城市交通结构。

TOD是解决汽油短缺和全球气候变暖这些日益严峻问题的主要方案。通过构建高密度、方便步行的并与大容量公交相连接的居民区，可以大大减少小汽车驾驶，从而减少化石燃料的使用。

今天，许多国家也发现公私合营是建立可持续制度框架的一种有效手段。允许私营企业介入运营，承担风险并从事创新性活动，而公共部门则从事超出其他私营企业范围的方面。实际上，公私合营并没有使得国有企业市场被挤占。

## 3 我国城市公共交通枢纽——以北京市为例

### 3.1 背景

由于对我国城市公共交通枢纽建设缺乏综合的调研和数据支持，本文以北京市的枢纽发展为考察对象，作为中国城市发展的缩影，进行分析。作为世界上最庞大经济体之一，北京无论是在社会、经济还是政治方面，都发挥着举足轻重的作用。尽管北京市的人口增长低于其他城市，但其仍被看作是一个巨大的国际性都市。目前，北京居住人口已达两千万（包括外来务工人员）。交通基础设施及其管理已成为保证可持续经济发展的关键。

随着道路上车辆的增多，交通网络的容量和运行效率成为人们最为关注的问题之一。这一问题的出现大部分是因为越来越多的人选择私人汽车代替传统自行车，并且选择居住在离市中心较远的地区，每天往返上下班。为此，自2001年以来，北京市政府对公共交通基础设施投入了大量的资金，截至2008年8月北京奥运会，市政府已投入1782亿元人民币（大约为262亿美元）[2]。

北京市政府决定建设多模式公共交通枢纽，目的是鼓励公众使用公共交通。目前，已经建成3座公共交通枢纽，有4座部分完工并投入使用，1座正在建设中，6座正处于规划和设计阶段，另19座也被列入计划。到2015年，北京市计划公交分担率达到45%，主要通过减少小汽车出行频率来减轻道路拥堵。

## 3.2 北京市公共交通枢纽的关键特征

### 3.2.1 位置和规模

北京市公共交通枢纽主要坐落在工作人群集中的中心区周围。建设序列从市中心开始向城市周边地区扩展。图1是2010年之前要建设的各个公共交通枢纽的位置。

**从图1可以看出：**3座已经完工的公交枢纽分别坐落在西直门、北京西站北广场和六里桥，均属于中心区。目前正在建设中的5座公共交通枢纽，包括4座部分建成已投入运营的，也均坐落在城市中心区，靠近已完工的3座枢纽。而外围区域所规划的枢纽则在较晚时期建设。

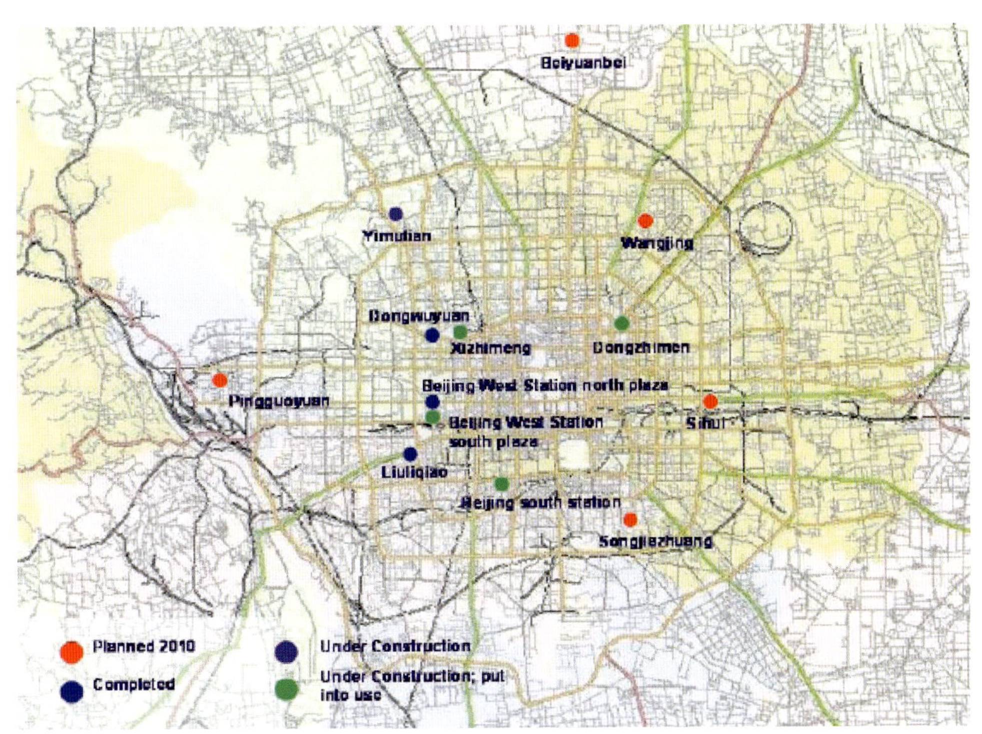


来源：北京市交通委员会

图1　到2010年之前北京市建成和规划的公共交通枢纽的位置

[2]来源：http://en.beijing2008.cn/live/pressconference/mpc/n214495413.shtml——奥运会成本有效性新闻发布会。

从建筑面积来看，北京市最小的公交枢纽是北京西站北广场，总面积800平方米。表5是对2010年之前各个公共交通枢纽规模的描述。总面积大约为636,400平方米。

表5　公共交通枢纽建筑面积

| 公共交通枢纽 | 建筑面积（1,000平方米） |
| --- | --- |
| 动物园 | 104 |
| 六里桥 | 27 |
| 北京西站北广场 | 0.8 |
| 东直门 | 78 |
| 西直门 | 2 |
| 北京西站南广场 | 3.5 |
| 北京南站 | 19.5 |
| 一亩园 | 18 |
| 苹果园 | 144 |
| 宋家庄 | 98 |
| 四惠 | 36.6 |
| 北苑北 | 65 |
| 望京 | 40 |
| 总计 | 636.4 |

来源：北京市交通委员会。

### 3.2.2　基础设施

北京公交枢纽一个潜在的特征是公共交通引导发展的理念。公交枢纽不仅只是充当提供换乘的角色，还要成为一个富有活力的、高密度开发、拥有高质量的公共空间和高频率的公交服务、便于步行的混合开发社区[3]。

混合开发包括购物、居住、餐饮以及其他用途等。例如，东直门公交枢纽158米高的商业大厦，将容纳一座五星级酒店、居住和商业建筑、餐厅、展览馆以及其他娱乐性设施。

将来还会并入一些通用设施，进一步增加上下班人群的便利度，包括便宜的私人车辆停车场（以鼓励车辆使用者放下他们的汽车转而使用公交）和停放自行车的区域（以便进一步减少道路拥堵的情况）。表6列举了北京一些公共交通枢纽的预期换乘客流。

表6　预计通勤流量

| 公共交通枢纽 | 乘客流量（人次/天） |
| --- | --- |
| 东直门 | 727,824 |
| 西直门 | 435,000 |
| 四惠 | 368,100 |

注：这些数据仅预测实际使用公共交通枢纽地点的乘客流量，而不包括公共交通枢纽周围开发项目的乘客流量。如果将使用主要公共交通枢纽周围区域的人数算在内，预测数字将会大得多。

[3]Hale和Charles，“最大限度地利用公共交通引导开发的机遇”，2006。

### 3.2.3 交通网络

目前，北京市采取了多种公共交通方式，包括：地铁、轻轨、快速公交、区间公交、常规公交、铁路、自行车和出租车。其中每座公交枢纽都将地铁作为主骨架。地铁是目前最受欢迎的公共交通方式，到2015年之前，预计分担率会达到50%[4]。

每个公交枢纽都会并入公交，并多数采用地面公交、地下地铁的布局模式。目前，不是所有的公交枢纽都会并入所有公共交通方式。常见的主要包括地铁、区间公交线路、长途汽车、轻轨和铁路。表7是对北京市公交枢纽内交通方式的描述。

表7 在北京市最常用的公共交通方式

| 交通方式 | 描　述 |
|---|---|
| 地铁 | 平峰发车间隔4～5分钟，高峰间隔2分钟。单程票价2元。2015年之前，将把目前的8条地铁线扩展为19条 |
| 城际铁路 | 连接北京市区与周边县镇以及其他地铁并未全部开通。目前只开通了1条S线，还有6条路线在建设中或正处于规划之中 |
| 铁路 | 铁路覆盖广阔，横穿大多数主要城市和地区，包括上海、河北、香港、山西和广东等 |
| 公交 | 共有500多条公交线路，上下班人群可以通过换乘不同线路到达北京几乎每个地区；中国第一条快速公交线路于2004年在北京开通；另外还有衔接郊区、周边县镇以及中国其他地区的长途汽车 |
| 出租车 | 2008年，持牌照的出租车65,000辆，但是仍有一大部分“黑车” |

### 3.2.4 所有权、建设、运营和管理

2007年7月20日起，北京公联有限公司成为北京市所有公交枢纽的所有者。其中，北京公联公共交通枢纽建设有限公司（BGTHCLC）是北京公联有限公司设立的一家国有企业，负责公交枢纽的建设和运营。考虑到财务困难（它的注册资金为两亿元人民币），其目前与其他公共和私营实体共同运营。表8总结了目前公交枢纽的建设、运营和管理的主要参与者。

表8 公共交通枢纽主要参与者

| 公共交通枢纽 | 主要参与者 |
|---|---|
| 东直门、西直门 | 由私人投资者进行开发，北京公联有限公司持有运营和管理权 |
| 西客站公共交通枢纽南广场 | 由北京市政府进行投资，北京市公共交通控股（集团）有限公司负责建设 |
| 所有其他公共交通枢纽 | 由北京市政府进行投资，北京公联有限公司负责建设和运营 |

[4]来源：http://www.bjd.com.cn，“建设中的北京，公共交通之城”，2006年6月12日。

目前，公共交通枢纽的电费、税费和基本管理费用由使用者支付（公共交通枢纽内的商业实体）。维护费用是由北京市政府来支付的。另外可以考虑在公交枢纽内多设立一些零售摊点为市民服务，同时解决一部分运营开支。

#### *3.2.5 融资*

北京市政府负责所有建设成本。枢纽周边的道路由北京市交通委员会和多个区政府负责投资。混合开发，如零售摊点和简便饮食店等，由北京公联有限公司负责运营。允许投资者向银行申请贷款。

市政设施费用，如水费、电费和管理费，由公共交通枢纽内所设的不同商业实体（使用者）支付（如简便饮食店和小型零售摊点）。剩余收入可帮助解决部分运营成本。

# 4 相关国际成功案例

## 4.1 香港

### *4.1.1 开发背景*

香港特别行政区，位于中国的东南海岸。根据2008年[5]获得的数据，香港的土地人口密度为每平方公里6,460人，是世界上人口密度最高的城市之一。

为了满足上下班人群逐渐增长的需求，并且缓解有限的土地面临的人口压力，香港特区政府出台了一系列可持续发展政策。其中包括：构建高效公共交通系统，促使市民放弃对私人汽车的使用。

尽管香港的许多地铁站（即MTR），周围围绕着购物中心、旅馆和餐厅等，并且都与地铁站有着地下连接通道，如金钟地铁站、沙田地铁站和九龙塘地铁站等，但这些站在开始建设的时候并没有采用TOD发展的思路。多数情况下，地铁站都是先于周边开发项目建设并投入使用的。最近在香港开发的真正的TOD发展项目主要是日出康城项目、奥海城项目和东涌项目。

图2突出显示了香港地铁系统中3个典型的公共交通引导发展项目。值得注意的是，这些公共交通引导发展项目都是在最近建设的地铁线周围开发的，并且通常位于地铁线的尾端。因此，地铁线为了发展公共交通运输导向开发项目，特意进行了扩展。奥海城项目（位于香港地铁奥运站）被认为是采用公私合营公共交通引导发展的一个典型成功案例，随后我们将对其进行详细分析。

[5]香港政府统计处，“人口与生活统计”。

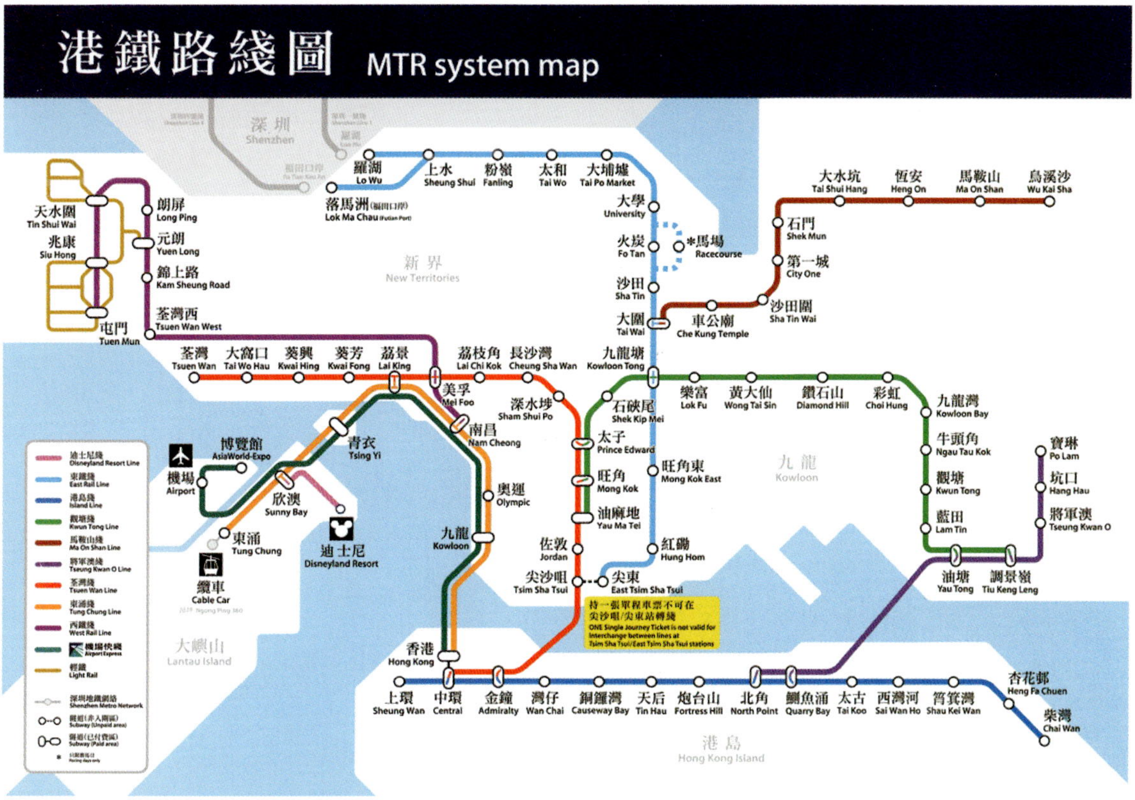

来源：http://www.mtr.com.hk/。

图2　香港地铁系统地图

## 4.1.2　位置和规模

奥运站是东涌线的一个站点（图3），位于九龙西边，是大角咀的一部分。大角咀作为填海所得地，总计有65公顷，奥运站就位于其上。

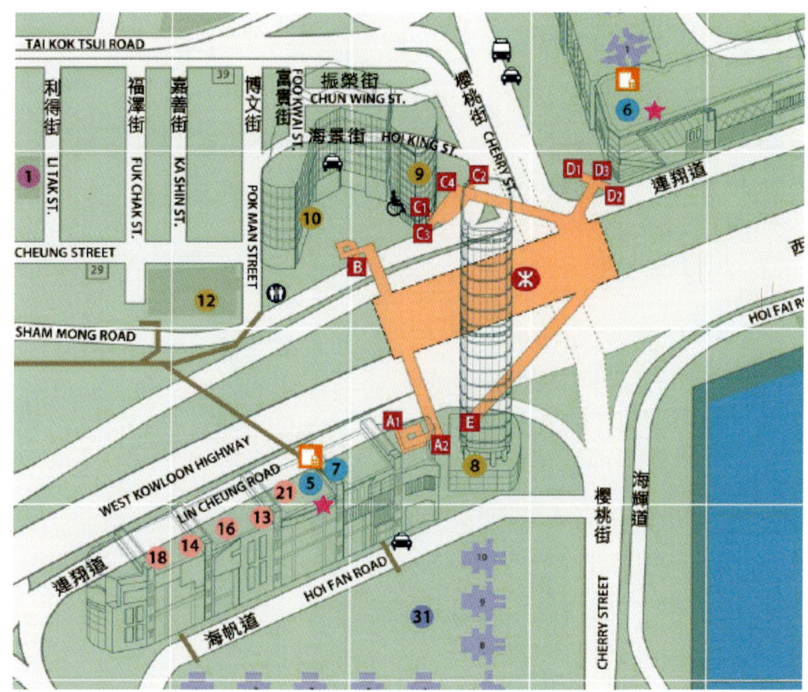


来源：http://www.mtr.com.hk/。

图3　奥运站地图

### 4.1.3 基础设施

为了落实TOD，在奥运城站周围开发了购物中心、居住小区和娱乐场馆等综合设施。奥海城项目采用分期建设（第一期和第二期），内部包括超过两百家店铺和超过四十家的餐厅，总建筑面积800,000平方英尺（约74,322.432平方米）[6]。在购物中心还有电影院、保龄球馆和健身场馆（图4）。从地铁站可以直接到达这些地点；上下班人群也不需要在不佳的天气状况下走出户外或等待横穿马路，节约了时间也提高了舒适度。

对于那些开车到达奥海城的市民，在购物中心进行数目相对较小的消费即可提供免费停车（工作日消费200元港币，周末消费300元港币）。奥海城还容纳了其他种类的设施，可以照顾到每位上班族或购物者，如婴儿看护室、免费上网服务和存物服务等。

地铁站周围有3个私人住宅项目，分别是维港湾、柏景湾和中央公园。第4个私人住宅项目，奥海城三期项目，也正在建设当中，预计不久就会完工。这些项目共同构成了23个街区，有超过800间公寓。

奥海城项目还包括了4座办公大楼：香港上海汇丰银行中心（3座大楼）和中国银行中心（1座大楼）。

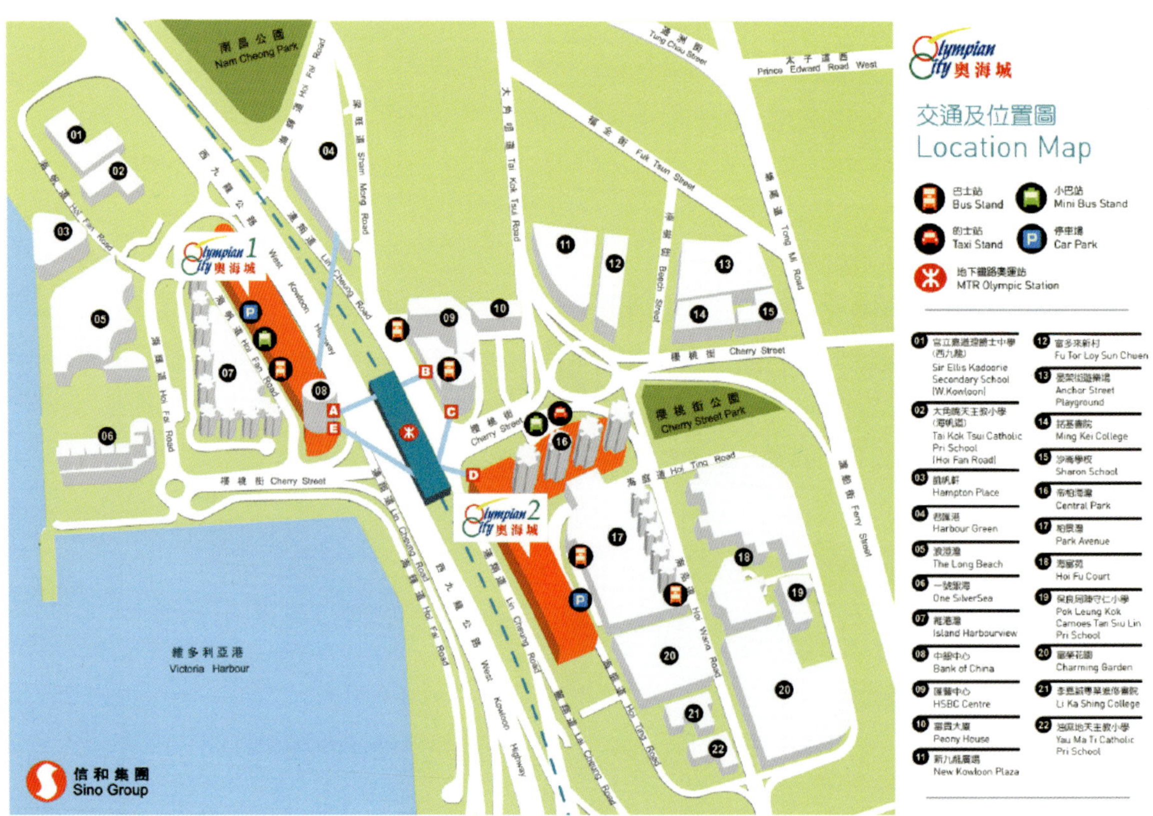


来源：http://www.olympiancity.com.hk/。

图4 奥海城示意图

[6]来源：http://www.olympiancity.com.hk/。

### 4.1.4　交通网络

除了私人汽车和地铁，在奥海城还有其他几种交通方式。为了上下班从奥运站/奥海城往返，人们还可以乘坐公共汽车（迷你公共汽车和双层巴士）和出租车。根据不同的路线，上班族们可在遮蔽的公共汽车站等车，每辆公交的等车时间不超过20分钟。这些公交线路穿过九龙、新界和香港岛的其他地区，保证了乘客们到达目的地的换乘次数不超过一次。

### 4.1.5　所有权

香港地铁系统是由香港地铁有限公司（MTRC）负责运营的。香港地铁公司一开始是一个法定的政府所有公司，直到2000年，香港特区政府将其23%的股份出售[7]。香港地铁有限公司在香港股票交易所上市之后更名为香港地铁有限责任公司（MTRCL）。但是，香港特区政府仍然持有其中的大部分股份。

香港地铁有限公司通过私人合约批租土地的方式从政府处获得土地（包括开发权），并拥有土地所有权。

正如上文已经提到的，香港地铁有限责任公司经常在临近其地铁站的地区并入购物和居民小区开发项目。在这些地方，香港地铁有限公司对开发权进行招标，将开发权委托给中标者，但保留土地的租借授予状态。其中，土地地价由香港地铁有限公司同香港特区政府谈判决定。

### 4.1.6　建设

有多个联合开发商参与场站及其周边项目的建设过程。表9是对项目开发参与方的汇总。

表9　奥海城及其周边产业的开发商

| 位　　置 | 开　发　商 | 类　　型 |
|---|---|---|
| 港铁奥运站 | 香港地铁有限公司 | 多模式公共交通枢纽 |
| 一期（维港湾，香港上海汇丰银行（HSBC）中心，中国银行中心） | 信合置业有限公司，中国银行投资有限公司，嘉里建设有限公司，中国海外发展有限公司，新加坡嘉德置业有限公司 | 办公，零售，居住，室内运动场馆和停车场 |
| 二期（柏景湾，中心公园） | 信合置业有限公司，中国银行投资有限公司，嘉里建设有限公司，中国海外发展有限公司 | 零售，居住，市场和停车场 |
| 三期 | 新鸿基地产有限公司 | 居民区，幼儿园和停车场 |

来源：香港地铁有限公司投资者关系报告，2004。

[7]来源：http://www.mtr.com.hk/。

### 4.1.7 管理

开发权通过招投标委托给这些开发商之后，开发商会组建一家合资企业。根据香港地铁说法，"香港地铁公司将监管这些项目的建设，并在项目完工和售出后分享其中一部分利益"。

香港地铁公司利用企业风险管理（ERM）来"提高商业风险评估和管理流程的质量"（图5）。过程包括确定、择优、行动、监控和报告。同时其会负责对项目与利益相关者的接洽工作，包括奥运站相关项目，以形成一个具有连续性的信息分享对话与及时反馈的调整流程。另外，香港地铁公司还雇佣了外部人员来按照国际标准评测项目的绩效表现和系统效率[8]。

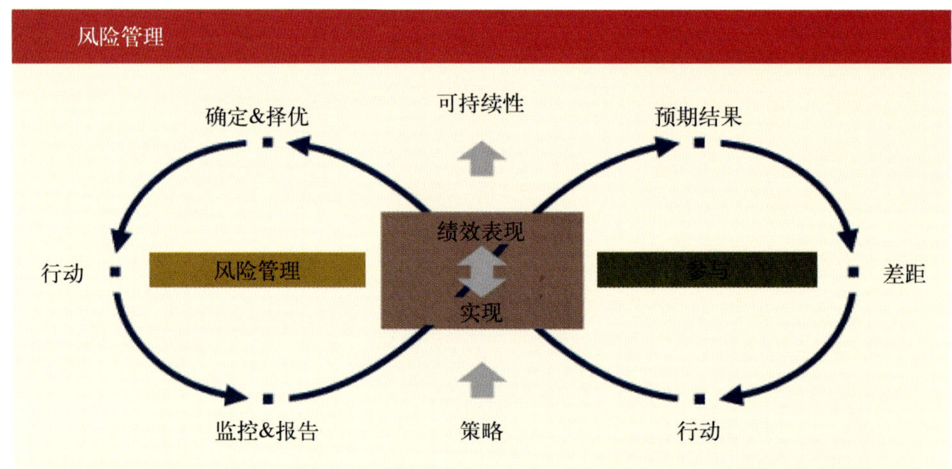


来源：香港地铁公司2005年报告。

图5 为保持可持续竞争优势采用企业风险管理（ERM）战略

### 4.1.8 融资

如先前所述，奥海城开发项目所使用的土地是由香港特区政府授予香港地铁有限公司的。对于居住和商用开发，这块土地通过招投标委托给私营开发商进行开发。私营开发商支付由香港地铁有限公司谈判获得的土地地价，将土地地价支付给香港特区政府。

对于地产开发项目，香港地铁公司与私营开发商建立合作伙伴关系，由私营开发商承担所有开发风险[9]。

## 4.2 马德里

### 4.2.1 背景

马德里是西班牙的首都，也是西班牙最大的城市。其市区是继巴黎和伦敦之后，欧盟第三大人口稠密地区，总面积为8,000平方公里，人口为600万，平均人口密度为每公顷7.42个居民（等于北京市的0.77倍）。

[8]来源：香港地铁公司2005年报告。

[9]详情请见香港地铁公司网站：www.mtr.com.hk。

由于较高的人口密度，该市公共交通系统也遭遇了包括交通拥堵、不同方式之间缺乏协调、网络设施不足、运营商提供服务质量低下等一系列问题[10]。1985年，马德里政府制定了一系列公交改革政策，以鼓励居民对公交的使用。其中一项政策是促进不同交通方式之间的衔接，并由此建立了多模式交通换乘站（IES）系统，目的是提升公共交通的衔接质量。我们主要选择了5个多模式交通换乘站作为标准（图6）。

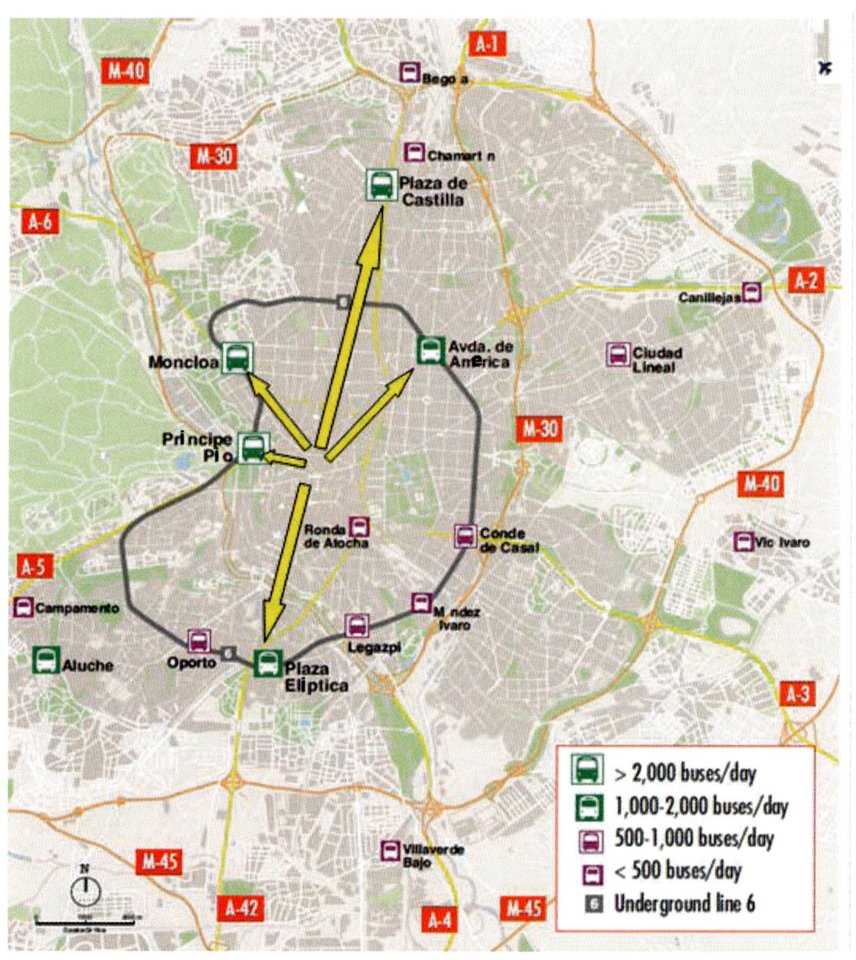


来源：马德里地区交通运输管理局与BMT。

图6　马德里的5个多模式交通换乘站

多模式交通换乘站是一种地下建筑，主要用来帮助上下班人群在郊区和城市中心区之间实现不同交通方式的换乘，包括区域公交、地铁和城市公交网络。一些多模式交通换乘站主要用来连接上下班地铁网络，还有一些为接收跨区域客车服务。在该建筑附近修建一个专用匝道，帮助公交车从高速公路进入市中心时避免堵塞。另外一些多模式交通换乘站也提供公共停车区域。

[10]来源：Master, A. "综合公共交通运输政策的需求和财政收入：马德里案例"交通报告，第24卷，2004年，第195~217页。

## 4.2.2 交通网络

马德里拥有一个覆盖范围广阔的公共交通系统，包括12条地铁线、3条轻轨线和209条公交线（马德里市政交通运输局（EMT）负责运营）和8条穿过城市中心区的城郊铁路线。其中地铁是世界上最长的7条地铁线之一。马德里的地铁在过去的20年间增长迅速，同首尔市地铁系统和北京市地铁系统一起，被认为是世界上增长最快的网络。图7展现了马德里的地铁系统，包括轻轨路线在内。

## 4.2.3 所有权

这5个多模式交通换乘站建设所用的土地或由马德里市政府提供，或由马德里地区政府提供。这些多模式交通换乘站属于国有公共交通设施。

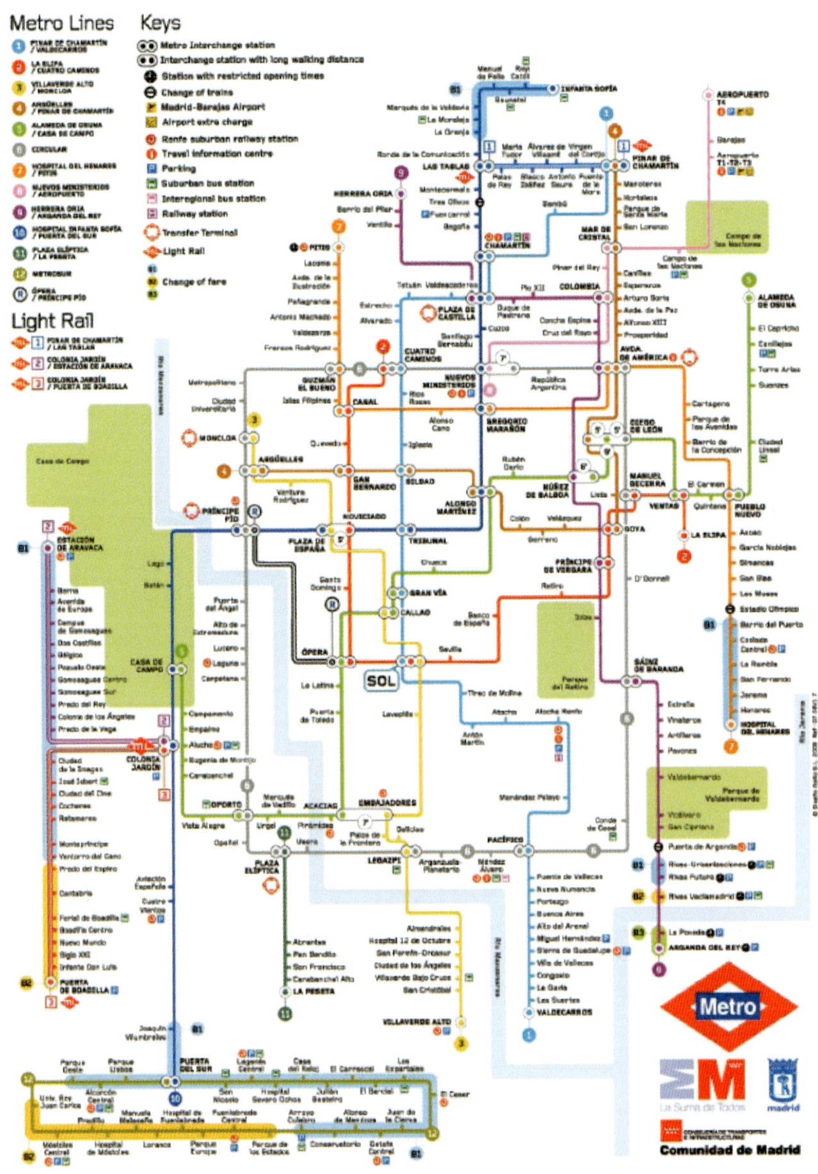


来源：马德里自治区。

图7　马德里地铁系统地图

### 4.2.4 建设

为了展现总体安排，表10展现了5座采用TOD发展模式的换乘站。开发模式都采用向合资公司授予特许权合同的方式，并要求至少由一个建筑公司组成。根据西班牙特许权法，建设和运营成本必须转嫁给特许权接受方，存在不可抗力的情况除外。采用特许权的优势之一是将建设、运营和维持基础设施的责任转嫁给一个私营合资公司，并允许其收取一定的费用，运营时间事先通过合同协商确定。

招投标阶段，马德里地区交通运输管理局（CRTM）[11]会向投标者们提供换乘站的初始设计方案。但是，每个投标者都必须呈交他们各自对于该招标项目的详细设计。特许权授予后，接受者有义务按照在招投标时所呈递的标准建设该换乘站。

表10　目前在马德里投入运营的多模式交通换乘站特许权主要特性

| 多模式场站 | 建设年份 | 投资额（百万欧元） | 特许权时间（年数） | 联合财团的股东 | |
|---|---|---|---|---|---|
| AVDA美洲站 | 2000 | 25.62 | 25 | 公共汽车交通运输第一有限公司 | 25.50% |
| | | | | 公共汽车交通运输第二有限公司 | 25.50% |
| | | | | 第一建设有限公司 | 20.50% |
| | | | | 第二建设有限公司 | 20.50% |
| | | | | 银行 | 5.00% |
| | | | | 设施管理有限公司 | 2.00% |
| | | | | 建设公司 | 1.00% |
| 卡斯蒂拉广场 | 2007 | 120 | 33 | 公共汽车交通运输第一有限公司 | 34.00% |
| | | | | 公共汽车交通运输第二有限公司 | 22.00% |
| | | | | 公共汽车交通运输第三有限公司 | 8.00% |
| | | | | 公共汽车交通运输第四有限公司 | 8.00% |
| | | | | 公共汽车交通运输第五有限公司 | 3.00% |
| | | | | 建设公司 | 20.00% |
| | | | | 设施管理有限公司 | 5.00% |
| 蒙科洛阿站 | 2007 | 100 | 35 | 公共汽车交通运输有限公司 | 20.00% |
| | | | | 建设公司 | 80.00% |
| 普林西比站 | 2007 | 50 | 33 | 公共汽车交通运输第一有限公司 | 30.00% |
| | | | | 公共汽车交通运输第二有限公司 | 5.00% |
| | | | | 建设公司 | 55.00% |
| | | | | 设施管理有限公司 | 10.00% |
| 埃里普迪卡广场 | 2007 | 36 | 35 | 公共汽车交通运输有限公司 | 20.00% |
| | | | | 建设公司 | 80.00% |

来源：Floridea Di Ciommo，“私营企业出资的城市多模式交通换乘站：马德里案例”，TBM 2009年度会议。

[11]马德里地区交通运输管理局（CRTM）对马德里的公共交通系统进行管理。它设立于1985年，主要负责公共交通基础设施和交通服务规划，创建全网络综合资费系统，并将马德里公共交通系统进行市场化，以建立其国际形象。

### 4.2.5 管理

如前文所提到的，一旦特许权被授予，特许权接受者需要为换乘站的运营、维持和管理负责。在某些案例中，特许权接受者可能更倾向于雇佣一家设施管理公司来运营换乘站，但是，许多更愿意让合资公司的股东来运营。

### 4.2.6 融资

由于缺乏财政来源，马德里地区政府决定采用特许权的办法来为换乘站筹集资金。表10中的5座换乘站开发项目全部由私营企业提供资金。马德里地区政府委托马德里地区交通运输管理局筹划换乘站的招投标事宜。同时马德里地区政府为这5座换乘站的建设、维护和运营制订了一个总体方案。

这5座换乘站的资金由私营企业提供，即由特许权接受者提供资金。马德里地区政府和交通运输管理局均不会为这些设施提供任何补助或贷款。

换乘站产生的财政收入来源是使用换乘站的公共汽车和客车运营商所支付的费用。马德里地区交通运输管理局强制规定区间公共汽车必须使用换乘站，而跨区域客车可以自由选择是否使用。但是，事实证明多模式交通换乘站很受跨区域客车的欢迎。不同于公共汽车和客车，地铁和城郊铁路不需要为使用换乘站付费。

换乘站的重要收入来源还包括换乘站内的店铺和咖啡馆所支付的租金，以及刊登广告和设置自动售卖机所支付的租金等。每座换乘站还包含停车区域，停车费也是另一重要收入来源。当折现现金流（折现率在特许权合同中规定）等同于原始投资时，特许权合同终止。所以特许权合同的持续时间或在5年之间，或合同中规定的原始持续时间左右。

## 4.3 成功案例经验教训

多数文献研究都认识到香港和马德里换乘站的成功主要体现在TOD发展项目中应用公私合营体制[12]。成功的原因可概括如下。

### 4.3.1 香港

- TOD发展获得了香港主要地产开发商的青睐——信和集团、新鸿基地产有限公司、恒隆地产有限公司、新世界发展有限公司、太古地产公司及其他一些公司都参与了东涌和奥海城项目。
- 它们与公共部门（香港地铁有限责任公司）建立的合作伙伴关系使它们可以高效地规划和利用公交枢纽周围的土地。
- 公交枢纽将各种不同的换乘模式结合在一起，为该地区的购物者、上下班人群和居民带来了方便。它们包括迷你巴士、双层巴士、地铁系统、铁路、出租车和停车区域。
- TOD发展项目帮助岘港其他地区解决了一些拥堵问题，因为项目开发后吸引了许多人到这个新开发的区域内居住。
- 公共部门利益相关者（香港地铁有限责任公司及政府）和私营实体企业，如房地产开发商等，都从此类开发项目的成果中获取了利益。根据记录，香港地铁有限责任公司从地产发展项目中获得了46.7亿港币的收益。财务报告表明日出康城项目和东涌站的

[12]Thomas S K Lai，“香港地铁——一个成功的的故事”，2006年6月；Di Ciommo et al，“市区中私人提供资金的多模式：马德里案例”，2008年7月。

地产开发项目为主要收益来源。

● 奥海城于2001年竣工不久，购物中心达到了一个较高的占用率。信和集团负责开发的复合型住宅建筑中90%的公寓短期售出，这大大显示了居民对TOD发展项目的欢迎度。究其主要原因是开发项目的高质量和便捷的交通衔接。

● 由于这些项目非常受欢迎，对正在开发或规划项目进行了扩建。如奥海城三期，该项目目前正在建设5个新的居住区。

● 开发前，明确目标，定位各自承担的角色。例如，在东涌站，建于1997年，是作为新机场支撑的新镇（Chep Lap Kok），主要容纳住宅社区以及商业活动，并配有一个多层公交枢纽。

● 开发复合建筑已经规划了多期开发项目。1998年，有20,000个新户入住东涌新开发项目。到2011年之前，预计有320,000名住户入住TOD发展的住宅项目。

### *4.3.2 马德里*

● 马德里的公共交通枢纽提升了公交设施的使用，由此减少了交通拥堵和污染。

● 通过授予特许权的做法，基础设施的费用全部由私营企业提供，减轻了政府财政负担。

● 换乘站减少了区域内公共汽车系统的运营开支。首先，由于换乘时间变短，保持相同的公交发车频率所需要的车辆数和司机数减少。假设公交司机每工作一个小时需要支付17欧元成本，那么位于美洲大道多模式交通运输换乘站[13]，运营公司的工资成本大概每天可节约16,419到26,171欧元。

● 拥堵减轻的同时，燃油消耗量也得到了减少。特许权期间，公共汽车公司节约的运营成本与总基础设施投资成本相比较，节约的运营成本比初始投资成本多出两倍。

● 换乘站的建设，城市中心区的环境得到改善。居民区污染气体排放量减少。

● 换乘站减少了城市区域内公共汽车所占用的空间。在多模式交通换乘站出现之前，公交乘客的上下车地点都在街道上，减少了城市道路网络容量。

● 换乘站减少了公交使用者的换乘时间，增加了乘客舒适度。

## 5 对我国城市公共交通枢纽公私合营的启示

正如前文所讨论的，以北京市为例，我国城市公共交通枢纽的核心基础设施是交通设施，主要包括公交、铁路和高速公路。在交通领域，采用公私合营的项目主要是以长期合同或特许权安排为基础，具体在某个公共基础设施上，即设计、建设、维持、运营和融资上允许私营企业的介入。公私合营模式是多元化的，通过私营企业不同介入模式有助于实施某个公共项目或某种公共服务。

[13]来源：Floridea Di Ciommo，“城市区域中由私营企业提供资金的多模式交通运输换乘站：马德里案例”，TBM 2009年度会议。

## 5.1 北京市公共交通枢纽公私合营方面所面临的潜在问题

### 5.1.1 北京市公共交通枢纽采用公私合营的经验

公私合营的应用对于北京来说并不陌生，但是获得成功是有限的。典型的公私合营例子是动物园公交枢纽，一开始在2001年，由一个国有企业——北京公交四达枢纽站投资有限公司负责建设。到2002年12月，金开利德服装市场有限公司投资了7,200万人民币，获得了从第2层到第5层的为期50年的所有权。由此，许多批发市场转移到了该枢纽周边，使得附近区域出现交通拥挤现象，违背了开发公共交通枢纽或公共交通引导发展项目的初衷。

### 5.1.2 潜在的问题和可能的解决方案

国际成功案例已经证明：公私合营应用到TOD发展项目中是可以有效运转的。表11指出了北京市公共交通枢纽过去所遇到的问题，如动物园公交枢纽，以及它们在将来有可能会遇到的问题。

根据香港和马德里成功经验，针对北京公交枢纽特有的问题提出了相应的解决方案。

表11 北京市公共交通枢纽公私合营潜在问题和可能的解决方案

| 潜在的问题 | 可能的解决方案 |
| --- | --- |
| 公共和私营利益相关者期望结果不同 | 开发项目前，界定好项目目标、各方职责等，所有的利益相关者必须认同并且满足对方的目标 |
| 公共部门失去管理控制权 | 为决策建立可预测的流程；为关键利益相关者设立和确定各自所需要扮演的角色；所有利益相关者必须积极参与 |
| 私营企业的表现 | 使用效绩评价标准；采用项目质量监控系统 |
| 公众对于开发项目的接受度 | 公共企业与社区共同设定长期目标；评测公众的需求；将市场调查与项目相结合 |
| 在公私合营方面的经验不足 | 借鉴国际成功案例中公私合营的成功要素；制订总体规划，并定时进行更新和检查 |
| 不可预测的经济上的变化，导致某一方产生财政困难，危及项目的进行 | 允许财务缓冲；明确其他利益相关者/合作伙伴的可接受项目的财政状况；尽管中国经济在“金融海啸”之后，仍然保持了一个相对强盛的发展势头，增长速度相对减慢，但是仍然应该制订应急计划；就像我们从马德里的案例中所学习到的一样，授予特许权是解决政府所面临的财政问题的一个很好的方法 |
| 没有坚持总体设计 | 不走捷径；规范设计；采取长远眼光；对于马德里的案例来说，政府提供给投标者公共交通枢纽的初始设计，并要求每个投标者都必须呈交他们各自对于该招标项目的设计；在特许权被授予之后，接受方有义务按照在招投标时所呈递的标准建设该设施 |
| 变化的市场条件导致需求变化 | 北京市公交枢纽的管理必须频繁地注意市场条件和进行需求预测，以使项目与市场状况相关，并提高市场化程度，增加价值；例如，港铁奥运站在2002年将一项土地旅馆使用调整成居住区，规划要随着信息的更新实施调整 |
| 同时发展几个公共交通枢纽导致公共交通使用上过多的冲突/产生设计方面的困惑 | 开发商必须保证枢纽内部运营的设施符合标准，这样上下班人群在使用时不会感到困惑；尽管某些设计方面，如交通枢纽场站的外观，可能需要保持独一无二，但是内部设计最好采取统一的外观，例如，香港地铁站全部采用相同的售票机，内部设计和配色方案也大部分保持一致 |

### 5.1.3　一些需要强调的关键问题

- 前瞻性的领导团队；
- 公众对项目的支持；
- 精确界定的项目目标、各方职责；
- 私营企业合作伙伴的财务收入潜力；
- 实行过程的透明化；
- 采用绩效评价标准；
- 项目质量监控系统；
- 公共部门和私营企业之间的成本和利益分配；
- 公共企业与社区共同设定长期的目标；
- 确定优先开发区域；
- 实施激励措施；
- 规范设计为决策建立可预测的流程；
- 得到当地有关部门政策上的支持。

## 5.2 SWOT分析法

### 5.2.1　北京市

| 优　　势 | 劣　　势 |
|---|---|
| 政府资金充足；不需要完全依赖于私营企业所提供的资金<br>政府项目获得公众支持的能力（如2008年奥运会期间某些路段禁止小汽车通行）在建设过程中会有所帮助<br>总的来说，只要提供了充分的理由，例如，公交枢纽可以减少交通堵塞并且提升便利程度等，公众就会给予支持<br>正如北京市奥林匹克场馆和其他建筑的设计所表现的一样，它们强调独特性和创造性，不害怕尝试新的设计。这同样也可以应用于未来的公共交通枢纽 | 在公私合营上缺乏经验，以及之前公私合营所带来的不能令人满意的结果可能使政府有所顾虑，因此增加他们对公私合营的怀疑 |
| **机　　遇** | **威　　胁** |
| 由于规划了许多公交枢纽，公私合营可以在其中一个较小而且不是特别重要的场站进行试验，即离市中心较远的地方<br>公私合营开始于20世纪90年代早期，目前有许多公交枢纽公私合营的成功案例，如本文所提到的，可以学习这些成功案例的经验 | 可能重复与动物园站相同的情况，所以在开发过程中必须制订和保持清晰的总体规划和政府目标 |

### 5.2.2 香港

| 优　势 | 劣　势 |
|---|---|
| 香港地铁分担率为45%[14]。它吸引了私人开发商与香港地铁有限责任公司形成公私合营共同开展TOD发展项目<br>香港地铁有限责任公司在全球都有业务，可以吸引国际资源和技能来帮助它们开发项目<br>香港地铁有限责任公司可以在TOD发展项目和公交枢纽的设计和建设过程中与他方合作并分享技术，因为目前经过发展，已经包括地产建设、咨询、商业和居住开发项目以及其他范围广泛的商业活动<br>在政府作为主要股东的情况下，香港地铁有限责任公司在网络扩展和未来开发计划上有着广泛的资源 | 对于地产开发服务（铁路与地产场地）过于依赖，可能意味着股东的回报在经济萧条期间会受到严重打击<br>有时过分注重地产开发会导致投机行为 |
| **机　遇** | **威　胁** |
| 由于香港地铁的成功，以及其在亚洲、澳洲和欧洲其他城市的项目，香港地铁有限责任公司可在全球寻找机会以进行扩展，成为世界上最主要的铁路集团之一<br>使用香港对TOD发展项目的影响进一步促进环境的可持续性 | 变得过于为利益所驱动，而忘记满足香港公共交通发展的要求 |

### 5.2.3 马德里

| 优　势 | 劣　势 |
|---|---|
| 基础设施全部由私营企业提供资金，减轻了政府的财政负担<br>公共交通枢纽减少了交通堵塞和负面外部效应，并且提升了公共交通系统的使用<br>换乘站减少了区域内公共汽车系统的运营开支<br>由于换乘站的建设，城市中心区的城市环境也得到了改善 | 地铁和上下班铁路不需要为使用换乘站支付费用，不太合理 |
| **机　遇** | **威　胁** |
| 政府应放宽运营换乘站内部或周围商业区域特许权的授予 | 实施最低要求的重新谈判应该保证透明化。隐藏的补助一旦暴露会使公众不满 |

## 5.3 北京枢纽特征

除了上述竞争性的对比，北京市相对于国际成功案例的独特性和区别可以表现在以下几个方面。

首先，2007年的数据显示北京市的永久居住人口为16,330,000。但是，有研究显示，如果将外来务工人口算在内，该数据目前可能接近或超过2,000万。同香港市700万的人口和马德里320万的人口相比，北京市的公共交通枢纽的任务要比前面两个城市重得多。

其次，污染问题一直是北京市一个长期的问题。北京市为了准备2008年奥运会，在3年之间花费了170亿美元来净化空气。如果环境影响研究和行为没有纳入考虑范围，广泛分布的公共交通枢纽的建设将会加剧污

[14]香港政府网站：“香港：事实——铁路网络”。

染问题。同时，在建设期间，公共交通枢纽可能会影响当地的交通网络，而导致交通拥堵。

第三，对于中国群众，文化和传统是他们生活中最重要的方面之一。在准备和举办2008年奥运会的过程中表现尤为明显，投资了数额庞大的款项向世界展示中华文化的精粹，如建筑，以及令人印象深刻的奥运会开幕式和闭幕式。我们可以在这些公共交通枢纽的设计中融入中国文化元素，而不仅仅是设计一个纯粹发挥交通功能的枢纽。

最后，也是非常重要的一点，北京市公共交通与香港和马德里相比，相对比较便宜。地铁系统的所有市内单程换乘仅花费2元人民币。相比之下，香港地铁的单程换乘根据距离不等，花费人民币3.5元到45元。马德里地铁系统的单程票也根据距离的不同，花费人民币10元到19元（由地铁系统中使用该票的区域所决定）。

北京市低廉的公交使用费用，不仅是因为政府希望更多的人来使用，还应考虑到一个事实，那就是居民的平均收入要低得多。经济增长虽然很快，但贫富差距一直是政府担心的问题，他们必须提供足够的公共交通系统，使收入处于底层的人群也能够使用。

# 6 结论及建议

## 6.1 结论

公私合营的采用不仅只是一种将风险，尤其是财务上的风险转嫁给私营企业的方法，也是一种分享资源和技术的手段，这些资源和技术通常是公共部门所缺乏的。鉴于没有统一的关于公私合营项目的标准定义，公私合营方式使用灵活，每一种都能够并且根据项目的特点和内容而具有自己的特性。

例如，香港地铁有限责任公司与私营企业多种形式的公私合营，在私营企业购买全部所有权的情况下，它们经常会随着时间的推移，从一个合资企业最终进化成资产剥离。有时候，同一个项目会采用不同种类的公私合营，即混合公私合营。北京必须能够适应不断变化的经济和市场状况。市场研究对于开发项目和设计流程是一个重要的方面。

交流沟通是公私合营成功的一个关键特征。如果沟通破裂或者不足，项目会不可避免地走向失败。这一点在许多文献和标准案例中都被强调。不同的关键利益相关者在项目的整个过程中都必须有着开放的交流渠道，以便了解对方最新的问题，推动项目进一步发展。所有利益相关者必须清楚地了解该项目及其总体规划，不能只是了解自己需要扮演的角色，还需要了解对方扮演的角色。

为了提供最高质量的服务，有人建议将公共交通系统私有化。在香港的案例中，香港地铁有限责任公司在建立之初是一个法定的完全政府所有的公司。2000年，香港特区政府出售了公司23%的股份，因此，香港地铁有限责任公司成为一个为商业利益所驱动，同时也履行政府公共交通服务义务（因为政府仍然持有75%控制性的股份）的公司。

尽管香港地铁有限责任公司借上市，一直追求创造更多的效益，但其运营和规模仍然在迅速扩展，同时服务质量也在持续提高。这样做是为了能够与其他交通方式进行竞争，如私人汽车服务等。如果北京愿意私有化部分公共交通系统，香港公共交通系统的成功（大约80%的人口使用公共交通[15]）是可以复制的。

本文所提供的标准和其他国际案例已经证明，公共交通引导发展（在公共交通枢纽周围开展商业和居住地产项目）能够很好地发挥引导作用。但是在与私营企业形成公私合营时需要谨慎的规划，同拥有所需要技术和经验的知名开发商形成合作伙伴关系。他们的长期愿景应与政府目标相匹配，以避免发生动物园站的情况。另外，制订总体规划并定时进行更新也是必须的。

## 6.2 建议

本研究通过对北京市公共交通枢纽中采用公私合营进行初步评估，并对香港和马德里两个国际成功案例的公共交通引导发展项目进行分析，总结了它们的成功经验以便提供有用的参考。

建议重新审视管理部门、投资者、运营者、所有者之间的关系。另外，利益相关者对北京市公共交通枢纽发展的看法，还应包括设施使用者和公共交通枢纽所在社区当地居民，以全面了解公私合营的结果，使得公私合营随着持续变化的经济、社会和环境状况得到严密的监控。

建议对公共交通枢纽的市场和财务状况，包括实际和预计的使用人数、价格、设施的租金以及市场空间，采取持续的监控。私营企业和公共部门的着眼点应保持平衡，以实现城市公共交通系统的可持续发展。

建议制订一个公私合营的总体规划，以为可持续交通融资。在项目开发过程中应对该规划及时进行检查和更新。

# 7 词汇表

| | |
|---|---|
| BGC | 北京公联有限公司 |
| BGTHCLC | 北京公联公共交通枢纽建设有限公司 |
| BDOT | 建设—设计—运营—转让 |
| BOT | 建设—运营—转让 |
| BOMT | 建设—运营—管理—转让 |
| BRT | 快速公交 |
| CRTM | 马德里地区交通运输管理局 |
| DBFO | 设计—建设—融资—运营 |
| HKSAR | 香港特别行政区 |
| HSBC | 香港上海汇丰银行 |
| EIB | 欧洲投资银行 |
| EMT | 马德里市政交通运输局 |
| ERM | 企业风险管理 |
| IES | 多模式交通运输换乘站 |
| MMA | 马德里市区 |
| MTR | 香港地铁系统 |
| MTRCL | 香港地铁有限责任公司 |
| PFI | 私人主动融资 |
| PPPs | 公私合营 |
| TOD | 公共交通引导发展 |

[15] L.H Wang，“寻找香港可持续交通运输发展解决方案”。

# 第3篇

# 交通与土地利用政策框架分析

以北京顺义与通州为例

加州大学伯克利分校全球大都市研究中心

# An Analytical Framework For Transport And Land Use Policy
# 交通与土地利用政策框架分析

北京通州和顺义案例研究
The Case Of Beijing's Satellite Cities Shunyi And Tongzhou.

**主任研究员：伊丽莎白 · 蒂肯教授**

**研究人员：Manish Shirgaokar, Nicolae Duduta, Alainna Thomas, Yizhen Gu**

## Elizabeth Deakin

Elizabeth Deakin（伊丽莎白 · 蒂肯），美国加州大学伯克利分校城市与区域规划系教授，现任加州大学交通研究中心主任、加州大学世界大都市研究中心主任、山东大学土建与水利学院交通学科名誉教授，是交通运输工程领域国际著名的学者和社会活动家。在中国济南和成都参与公交引导发展（TOD）项目并开展过相关培训和研讨会。

## 研究总述

为了提供更多的住房，并减少市中心的交通拥堵状况，我国很多城市政府正在城市外围开发“新城”（卫星城市）。而新城的发展，有其自身的规律和约束要求。在这份报告中，我们将着重分析其中的两座新城：

(1) 通州，位于北京市中心正东方向20公里处；

(2) 顺义，位于北京市中心东北方向35公里处，靠近北京首都国际机场。希望通过国内外的对比，为我国新城的发展提供有益的借鉴。

在其他国家，大多数新城往往是中心城的市郊住宅区，人口规模多介于5万~25万之间。而北京新城人口则是80万~100万，就其自身而言，已经称得上市中心了。另外，不同于华盛顿、堪培拉和巴西利亚这类城市强调新城独立性，我国很多新城并不是完全独立，而是要为市中心担当一个补充的角色。关于新城的已有研究文献明确了以下三方面问题：（1）内部设计与交通；（2）就业与住房之间的平衡；（3）混合收入规划。同时，从大型的多中心都市区（如旧金山湾区）汲取教训，对我国新城发展来说也是至关重要的。

旧金山湾区吸引了15~20公里以外的奥克兰和伯克利、40公里以外的圣荷塞通勤者，尽管这些地方本身就是大型的就业中心，而且都有着自己的郊区。此外，通勤者还来自更远、更小的次级中心区，如核桃溪（Walnut Creek）、康科德（Concord）、普莱桑顿（Pleasanton）和圣罗莎（Santa Rosa），尽管所有这些地区也都有着自己的就业中心。实际上，通勤模式是一系列因素综合影响的结果，包括通勤时间及成本、住房价格与质量，以及居民区的品质，如水电气设施、配套设施（amenity）和住户属性。对于北京市中心通勤人员，如果从卫星城市通勤到北京比从其他住宅区通勤到北京更合理，那么卫星城住房的设计和定价对其更具有吸引力，即新城一些住房就很可能会由在北京市中心工作的通勤者占住。交通出行总量以及随之而带来的影响主要取决于这些居民长途出行是仅仅为了工作，还是为了上学、购物、娱乐/休闲。此外，这些影响还取决于长途和短程出行是采用公交、还是乘坐私人汽车。

### 新城的目标决定城市发展途径——市郊住宅区（睡城）与功能完备的卫星城

如果新城开发的目标是为通勤人口提供住宅，那么改善通勤交通方式就相当重要。从简单的通行能力分析显示，要将相当一部分出行者送往城市，需要对公共交通进行高额投资。人口100万的地区可能会有50万名就业居民，如果其中的一半选择了通勤到北京、并且有25%是在高峰期间出行的，那么在高峰小时内仅新城载客量就必须多达12.5万人，尚不计入任何下游的客流量。这样的能力是当前所不具备的，就算要达到这种能力，代价也十分高昂。

如果开发新市镇的目标是修建卫星城市以确保相当多的一部分人口居住和工作都在本地，那么主要的问题就是创造适合于目标人口的就业机会，协调就业岗位（亦即可能需要的劳动综合技能和收入要求）与住宅的相互匹配。人口中本地就业者的比例在一定程度上是本地就业岗位与住宅匹配的结果。例如，如果研发中心坐落在卫星城市，那么就需要为专业工作者和技术工作者设计住房。如果本地就业岗位多属于蓝领行业，那么居住在卫星城市的专业工作者大多数都会通勤到别处（也有可能不大愿意来此地落户）。在这两种情况下，服务设施的质量不仅会影响居住地的选择，还会影响本地与周边地区之间的交通出行。

## 以往经验教训

### *土地混合利用是减少交通出行的关键*

尽管许多国家的新城都着眼于建立起就业、住房和服务混合用地，但是有一些在初期却未能吸引充足的就业人员，而是在入住人口比较充足后，就业率才开始增长。不过，即使是本地就业机会相当充足之后，出入这些地方的通勤量往往还是相当大，尤其是当他们离大的市中心地区不远，相互间又有着便利的交通连接时，这样的情况就更为突出。

新城可以吸引它自身的“郊区”，这些郊区也许是经过规划的，也可能是未经规划的。比如伯克利，它就是一座单独的城市，同时有自己的郊区。但是一旦这些新城没有为各类就业者提供合适的住房，就会出现非正式聚落区或长途通勤这样的问题，巴西利亚就是这样。

由分散的次级中心组成的新城，大街区、主干道和高速公路往往是小汽车的天下，就像圣荷西和洛杉矶那样。但如果新城围绕在轨道站点建立，并在周围形成高密度、交通宁静化并支持步行和自行车应用的区域和住宅，那么居民就会大多选择慢行和公共交通方式，如瑞典和英国的新城。

以北京的几个新城发展为例，通州如果定位于（或是设计为）市郊住宅区，那么和纽约的莱维特镇或香港的元朗新城就有些相似之处。对正在寻找其经济可以承受的高质量住宅的北京居民，它已经成了一块磁石，显示出了典型市郊住宅区的特征。但是，如果没有足够的宜人设施（包括高质量的购物设施和娱乐设施）来将这些人留在当地，他们也可能不会在这儿定居。尤其是随着居民年龄增大、存款增多并开始养育子女，他们就希望在好的学校附近居住，即出现当前迁居到更靠近北京市中心的情形。所以如果通州的学校不具备竞争力，这些年轻人的家庭就可能迁居。不过，如果通州修建起大量的休闲和文化娱乐设施，以及富有吸引力的购物区和高质量的学校，就会有助于使它成为人们向往的长期定居地，随之也能够吸引一些寻求便利设施的企业。像通州这样的地方，只要精心规划，便能逐渐创造足够的就业机会，从而建成就业与住房良好平衡的社区。

顺义的位置靠近机场，它已经是一个主要的就业中心，而且更适宜于集中发展如酒店、会展中心，以及其他与旅游、商务旅行和依赖于航空货运的就业。其中一个发展方案就是顺义可仿照巴黎的拉德芳斯新区或首尔市的松岛新城，这些地方大多数的就业者都需要通勤到周边上班地点，而不是留驻在当地。通过精心规划，顺义可以建成数量与质量都与当地劳动力相匹配的住房，同时修建高质量的学校、购物场所和宜人设施，并在住宅区与就业地点之间修建便利的交通连接线，如此便可以获得相当高的自给。只要上述本地就业机会和社区特征都能齐备，那么考虑到顺义离北京的距离，也许就不会形成严重倾向于市中心的通勤模式，当然，到机场的公交设施也可以为通勤者服务。在这方面，加州的普莱桑顿就是个很好的范例，它建有大型的办公园区，新近还开始在这些园区内修建住宅，以便达到就业与住宅之间更好的平衡。

## 道路分级是关键因素

在中国，规划者有时候不情愿增加街道空间，因为这会提高道路建设与养护的公共成本。街区尺度超过600米（2,000英尺，相当于足球场长度的5倍有余）的地方不占少数。而研究计算显示，如果将街道占用的土地适度增加到约23%，从而使街区尺度减少到120米（400英尺），这样更适合于步行，那么各种交通出行方式以及区域设施的利用都会得到可观的改进。就算道路空间占到23%，城市结构中街道在土地使用中所占比例仍然会比旧金山市中心（31%）或是曼哈顿（32%）低许多。街道数量增加，街区规模减小，有利于促进非机动交通方式的发展。因为棋盘式的交通网络中，会有更多适合非机动交通穿越各地区的直接路线，当然也会有更多的街道十字路口，但通过这些路口是相对容易的。

## 当前的通勤模式证明住房与就业之间需要达到更好的平衡

在顺义和通州，通勤模式都显示了一种日益明显的外向通勤趋势。我们应该认识到通州和顺义若都需要成为独立的卫星城，大多数的通勤应当在各自的区域内部完成，规划应该将两个地方的外部通勤限制在30%以内。但是当前的通勤模式显示由于地区缺少白领就业机会，加之房价的不断上涨，许多CBD（中心商务区）的就业者迁移到这些地方寻求更便宜的住房。上述分析表明，在就业与住房之间的平衡方面，还需要付出更多的努力，以减少新城到城市中心区的通勤，从而使这些新城能够成为卫星城。

在顺义和通州，如果人口数量与就业年龄居民数量增长速度快于就业岗位，或就业与住房在工作技能与收入级别方面的匹配不好，那么新的居民就很可能会选择通勤到北京市中心工作。此外，在这些新城内，必须建立可在各区域之间通达的公共交通线路。如果到就业中心地区没有方便的公共交通，无论这些就业地区是在北京市中心还是在新城内部，经济条件许可的人（他们在中国城市人口中所占的比例越来越高）会转为采用私人小汽车作为上班（以及到其他地方）的出行方式，从而对已经紧张的交通基础设施增加更大的压力。

# 建议

◆ **创造更多的新城本地就业机会，这是新城成功的关键。**北京市政府总体规划的目标之一，是减少城市中心的人口，从而缓解交通拥堵的状况。不过，当前的通勤模式是就业者进入城市中心上班，这样城市中心白天的人口基本上没有减少。为了减少通勤交通出行对二环、三环路区域的影响，需要采取措施来鼓励新城内部的通勤，包括增加当地就业机会以及休闲文化设施，提供富有吸引力的购物区和高质量的学校。

◆ **尤其是对于短途出行以及公交换乘出**

**行鼓励采用骑自行车和步行的方式。**在任何城市中， 出行距离小于3公里时理想的交通方式是步行和自行车，所以，除了高速公路外，所有街道都应当修建有单独的自行车道和人行道。对于公交车站则应当建有直接的自行车道连接线以及配备安全、有遮蔽的自行车停车场。

◆ **公共交通应当成为长途出行的主要方式。**随着新城的扩大与发展，需要制定鼓励采用公共交通的政策。无论是内部出行还是长途出行都需要高质量的公交服务，尤其是公交体系的衔接，应该减少过多或困难的步行与换乘，改善过分拥挤。此外还应采取交通管理政策来减少小汽车的使用。应当收取停车费和道路使用费（税费或过路费），前者反映停车设施的成本，后者则反映了小汽车的使用成本。

◆ **建设诸如快速公交等灵活、适应性强的大众交通系统会有助于缓解将来公共汽车交通系统的压力，并鼓励在交通出行中选择公共交通方式，不论是内部出行还是到其他中心地区。**快速公交提供的交通服务比一般慢车的速度更快、更可靠，而且它们可以设计相当高的线路容量，从而减少车辆投入成本。如果使用BRT来作为干线交通方式，并且与本地公共汽车支线、区域铁路站连接起来，这样的交通结构有利于促进公共交通成为新城通勤的主要方式。随着开发工作的开展，为BRT规划、设计专用车道和车站，可以避免将来公交专用道改建困难，并能为修建更宽敞、宜人的车站作准备。

◆ **提供公交枢纽多模式换乘方式是至关重要的。**当前规划的新城公交车站，就应该考虑多模式（尤其是步行和骑自行车）的通达条件。设计中应当包括有自行车停车场以及步行的辅助设施，如升降梯和电梯。

◆ **如果分配给道路的空间仍然比较狭窄，可以通过采取主动交通管理来达到对道路的有效使用。**当前规划设计导则规定一个项目中道路网络的比例限制在20%左右。与纽约市32%、旧金山31%差距明显。当前城市规划的做法比较照顾小汽车，尽管它的分担率与乘客占有率低。为了更加有效地利用当前规划的有限道路空间，应当提倡公交优先，采用激励措施来促进公交、步行以及自行车等的使用。对于小汽车则应当通过街道设计与车道分配、信号设计以及收取限制性停车费的方式来加以管理。

◆ **开展年度定期调查，以观察居民与就业者在公交方式上的转变情况。**对于快速增长的地区（如就业中心地区）应当加强五年一度的交通调查工作。对快速增长地区进行家庭访谈。为更好地掌握就业岗位增长情况，可以开展以雇主为对象的调查。相应的调查费用可以作为雇主在城市中开展业务的条件，如旧金山，该类型的调查能够使决策者更好地了解新城的发展，从而决定相应的规划干预政策以引导其合理发展。

## 结论

在就业与住宅平衡发展方面，中国很多新城建设仍有很大的潜力以避免重蹈其他国家出现住宅社区的覆辙。通过扩建交通网络、提高道路密度、土地混合使用，提供完善设施等快速、协调的规划干预政策，可以实现城市社会经济的持续发展。

## ❶简介

以北京市为例，中国政府采取了一系列发展策略着眼于发展周围的“新城”或卫星城，以缓解城市中心地区的交通拥堵状况。新的总体规划计划在边缘区域的11个地方安置500多万居民。其中顺义、通州和亦庄这3处被视作是关键的开发区，每一处预计到2020年安置人口90万人[1]。本报告将其中的两个发展地区——顺义和通州作为研究对象（图1）。通过探讨世界上其他地方规划新城和卫星城的经历，从中推导出可以供顺义与通州借鉴的经验教训，同时明确在发展中需要解决的诸如就业与住房的平衡、土地混合利用以及交通衔接等关键问题。

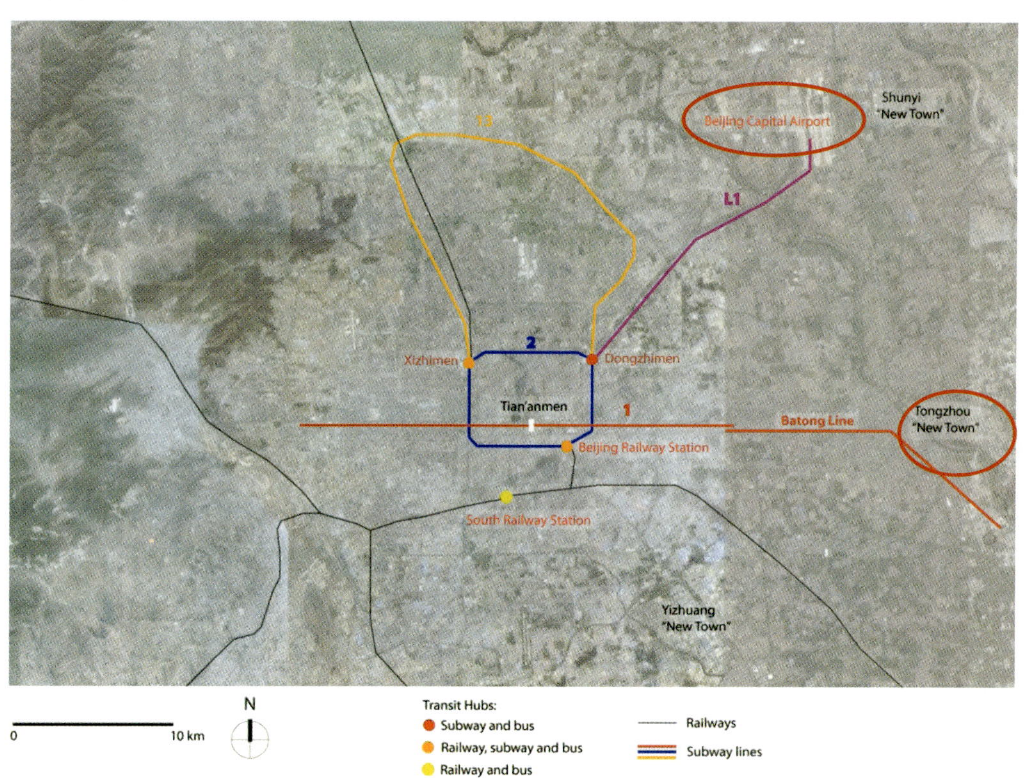


图1 顺义、通州与北京市中心的相对位置

| | |
|---|---|
| Beijing regional map 北京地区地图 | Beijing capital airport 北京首都机场 |
| Shunyi New Town 顺义新城 | Tongzhou New Town 通州新城 |
| Transit hubs 公共交通枢纽 | Subway and bus 地铁与公共汽车 |
| Railway, subway and bus 铁路、地铁与公共汽车 | Railway and bus 铁路与公共汽车 |
| Railway 铁路 | Subway lines 地铁线路 |

[1]尽管这些接纳人口的地区有时候被称作“新城”，但从严格意义上讲，它们既不“新”，也并非城。例如，顺义当前就有大约28万居民。鉴于增长规模、人口数量以及已经到位的开发工作，在报告中把这些计划的开发地区称作是“卫星城”。

图1显示了这两座卫星城相对于北京市中心的位置，以及它们与北京市中心衔接的交通路线。顺义坐落在北京首都机场的东北，两地相距甚近。当前顺义是以发展酒店、会议中心以及依靠机场的行业进行开发，其中许多居民都在本地就业。通州在北京市中心的正东方向，是八通轨道交通线的终点站，尽管目前在高峰期前往市中心的交通出行还多少有些困难，但其更多地是作为中心城的市郊住宅区来开发。这两座卫星城将来就业岗位与住房的类型，以及它们所提供的交通连接线类型，将影响它们未来居民工作、购物和娱乐休闲地的选择。因此，这些新城的规划，对于居民将来的交通出行量与方式，都有着极大的影响。

## 1.1 新城与卫星城定义

### *我们所说的“新城”或“卫星城”是什么*

新城是指在乡村或不发达地区规划的具备自给能力，并拥有住宅、教育设施、商业和休闲设施的城市社区[2]。多数情况下，发展目标是通过提供住房、就业机会、购物、休闲和文化设施、学校、医院等实现城市人口边缘化重新配置。就发展历程来看，早先的新城是在未经开发的地区修建起来的，后来多数是对已有城镇进行扩展形成的。在规模方面，彼此存在差异。在欧洲和美国，大多数新城人口规模在5万~20万之间。不过，有些著名的“新城”规模要大得多，如华盛顿哥伦比亚特区、巴西首都巴西利亚和澳大利亚的堪培拉。

卫星城这个词则是用来描述靠近大城市兴建的中小城市，其在城市化进程中，环绕着中心大城市如同卫星绕行星运行一样，故称“卫星城”。 在大城市扩张过程中，这种关系的形成是无意或有意的结果。早期的卫星城由于被乡村地区分隔，很大程度独立于大城市，拥有自己的就业基础、水电气设施及文化资源，也有自己的郊区与中心。不过，随着卫星关系的进一步发展，在保持自身中心与功能的同时，卫星城及其郊区也与大城市之间建立起更多的交通连接线，产生了更多的诸如通勤类的交通出行。

与市郊住宅区（睡城）相比，追求就业与住房之间的平衡，具备较高自足性是新城与卫星城的两大显著特征。作为城市中心住宅提供区，市郊住宅区（睡城）尽管也有一定的本地就业率，但大部分工作者都通勤到其他地方就业，甚至在有些情况下许多购物、文化休闲的活动也是离开本地到其他地方进行的。另外新城、卫星城与市郊就业中心区（有时候它们被称作次级中心地区，以便与中心商务地区分别开来）也有区别。乔尔·加洛（1991年）曾把美国和有些欧洲国家位于高速公路或铁路交汇处或在先前没有或很少有城市开发的田野中迅速崛起的这些次级中心地区称作是“边缘城市”。这些地区的就业岗位多数是为CBD企业服务的后勤工作，容易发展成为诸如高科技制造业、机场服务等专业化地区。尽管其周边或区内也规划了住宅，但与市郊住宅区不同是：其就业岗位数远高于当地就业居民。

[2]来源：http://wordnetweb.princeton.edu/perl/webwn?s=new%20town（2009年10月16日访问的页面）。

北京政府明确指出通州和顺义发展的目标是实现高度自足性，并非要成为严格意义上的市郊住宅区或次级就业中心地区。实际的自足程度将取决于所采取的具体措施，包括土地利用规划、交通供给。然而，不管通州与顺义是被视作“新城”、还是“卫星城”，其建议规模已表明需将其按城市和地区来进行规划。图2显示，通州和顺义城市规模虽然在中国只能算中等，但比世界部分中心城市大。此外，这两座城市比研究文献中的大多数新城和卫星城的设定规模都要大得多，如图3所示。

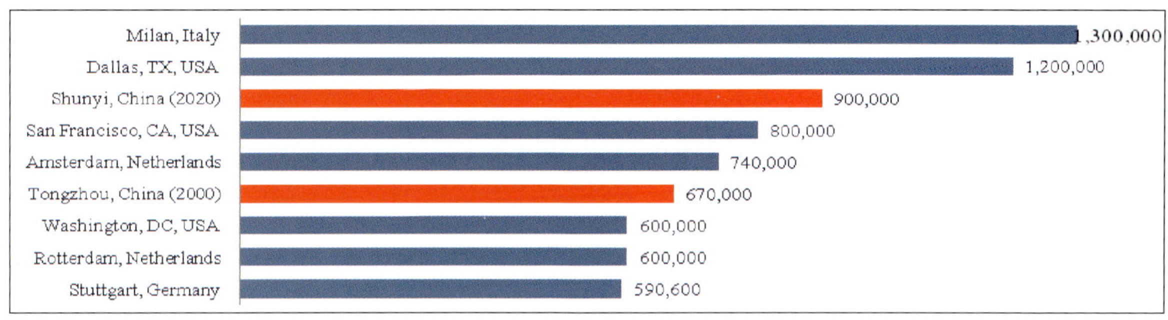


图2　顺义、通州与国际其他城市规模对比

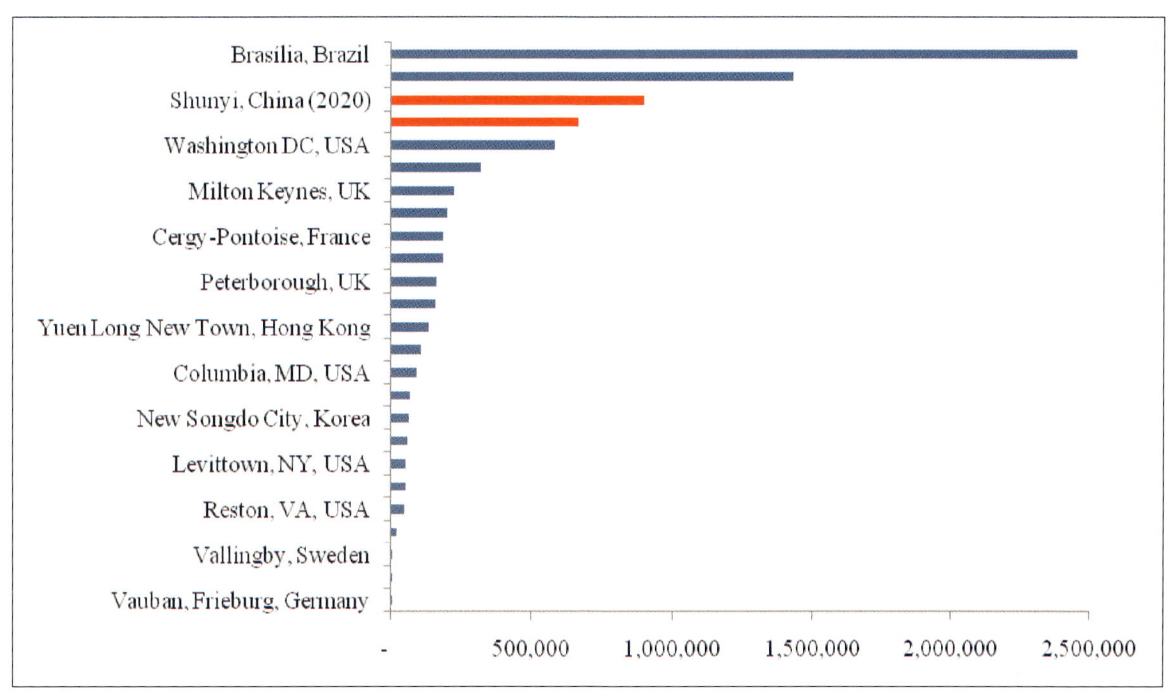


图3 通州、顺义与文献中界定的新城与卫星城规模对比

Milan, Italy　意大利米兰

Dallas, TX, USA　美国德州达拉斯

Shunyi, China (2020)　中国顺义（2020年）

San Francisco, CA, USA　美国加州旧金山

Amsterdam, Netherlands　荷兰阿姆斯特丹

Tongzhou, China (2000)　中国通州（2000年）

Washington, DC, USA　美国华盛顿哥伦比亚特区

Rotterdam, Netherlands　荷兰鹿特丹

Stuttgart, Germany　德国斯图加特

Brasilia, Brazil 巴西首都巴西利亚

Shunyi China (2020) 中国顺义（2020年）

Washington, DC, USA 美国华盛顿哥伦比亚特区

Milton Keynes, UK 英国米尔顿·凯恩斯

Cergy－Pontoise, France 法国塞吉—蓬图瓦兹

Peterborough, UK 英国彼得伯勒

Yuen Long New Town, Hong Kong 香港元朗新镇

Columbia, MD. USA 美国马里兰州哥伦比亚

New Songdo City, Korea 韩国新松岛城

Levittown, NY, USA 美国纽约莱维特镇

Reston, VA, USA 美国弗吉尼亚州雷斯顿

Vallingby, Sweden 瑞典魏林比

Vauban, Frieburg, Germany 德国弗莱堡市沃班镇

来源：Eurostat（欧盟统计局），http://epp.eurostat.ec.europa.eu/tgm/table.do?tab= table&init= 1&language= en&pcode=tgs00013&plugin1（2009年10月14日访问的页面）；美国人口局，http:// www.census.gov（2009年10月14日访问的页面）；INSEE——法国国家统计及经济研究局。

本地统计数据：http://www.statistiques-locales.insee. fr/esl/accueil.asp（2009年10月14日访问的页面）。

总体来看，新城是指大城市周边的开发区域，强调自足性和独立性。卫星城则是在城市扩张与规划过程中，与母城建有良好交通衔接的旧有的独立城镇。而市郊住宅区或就业中心的功能角色则是居住和商务。对于通州和顺义而言，二十年之后究竟形成上述哪一模式，规划部门的决策将起至关重要的作用。

## 1.2 国际典型多中心地区发展经验

国际上，多数多中心地区是经过明确规划而形成的，也有一些是在无计划的增长与变革过程中发展起来的。尽管中国正在经历的发展状况是相当独特的（快速增长、收入迅速提高、机动化水平加快），但仍然可以从这些国际范例中汲取经验和教训。

旧金山湾区是美国多个多中心地区（其他的包括纽约/纽华克、达拉斯/沃斯堡、明尼阿波利斯/圣保罗以及伊利诺伊州的芝加哥和印第安纳州的加里）中的典范。出于多种原因，旧金山湾区历经150年的发展，才成为产业、教育和创新活动的中心。它的发展经验进一步验证了交通与城市政策所发挥的作用。

### 1.2.1 旧金山湾区

旧金山湾区由3个主要的城市“节点”构成，它们分别是金融和文化（旧金山）、计算机与电子技术（圣荷西）以及工业与港务（奥克兰）这类活动集中的地方。另外，该地区还拥有大量规模更小的专业化次级中

心（如伯克利和帕罗奥多的教育、爱莫利维尔的高科企业、费利蒙的轻工制造业），以及作为“后勤办公室”的郊区就业“节点”，如核桃溪和普莱桑顿。这些中心地区尽管区域之间的通勤交通比较常见，但仍有一大部分人口就业是当地消化的。无论是在城市中心的集中化还是郊区化进程中，交通系统都是至关重要的因素。本节将着重探讨交通在旧金山湾区都市发展引导工作中的作用。

旧金山湾区人口将近八百万，是世界上最繁华的都市地区之一。通过对它的审视，可以发现交通在其城市发展中持续发挥引导作用。作为一个不断成长的多中心地区，它的交通发展经验很值得中国城市在拟定卫星城市策略、补充城市中心发展时借鉴。

旧金山作为城市中心地区的发展，始于1848年在萨克拉门托的河流上游发现金矿之时。旧金山在湾区有一个深水港，因而是黄金之国的主要入口。它利用了海运、跨湾横渡及河流运输的优势，极大地促进自身的成长。到19世纪70年代，该地区与美国东部、南部的洛杉矶和北部的俄勒冈与华盛顿之间修建起了铁路。湾区东海岸上奥克兰的火车终点站推动了这座城市的成长，使它成为这一城市地区的第二大中心。

旧金山市内街道成网，主要的交通方式是公共汽车和电车。在旧金山和奥克兰有轨道和电车系统连接，横越旧金山湾的轮渡为通勤、休闲以及货运出行提供了便利。这些公交系统支持了圣荷西（旧金山湾南端）以及奥克兰和其他东湾社区的发展。1868年，加州大学伯克利分校在此建址，推动了该地区另一个重要次级中心的发展。

随着20世纪早期小汽车拥有量的增加，渡轮还运送小汽车横渡旧金山湾。同时小汽车使用增多，要求改进路况、改善道路的呼声日益强烈。20世纪30年代，金门大桥和旧金山—奥克兰海湾大桥建成，随后还另外修建了其他桥梁，对主要公路建设计划起到了补充作用。公路建设在20世纪50年代大道快速发展期，当时州政府和联邦政府都出资支持修建有限出入口的高速公路。随着这些高速公路的建设，郊区发展速度得到了极大的提高。

在同一时期，湾区还投资建设了新型公交系统，包括湾区捷运系统（BART，地铁系统的一种）以及其他通勤轨道和轻轨系统。另外，公共机构也接管了步履维艰的公共汽车公司。BART系统于1972年投运，将旧金山市中心与其他区域中心相连接，包括奥克兰、伯克利、核桃溪、费利蒙和普莱桑顿。圣荷西与旧金山之间则有通勤轨道衔接。目前正在规划将奥克兰和费利蒙与圣荷西BART线延长。

如今的公共交通系统为区域内的各个地方提供多元化的服务，以补充轨道交通和通勤轮渡。在旧金山，公交支线接驳服务和快速巴士服务并存。有些公共汽车运营商（如金门交通公司）针对白领住宅社区服务需求，主营快速巴士服务。另外一些则为各类型的人群提供服务，如东湾的AC交通公司，它既提供快速巴士服务，也为没有私家车的家庭提供支线接驳服务。大批的小型运营商经营到轨道交通车站的公交接驳支线，以及到郊区就业中心的快速巴士服务。

在“汽车后时代”，轨道交通在引导城市发展方面所起作用是有限的，但却绝非无足轻重。例如，BART 的作用就是高度地方化与不均匀化，它的最大受益者是旧金山市中心，而大多数的开发地区的受益区都集中在BART车站半英里的半径范围内（塞维罗与兰蒂斯，1997年）。除旧金山以外，BART车站周围用地最大的改变就是修建办公与多层居住混合建筑，但是，并非所有的郊区车站用地都得到了如此成功的发展，有些市郊社区实际上还不希望这种发展，它们情愿保持自己宁静住宅社区的身份。此外，大量的高速路系统使得像东部郊区以及圣荷西这些远离轨道交通服务的地区也能得到发展。

在规划BART和其他20世纪中期的轨道交通系统时，轨道交通规划者认为轨道交通的投资会吸引大量新的土地开发，从而有助于引导城市的发展。然而，历史证明，轨道交通本身并不足以担当这一任务，尤其是在面临私家车的强大竞争、在到处都开通了高速公路的情况下，开发商对开发土地的选择是有针对性的。多数倾向于公共服务良好、建有高质量学校和宜人设施的地方，尽量避开城市衰败（urban blight）、用地性质相互冲突以及存在社会问题的地方。如果某个地方的土地使用规划能够合理引导发展，并且便于实施，那它就会吸引投资，提供住房与就业机会，而对于开发有困难的地方则得不到这样的投资。

湾区以及世界其他都市地区的事实也都证明，在规划时应当注重交通与土地的协调使用，这样会有助于提升公共交通分担率，即便是在小汽车拥有量大的地区。高效的车站规划应该包括提供高质量的步行环境与自行车设施、交通安静措施、多方式换乘条件，以及进一步减少小车依赖及其负面影响（交通拥堵、噪声、空气污染、温室气体排放）的相应措施。

由于意识到了这些现实问题，BART出台一系列政策要求地方规划要为任何新建车站确保足够的客运量，并且鼓励在车站周边进行高密度开发。随后，作为地区规划机构的旧金山湾区都市交通委员会（MTC）[3]审议通过该项政策。对于新的公交项目，如果没有在其周边规划起码数量的住宅，这些项目就得不到资金支持。另外从一项全州颁行的新法律中也可以看出，政府提倡以公共交通引导城市发展。对于地方政府，如果能在公交站点周边实施高密度开发，并确保不侵占农业用地，这一发展思路作为减少无序蔓延、迎战全球变暖问题的关键策略，那么根据这项法律，便可以得到资金支持（SB 375，2008年）。

总之，旧金山湾区的发展历史表明了公共交通在引导城市发展（包括郊区、次级中心的发展）中发挥了巨大作用。它还表明：在私家车拥有量不断增加，高速公路供给到位的情况下，仅仅依靠公共交通的建设已不足以引导城市紧凑型发展格局的构建，要达到可持续的发展，重视土地与交通协调使用也是必不可少的。

### *1.2.2 政策在交通格局构建方面所发挥的作用：城市对比*

交通与城市发展相互作用，相互影响。一方面，交通可以引导城市发展；另一方面，城市政策也会影响交通格局构建。以美国和欧洲城市为例。表1显示了美国一些城市不同交通方式分担情况，包括一些“新城”、次级中心以及主要城市。表2则列出了欧盟几个城市的不同交通方式分担情况，

[3]MTC是旧金山湾区九个县的交通规划、协调及融资组织。

其中同样包括主要城市与新城。从表中可看出：尽管在这些城市私家车拥有量相当多，但是它们方式分担率却颇为不同。这些差别是一系列因素综合作用的结果：地理区位以及到其他活动中心的距离、就业与住房的平衡以及通勤出入量、公交投资水平、公交服务水平、可达性以及采用步行或骑自行车的方式来完成交通出行的可行性及舒适程度。

例如，美国的伯克利和德国的弗莱堡都非常重视推广公共交通、自行车和步行，同时也非常重视交通宁静化，因此，尽管这两座城市私家车拥有量大，但其使用率却适中。相反的是，美国的欧文和英国的米尔顿·凯恩斯，这两座城市都修建了宽广的街道和大型街区，对私家车高度依赖（尽管加州大学在欧文有一所大型分校，校园内就建有住房，而且它所在的地区为公交服务提供了很高的补贴）。

表1　美国各地区交通方式分担率

| 地区 | 独自驾驶小车、卡车 | 小车或卡车拼车 | 公共交通 | 步行 | 其他方式 | 在家工作 | 工作出行所需平均时间（分钟） |
|---|---|---|---|---|---|---|---|
| 华盛顿哥伦比亚特区 | 37% | 7% | 37% | 12% | 3% | 5% | 29.5 |
| 加州伯克利 | 42% | 7% | 17% | 17% | 8% | 9% | 25.7 |
| 加州奥克兰 | 58% | 10% | 17% | 5% | 4% | 6% | 27.9 |
| 纽约莱维特镇 | 78% | 9% | 9% | 1% | 1% | 2% | 29.9 |
| 加州普莱桑顿 | 79% | 6% | 6% | 2% | 3% | 5% | 28.6 |
| 马里兰州哥伦比亚 | 80% | 8% | 5% | 2% | 1% | 5% | 29.8 |
| 弗吉尼亚州雷斯顿 | 80% | 8% | 5% | 1% | 1% | 5% | 26.8 |
| 德州伍德兰兹 | 80% | 8% | 3% | 0% | 2% | 7% | 28.5 |
| 加州欧文 | 77% | 8% | 2% | 5% | 3% | 6% | 22.5 |

来源：美国人口局2006~2008年美国社区调查。

表2　欧盟各地区交通方式分担率

| 地区 | 小车（包括独自驾驶和拼车） | 公共交通 | 步行 | 其他方式（包括在家工作） | 工作行程所需平均时间（分钟） | 工作行程平均距离（公里） |
|---|---|---|---|---|---|---|
| 弗莱堡 | 33% | 43% | 15% | 9% | 19.5 | |
| 斯德哥尔摩 | 48% | 29% | 8% | 14% | 35 | |
| 汉诺威 | 61% | 12% | 10% | 17% | 22.8 | |
| 诺桑普顿 | 66% | 9% | 9% | 16% | | 11.8 |
| 彼得伯勒 | 72% | 8% | 7% | 13% | | 13.2 |
| 米尔顿·凯恩斯 | 70% | 8% | 10% | 12% | | 14 |
| 特尔福德－雷金 | 75% | 5% | 8% | 12% | | 12.5 |

来源：Eurostat——欧盟统计局及英国国家统计局[4]。

[4]在这份报告末尾的附录1中还列举了更多的实例。

## 1.3 卫星城与新城的研究文献回顾

关于新城的研究文献多数来自于英国、美国和其他欧盟国家。由于这些国家中很少有城市经历过像中国如此高的增长速度、规模与密度，照搬经验是行不通的。但是有选择性地借鉴其在新城发展、成熟过程中遇到的问题也不无裨益。

新城与卫星城的开发目的是为了给城市居民提供更好的居住条件，并降低中心城市的人口集中程度。另外，许多新城和卫星城都着眼于创造现代化的居住环境。埃比尼泽·霍华德乌托邦式的“田园城市”和勒—柯布西耶现代派的“光辉城市”（图4）都是这种观念的体现。诺曼·贝尔·格迪斯的“未来城市”（图5）于1939~1940年的纽约世博会上以通用汽车公司的名义得以展现。霍华德理念被雷蒙·昂温和巴里·帕克很好地应用于市郊开发区中（图6），包括汉普斯特德花园郊区和莱奇沃斯（霍尔，1996年），这些区域更多地保留了“田园城市”的美学观点，而不是它背后的社会愿景。勒—柯布西耶“光辉城市”的原理也应用到了印度的昌迪加尔（霍尔，1996年）。

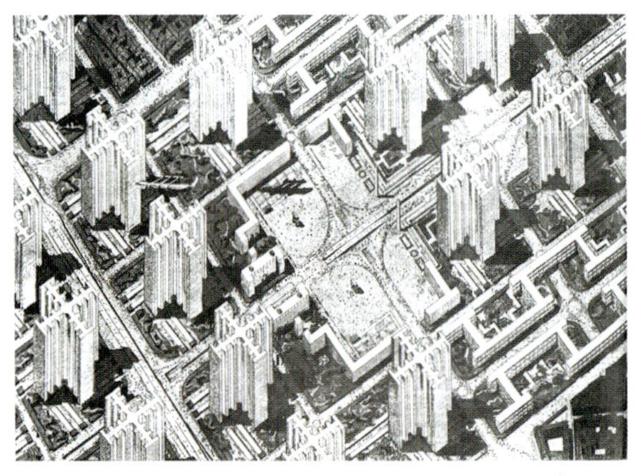

图4　勒—柯布西耶的“光辉城市”[5]

图5　通用汽车公司的“未来城市”（1939年）[6]

图6　雷蒙·昂温设计的汉普斯特德花园郊区[7]

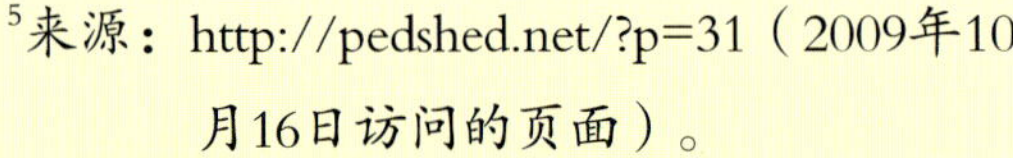

[5]来源：http://pedshed.net/?p=31（2009年10月16日访问的页面）。

[6]来源：http://www.answers.com/topic/norman-bel-geddes（2009年10月16日访问的页面）。

[7]来源：http://www.gardenvisit.com/garden/hampstead_garden_suburb（2009年10月16日访问的页面）。

鉴于这样的情况，“新城市化”（卡尔索普，1993年）可以被视作是着眼于可持续发展的新城运动，也是对第二次世界大战之后美国及其他先进国家地区以小汽车为导向的郊区化做出的反应。其中生态城市是“新城市主义”特别强调环境系统的一种特殊形式。

维斯和博比（1976年）指出新城在渐进式发展过程中展现了诸多益处：合理的土地利用规划以及便利的社区设施减少了小汽车的使用，使得低收入家庭与弱势群体的环境得到改善。不过，也有一些学者指出：尽管新城愿景源于高尚的理想主义，但这些项目实际实施的结果与规划者所想象的大不相同（克拉普森1960年、福赛思2000年、加藤2006年、福赛思与克鲁2009年）。产生这种现象的原因，是某些规划要素的市场尚未形成。例如马里兰州的哥伦比亚或英国的米尔顿·凯恩斯，原本打算发展为就业与住房良好平衡、人口密度高的社区，但结果它们在面貌和功能上与所在地区的其他市郊开发地区差不多并无二致。之所以出现这样的差距，原因之一是新城所在地规划的是高密度住宅，但实际上这种住房的需求量并不大。此外，新城所提供的就业岗位与当地居民身份不匹配，最后导致这些城镇最终开发为低密度住宅区，居民外地通勤上下班。还有一些新城（如弗吉尼亚州的雷斯顿）在多年内都没有足够的本地人口来支持活跃的市镇购物中心与服务设施，结果，居民在购物和娱乐休闲时大多去别的地方。

与购物、娱乐设施及就业岗位提供相似，新城社会与环境面貌的形成一部分是市场竞争的结果，一部分则是规划的结果。例如，德州休斯敦外围的伍德兰兹保留了当地原有的大部分森林景观，并且提供了自行车道和人行步道，将居民区与市镇的购物中心和就业中心连接起来。加州的欧文是靠近洛杉矶的新城，坐落在半干旱地区，已经采取了利用水循环和原生植物来减少用水需求的措施（见戴克曼，2006年）。马里兰州的哥伦比亚靠近华盛顿哥伦比亚特区和巴尔的摩，针对不同收入级别的人群来供应住房，达到了相当高的社会融合程度。

新城规划的一项关键要素就是交通，不仅包括内部交通，还包括与其他地方衔接的外部交通。就新城本身而言，要选择可持续发展的道路，首先就需要考虑配建方便的步道和自行车道，整合优化公共交通使其能为长途出行服务。此外，可以在允许小汽车交通、货运过境交通的基础上采取一定的管理措施（蒂肯，2001~2002年）。在交通需求管理中，不仅仅要加大公共交通投入或道路使用收费，鼓励混合开发以及就业住房平衡也是至关重要的。

新城与中心城以及其他地方的衔接需求有多大，在一定程度上取决于其所能达到的独立和自足的程度。如果交通便利，同时住房又具有吸引力、价格也合理，那么不管规划者的意愿如何，城市就业者都很可能把新城当作市郊住宅区。相反，倘若交通不便，那么新城对居民和企业都不会有太大的吸引力，从而也就妨碍了其自身的发展。借助于区域性预测模型，可以估算前往中心城市的交通出行流量，但是，关于新城的土地混合使用程度、就业与住房平衡方面仍需作出重要的决策，因为这些因素会推动模型的发展。

## 1.4 新城与卫星城实例研究

在研究文献中提供了多个新城研究实例，在此我们将选取其中一些，简述其概况并略加探讨。这些新城可划分为以下几个类别。

1. **市郊住宅区（睡城）**：为大型就业中心充当住宅社区。

2. **就业中心**：经过特定规划，就业岗位集中的地方，位于中心城外围。

3. **独立城市**：经过特定规划而发展成为新城的地方，目标是要达到住房、就业、购物和社交/休闲等混合开发。

在新城规划中，近来的一种趋势是推动尖端技术要素在能效改善中的应用。“生态城市”和“可持续发展住宅区”是经过特定规划和设计的，它们的既定目标是达到高度的能源效率和环境可持续性。对于先前所述的3个类别，只要重视可持续性，都可适用这种说法。

我们应该认识到：这绝不是一种“纯粹”的分类，而是为了描述当前这些地区的主要特征。这些新城也许会随着其自身的扩张定位发生改变。例如，加利福尼亚州的欧文一开始是作为市郊住宅区来开发的，之后，由于加州大学欧文分校的入驻，便成为一座大学城，后来随之吸引了高科技产业前来落户，其也就演变发展为小型城市（按照美国标准）。

如图3所示，通州和顺义规划的人口比文献中选取的大多数新城人口要多得多。在表3的最后一列中，我们对实例中的人口密度进行了从高到低的排序。其中元朗是人口密度高的新城之一，这主要是高层住宅楼推动的结果。欧洲新城人口密度相对也比较高，而位于美国和英国的新城人口密度则比较低（参见附录3）。另外，有些面积大的城市，平均人口密度却最低，如巴西利亚和堪培拉。这是因为这些首都城市倾向于修建规整宽广的绿地。对比表3中面积与平均人口密度这两栏可以看出，面积小的规划社区比大型社区人口密度要高得多。

表3 “新城”的特点：人口与平均人口密度

| **新城** | **定位** | **面积<br>(平方公里)** | **面积<br>(平方英里)** | **居住人口** | **人口数据<br>采集年份** | **平均人口密度**<br>(每平方公里的人数) | **平均人口密度**<br>(每英亩的人数) |
|---|---|---|---|---|---|---|---|
| 香港<br>元朗新城 | 市郊住宅区 | 5.6 | 2.2 | 137,700 | 2008 | 24,545 | 99.3 |
| 法国<br>拉德芳斯 | 就业中心 | 1.6 | 0.6 | 20,844 | 2006 | 13,028 | 52.7 |
| 美国<br>加州欧文 | 就业中心、市郊住宅区 | 179.7 | 69.4 | 186,220 | 2005 | 1,036 | 4.2 |
| 美国德州<br>伍德兰兹 | 就业中心 | 60.6 | 23.4 | 62,311 | 2005 | 1,028 | 4.2 |
| 巴西首都<br>巴西利亚 | 独立城市 | 5,802.0 | 2,240.2 | 2,455,903 | 2007 | 423 | 1.7 |

在表4最后一列中我们对住房密度也进行了排序。其中香港元朗新城的住房密度非常高，达到每平方公里26,488套（合107套/英亩），这是由其开发性质所致（高层建筑）。像德国的沃班、韩国的新松岛、瑞典的魏林比以及法国的埃夫里这些地方，则更好地代表了发达国

家所能达到的标准密度。然而，必须要注意的是，在中国国情下，要达到更高的密度不成问题，关键是如何通过切实有效的设计来控制密度。韩国的新松岛城就是一个在就业与住房之间达到良好平衡的范例。

表4　新市镇实例的住房数据

| 新　城 | 定　位 | 住宅套数 | 住宅套数采集年份 | 平均住房密度（每平方公里的套数） | 平均住房密度（每英亩的套数） |
|---|---|---|---|---|---|
| 香港元朗新镇 | 市郊住宅区 | 148,600 | 2009 | 26,488 | 107.2 |
| 法国拉德芳斯 | 就业中心 | 21,000 | 估计 | 13,125 | 53.1 |
| 美国德州伍德兰兹 | 就业中心 | 24,217 | 2005 | 400 | 1.6 |
| 美国加州欧文 | 就业中心、市郊住宅区 | 69,076 | 2005 | 384 | 1.6 |
| 巴西首都巴西利亚 | 独立城市 | 547,465 | 2001 | 94 | 0.4 |

表5是按照单位住房所对应的就业岗位数多少来排列的，显示了研究实例中就业与住房的平衡状况。

表5　典型新城就业情况

| 新　城 | 定　位 | 住宅套数 | 就业岗位数 | 数据采集年份 | 就业岗位住房之比 | 来　源 |
|---|---|---|---|---|---|---|
| 美国加州欧文 | 就业中心 | 69,076 | 221,074 | 2006 | 3.20 | 美国人口局 |
| 美国加州伯克利 | 就业中心、市郊住宅区 | 46,602 | 66,464 | 2006 | 1.43 | 美国人口局 |
| 美国德州伍德兰兹 | 就业中心 | 24,217 | 27,240 | 2006 | 1.12 | 美国人口局 |
| 美国加州奥克兰 | 就业中心、市郊住宅区 | 163,341 | 164,426 | 2006 | 1.01 | 美国人口局 |
| 巴西首都巴西利亚 | 独立城市 | 547,465 | 550,000 | 2002 | 1.00 | 霍兰达（2002年） |
| 法国拉德芳斯 | 就业中心 | 21,000 | 150,000 | 估计 | 7.14 | 法国国家统计与经济研究，住房套数以皮托的统计数据为基础 |
| 香港元朗新城 | 市郊住宅区 | 148600 | 估计 | 估计 | 估计 | 估计 |

## *1.4.1　美国加州伯克利（就业中心/市郊住宅区）*

- **位置**：旧金山湾区一部分，坐落在旧金山以东约22.5公里（14英里）处（图7）。
- **始建年代**：1853年。
- **面积**：45.9平方公里（17.7平方英里）。
- **人口**：101,500（美国统计局ACS，2005~2007年）。
- **就业岗位数**：66,464（加州人口局，2006年）。
- **住房数**：46,875（美国人口局美国社区调查，2005~2007年）。

图7 伯克利中心区，航摄照片[8]

加州的伯克利市是19世纪50年代作为旧金山的郊区发展起来的。加州大学占据了市中心以东的大片地方，也是该市最重要的就业单位。它提供的岗位数占当地就业总数的22%。该市的路网形式为棋盘式，街区长度在300英尺（100米）到600英尺（200米）之间。公共交通服务相当便利，湾区捷运（BART）系统的一条线路和三个车站将该市与旧金山和湾区其他地方连接起来。

表6列出了不同行业企业数与就业人数，并按照就业人数的多少进行排序。从表中可以看出：尽管43%的企业是与专业、零售或医疗相关的，但相当大的一部分岗位是集中在公共部门（29%）。作为专业化中心（高等教育）来开发的“卫星城市”范例，尽管伯克利的就业种类是多元化的，但是其就业人口中大约50%需要通勤到市外去上班。同时在整个就业者中，一半的人住在市外。

表6 伯克利的企业与就业情况

| 北美工业系统分类类别 | 企业数量 | 企业所占百分比 | 就业人数 | 就业人数所占百分比 |
|---|---|---|---|---|
| 州政府 | 4 | 0.1% | 18,066 | 29.4% |
| 医疗与社会援助 | 438 | 12.3% | 7,111 | 11.6% |
| 酒店餐饮服务 | 333 | 9.4% | 5,526 | 9.0% |
| 零售贸易 | 449 | 12.6% | 5,063 | 8.2% |
| 专业、科技技能 | 636 | 17.9% | 4,519 | 7.3% |
| 制造 | 153 | 4.3% | 3,838 | 6.2% |
| 地方政府 | 44 | 1.2% | 3,313 | 5.4% |
| 教育服务 | 124 | 3.5% | 2,545 | 4.1% |

[8]图片来自“谷歌地球”。

（续上表）

| 北美工业系统分类类别 | 企业数量 | 企业所占百分比 | 就业人数 | 就业人数所占百分比 |
|---|---|---|---|---|
| 其他服务 | 291 | 8.2% | 2,349 | 3.8% |
| 信息 | 116 | 3.3% | 1,602 | 2.6% |
| 建筑 | 197 | 5.5% | 1,511 | 2.5% |
| 批发贸易 | 126 | 3.5% | 1,369 | 2.2% |
| 金融与保险 | 115 | 3.2% | 1,008 | 1.6% |
| 行管与支持、废物管理及辅导 | 130 | 3.7% | 897 | 1.5% |
| 房地产与租赁 | 173 | 4.9% | 746 | 1.2% |
| 文娱休闲 | 68 | 1.9% | 732 | 1.2% |
| 企业管理 | 15 | 0.4% | 673 | 1.1% |
| 联邦政府 | 7 | 0.2% | 312 | 0.5% |
| 交通与仓储 | 20 | 0.6% | 163 | 0.3% |
| 未分类 | 114 | 3.2% | 136 | 0.2% |
| 农林牧副渔 | 7 | 0.2% | 48 | 0.1% |
| 总计 | 3,560 | | 61,527 | |

来源：伯克利市2009年一季度的就业与工资情况普查。

## 1.4.2　美国加州奥克兰（就业中心/市郊住宅区）

- **位置**：旧金山湾区一部分，坐落在旧金山以东约19.3 公里（12英里）处（图8）。
- **始建年代**：1852年。
- **面积**：202.4平方公里（78.2平方英里）。
- **人口**：372,247（美国人口局美国社区调查，2005~2007年）。
- **就业岗位数**：164,426（加州人口局，2006年）。
- **住房数**：163,300（美国人口局美国社区调查，2005~2007年）。

图8　奥克兰市中心天际线[9]

加州的奥克兰是依托东湾地区铁路终点站开发的，如今已经是旧金山湾区的中心。地处BART系统的中心，极其便利的交通条件使其受益匪浅。从奥克兰中心区出发，可以达到BART系统内的任何一个目的站，其间不需要换乘。优越的交通区位条件，使得其市中心开发了大量（仅少于旧金山）的写字楼。

[9]图片来自哈蒂尔艺术联合公司，版权属阿雷克·哈蒂尔及马琳·哈蒂尔。

表7按照行业分类列出了该市的就业人数，其中大约15%就业于医疗部门，10%在交通和仓储业，另有8%在教育服务业。奥克兰医院众多，是湾区主要的就医地点，同时也是一座港口城市，提供了大量的运输与仓储就业岗位，此外还建立了为社区服务的教育中心。因此，随着时间的推移，自然而然就发展成为某些就业领域的专业化地区。

表7　奥克兰的就业情况

| 北美工业系统分类类别 | 就业人数 | 就业人数所占百分比 |
|---|---|---|
| 医疗及社会援助 | 24,060 | 14.6% |
| 交通与仓储 | 16,239 | 9.9% |
| 教育服务 | 12,335 | 7.5% |
| 专业、科技服务 | 10,885 | 6.6% |
| 零售贸易 | 10,867 | 6.6% |
| 其他服务（公共管理除外） | 10,714 | 6.5% |
| 公共管理 | 10,654 | 6.5% |
| 酒店餐饮服务 | 10,617 | 6.5% |
| 管理与支持、废物管理及辅导 | 10,222 | 6.2% |
| 制造 | 9,459 | 5.8% |
| 建筑 | 7,946 | 4.8% |
| 批发贸易 | 7,495 | 4.6% |
| 金融与保险 | 6,091 | 3.7% |
| 文娱休闲 | 4,204 | 2.6% |
| 企业管理 | 3,996 | 2.4% |
| 房地产与租赁 | 2,816 | 1.7% |
| 能源 | 2,716 | 1.7% |
| 信息 | 2,705 | 1.6% |
| 农林牧副渔 | 388 | 0.2% |
| 矿业、采石及石油与天然气开采 | 17 | 0.0% |
| 总计 | 164,426 | |

来源：奥克兰市经济发展局及美国人口局，2006年。

### 1.4.3　美国加州欧文（就业中心）

- **位置：**大洛杉矶地铁区，在洛杉矶市中心东南67.5公里（42英里）处（图9）。
- **始建时间：**1971年12月28日。
- **开发商：**欧文公司。
- **建筑师：**威廉·佩雷拉，雷蒙·沃特森。
- **面积：**180.5平方公里（69.7平方英里）。
- **人口：**186,220（美国人口局美国社区调查，2005~2007年）。
- **就业岗位数：**221,074（加州人口局，2006年）。
- **住房数：**69,076（美国人口局美国社区调查，2005~2007年）。

欧文属于规划社区，位于洛杉矶市中心东南，是20世纪50年代首先由欧文公司开发的。20世纪60年代中期，加州大学进驻此地，成立了欧文分校，从此成为其城市化的开端，也是其就业率进一步增长的动力，以至于最后促成其发展成为完全成熟的小型城市。该市的景观、自行车道与步道以及公交服务都是经过精心设计的，但是由于开发密度低，街道路网不完整，同时高速公路体系却很发达等原因，使小汽车成为主流交通方式。另外，欧文也提供多种类型的住房，但是对于从其他城市和市郊地区通勤来此上班的工薪阶层而言，可负担的住宅却相当缺乏。

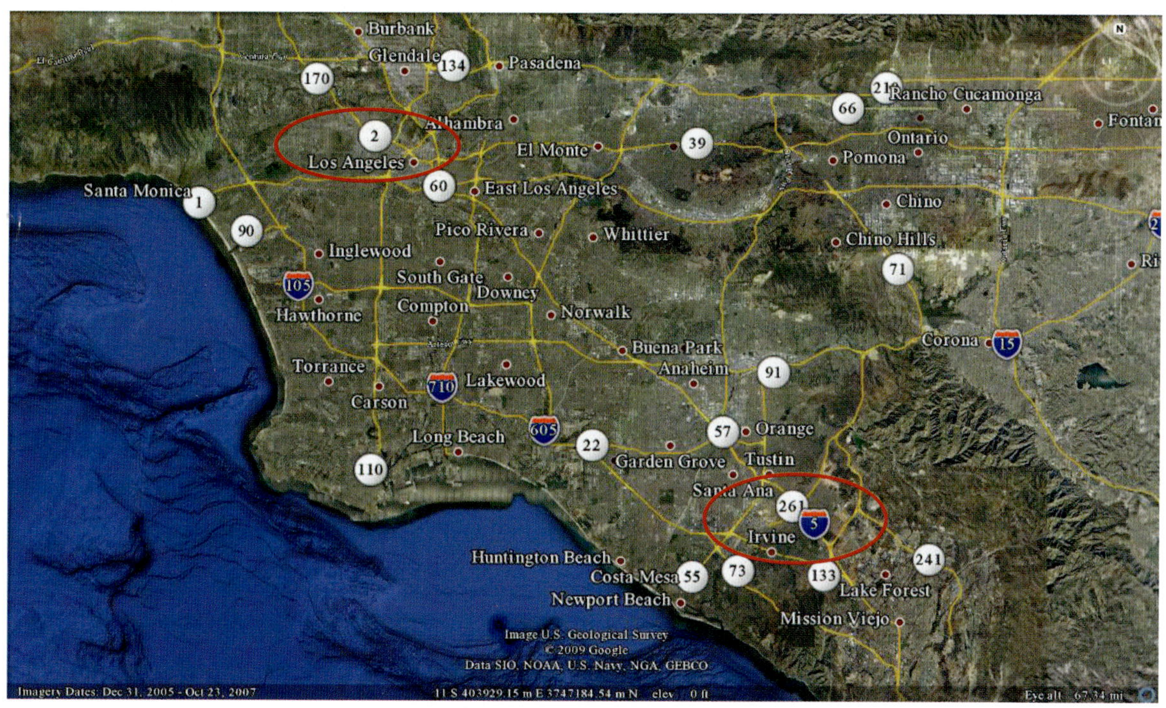


图9　欧文市相对于洛杉矶的位置[10]

## 1.4.4　美国德州伍德兰兹（就业中心）

- **位置**：休斯敦以北50公里（31.3英里）处（图10）。
- **始建时间**：1974年。
- **首席开发商**：乔治·P.米歇尔（伍德兰兹公司）。
- **首席设计师**：伊恩·麦克哈格。
- **面积**：61.8平方公里（23.9平方英里）。
- **人口**：62,311（美国人口局美国社区调查，2005~2007年）。
- **就业岗位数**：27,240（加州人口局，2006年）。
- **住房数**：24,217（美国人口局美国社区调查，2005~2007年）。

[10]图片来自“谷歌地球”。

图10　伍德兰兹市，航摄照片[11]

伍德兰兹始建之时，原本打算成为休斯敦的住宅社区，但由于它拥有接近主要高速公路的便利位置，因而能够吸引区域性企业总部和高科技轻工业前来落户。该市的购物中心相当成功，新近经过扩建形成了一个户外步行购物区。同时，商业建筑最近也兴旺起来。在这种情形下，其逐渐成为一座就业与住宅平衡良好的小型城市。伍德兰兹景致怡人，除了配备有学校、医疗诊所等服务设施外，还建有许多宜人设施，如高尔夫球场、酒店、影剧院、音乐厅以及风景水道。另外在市商业中心附近建有公寓和分户式公寓，住户多是中上阶层的家庭。

伍德兰兹在社区零售、娱乐等功能方面也树立了典范。它的购物区中包括了伍德兰兹大厦和毗邻的一条户外“市场街”。表8和表9显示了在各个商业网点中分布的商业类型。

表8　“市场街”零售商店

| 零售类型 | 商店数量 | 零售类型 | 商店数量 |
|---|---|---|---|
| 服务（咨询、投资、银行等） | 28 | 儿童 | 5 |
| 时尚女用品 | 15 | 图书与礼品 | 4 |
| 家庭装修 | 9 | 珠宝饰品 | 4 |
| 保健美容 | 7 | 运动装及体育用品 | 4 |
| 时尚男用品 | 7 | 鞋类 | 1 |

来源：http://www.thewoodlands.com/。

[11]图片来自“谷歌地球”。

表9 伍德兰兹大厦零售商店

| 零售类型 | 商店数量 | 零售类型 | 商店数量 |
|---|---|---|---|
| 餐馆与小食店 | 23 | 服装 | 6 |
| 女装 | 23 | 家用器皿家庭装饰品 | 5 |
| 精品店 | 20 | 杂项物品 | 5 |
| 洗浴美容 | 19 | 贺卡与礼品 | 4 |
| 服务（咨询、投资、银行等） | 17 | 百货店 | 4 |
| 鞋类 | 14 | 男装 | 3 |
| 饰品 | 10 | 运动健身 | 2 |
| 童装 | 9 | 玩具 | 2 |
| 珠宝 | 8 | 图书娱乐 | 1 |
| 科技与电子产品 | 8 | | |

来源：http://www.thewoodlands.com/。

在休闲娱乐活动方面，伍德兰兹建有一座现场表演的大看台，两座多厅影剧院和三所乡村俱乐部。其中俱乐部中设有多种体育活动设施，包括多座高尔夫球场等。另外，还建有各种温泉、健身和休闲中心，包括基督教青年会（YMCA）、24小时健身场所以及俱乐部的专业活动设施。伍德兰兹水道玛丽奥特酒店及会议中心有341间客房，建有占地7万平方英尺的会议中心和8,000平方英尺的豪华温泉，此外还建有户外泳池、健身中心、餐馆和宴会厅。伍德兰兹度假会议中心有440间客房，会议场所占地6万平方英尺，并建有餐馆、温泉、健身中心和泳池。表10列出了其为居民提供的各种餐饮服务。

表10 德州伍德兰兹的餐馆

| 餐馆类型 | 商店数量 | 餐馆类型 | 商店数量 |
|---|---|---|---|
| 快餐 | 37 | 咖啡与糕点 | 13 |
| 家庭餐 | 33 | 墨西哥菜式 | 8 |
| 特色食品 | 15 | 酒吧 | 5 |
| 亚洲菜式 | 14 | 咖啡店 | 5 |
| 精致餐饮、牛排及海鲜 | 14 | 食品杂货 | 2 |
| 披萨 | 14 | | |

## 1.4.5 香港元朗新城（市郊住宅区）

- **位置：**香港西北36.5公里（22.7英里）处（图11）。
- **始建时间：**1972年。
- **面积：**5.6平方公里（2.2平方英里）。
- **人口：**137,700 （2008年）。
- **住房数：**148,600 （2009年）。
- **来源：**www.cedd.gov.hk。

图11　香港元朗新城，航摄照片[12]

元朗位于香港金融中心西北大约35公里处，是20世纪70年代发展的新城之一。该城是到香港的通勤者的主要住宅区。公共汽车及轨道交通线路不仅将其内部很好地连接起来，而且也衔接了通往港岛的其他地方。图11的航摄照片显示的高密度的城市住宅，是香港政府首次将这一地方指定为新城时便已定下的发展模式。其附近的工业和科技园区提供了一定的就业机会。

### 1.4.6　法国拉德芳斯（就业中心）

这是一个“商业区”，它与皮托、南泰尔和库尔贝伏瓦相互交叠，都属于巴黎西郊。它距离巴黎中心区8.7公里（5.4英里）。

- **始建年代：** 1958年9月。
- **面积：** 1.6平方公里（0.62平方英里）。
- **人口：** 20,844 （2006年）。
- **就业岗位数：** 150,000 。
- **来源：** www.ladefense.fr。

[12]图片来自“谷歌地球”。

拉德芳斯作为主要的商业区，也是巴黎主要的就业中心。一部分位于皮托，一部分则分属南泰尔和库尔贝伏瓦这两个社区。拉德芳斯与周围的市镇被一条环型机动车道分隔开来（图12）。在交通方面，通过区域内以及区域之间的通勤轨道线路，与巴黎市中心相衔接。

图12　拉德芳斯以及被扩宽的公路干线分隔开的周边部分社区，航摄照片[13]

内向型设计是拉德芳斯在设计时的关注重点。例如，购物地点与餐馆大都在购物中心内，与中心广场的连接线不多。由于内向聚焦的设计方式，加之周围的那条机动车道屏障，使得拉德芳斯广场大部分都空空荡荡（图13），整个地区在夜晚更显空旷。在过去的几年中，当地政府都在尝试为中心广场增添些生气，但迄今收效不大。

周围的社区倾向于修建高层建筑（图14、图15　），并主要为移民提供住宅。

图13　拉德芳斯广场[14]

图14　拉德芳斯周围地区[15]

图15　拉德芳斯周围地区[16]

[13]图片来自“谷歌地球”。

[14]版权属雷蒙·德帕东/玛格南图片社。

[15]版权属戈沃奇·平卡索夫/玛格南图片社。

[16]图片来自“谷歌地球”。

### 1.4.7 巴西首都巴西利亚（独立城市）

- **位置：**巴西中西部，在里约热内卢西北1,150公里（715英里）处。
- **始建时间：**1960年4月21日。
- **首席规划师：**哩裱室×穴朱嫉。
- **首席建筑师：**室朱哨×幻轺肄。
- **面积：**5,802平方公里（2,240平方英里）。
- **人口：**2,455,903（2007年）。
- **就业职位数：**550,000（霍兰达，2002年）。
- **住宅套数：**547,465（2001年）。
- **来源：**www.ibge.gov.br。

巴西利亚是现代主义城市的原型，它能提供很多经验教训。与印度的昌迪加尔、澳大利亚的堪培拉等许多现代城市的情况一样，这座现代主义城市所遭到的批判，是它被设计成了一架“机器”。例如，图16和图17显示了巴西利亚最初的规划。单就纸上看来，这些图片和方案使人觉得空间组织良好，而且利用非常有效。图17清楚地显示了道路及各个部级单位的分布。作为城市设计的实际运用，这份规划给人的印象是考虑周全缜密。

图16 巴西利亚的规划[17]

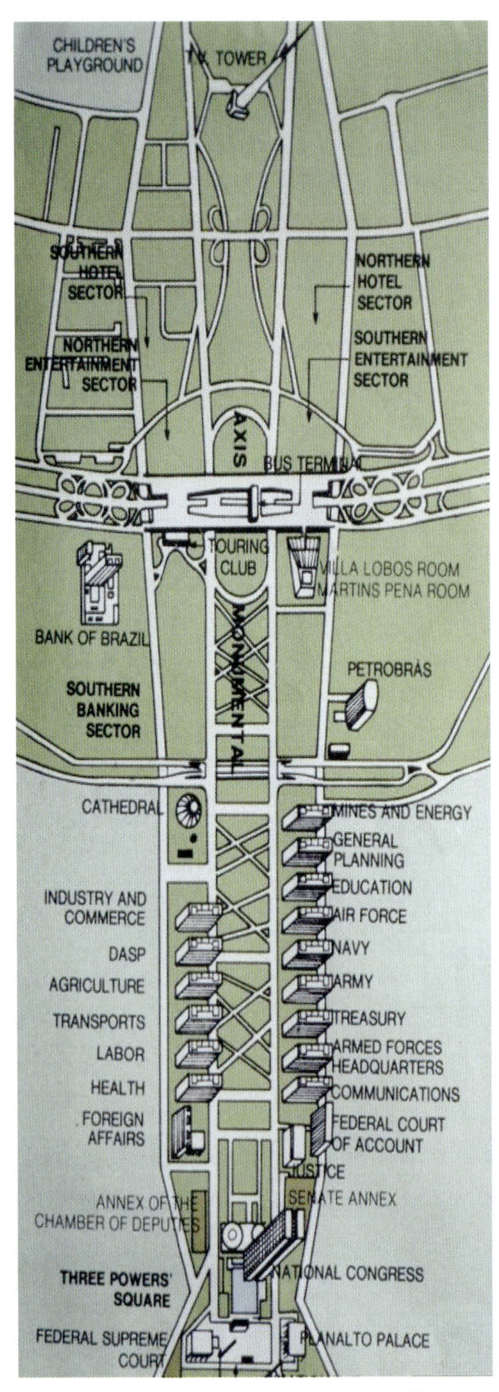


图17 巴西利亚的形式中心[18]

[17]图片来自德州大学奥斯汀分校美术学院。

[18]图片来自哈蒂尔艺术联合公司，版权属阿雷克·哈蒂尔及马琳·哈蒂尔。

然而，巴西利亚在交通方面的选择显然相当有限。许多现代城市将着重点放在交通流上，并且基础设施主要是为适应小汽车通行量而修建的，却因而限制了社会中许多边缘人群的使用。图18便突出显示了这类城市所面临的一项问题。

当我们近距离审视该城市的实际布局状况时（图19、图20），我们会看到很多超级街区、大型的开敞空间，这些在理论上本来是有益于城市健康发展的。然而，如果采用步行或其他非机动的交通方式，要想穿越这些地方简直不可能。

在图21中，沿着城市的周界，可以清楚地看出规划城与城市边缘之间的社会隔离，低薪的支持服务产业工作者许多就居住在城市边界上。“非正式”的城市与规划城市之间修建了一条宽阔的高速公路，两个地方明显地分隔开来，这就清楚地表明规划的范围。

图18　巴西利亚的交通基础设施[19]

图20　巴西利亚的市中心[21]

图19　巴西利亚的规划[20]

图21　巴西利亚边缘，航摄照片[22]

[19]图片来自Archivision公司，版权属斯科特·吉尔克里斯特。

[20]图片来自哈蒂尔艺术联合公司，版权属阿雷克·哈蒂尔及马琳·哈蒂尔。

[21]图片来自哈蒂尔艺术联合公司，版权属阿雷克·哈蒂尔及马琳·哈蒂尔。

[22]图片来自哈蒂尔艺术联合公司，版权属阿雷克·哈蒂尔及马琳·哈蒂尔。

## 1.5 生态城市

新城镇设计的新浪潮是继续着眼于缓解中心城市的交通拥堵状况，但对制订更具持续性的规划给予了新的重视。在气候变化的背景下，生态城市项目日渐受到欢迎。它们的规模通常较小（5,000~60,000居民），就目前看来，它们对中心城市的依赖性要强于大型新城镇或卫星城市。在这种规模的社区中，也许难以提供完善的服务设施并达到自给自足，但是规划者和设计者却有机会解决废水处理、建筑物能源效率这类问题。

有些“生态城市”实际上是大型城市的几个片区，而不是独立的社区。如今，欧洲各地已经兴建了一系列这样的可持续发展区域，包括瑞典马尔默的BO01、德国弗莱堡的沃班以及西班牙帕普罗纳的萨里古伦。建筑物能源效率是所有这些项目的主要关心所在，但是因为要适应当地气候，设计方案则是各有不同（见托马斯2003年的著述）。规划者往往会利用市中心健全的公交系统，将公共汽车或轨道交通的线路延伸到新的住宅区，使它们到整个都会地区的交通条件更好。至于本地的交通出行则多强调步行和骑自行车。

康斯伯格尽管规模比较小，但却是可持续发展住宅区的一个优秀典范。它位于德国的汉诺威（图22），是20世纪90年代设计建造的，仅有3,000套住宅，居民6,600人，当地提供3,000个就业职位（见鲁明2004年的著述）。它的特点是提供了尖端技术的城市热力系统，包括一座热电联产发电厂，并且在所有建筑物中提供高效热回收系统。建筑物围护结构都达到了高水平的隔热保温效果，并且安装了高性能窗户，因而，整个住宅区的能耗效率水平远远超出了欧盟标准，能源消耗总量也非常低。此外，建筑物中所用能源的大部分都是在当地通过太阳能电池板和风轮机来生产的。康斯伯格的规划者还推广可持续发展的交通系统。这个住宅区通过轻轨交通线路与汉诺威市中心连接起来。轨道交通站在500米以外，因而整个地区的居民都能步行前往。在所需要的停车空间中，只有80%可以分布在私人物业中。因此，整个居民区四处修建了公用停车设施，为每一天不同时间段中不同的用途服务，并减少总体铺筑面积。

图22 德国汉诺威康斯伯格

斯德哥尔摩哈默比湖城的情况又略有不同（图23、图24），大多数这类地方都是新建的居民区，而它则是一个重新开发的产业区。该地区预计到2018年可容纳居民2万，它的特点是当地生产能源、降低用水量并进行废水管理。另一个著名的可持续发展居民区是萨里古伦，这是西班牙靠近帕普罗纳的一处开发区，它占地150公顷，建有5,000套住宅。设计者采用了被动式的加热与冷却技术，因而能够达到高水平的能效，同时又能使开发商和居住者的成本保持在低水平。能够成功地在低成本住宅中融入可持续发展设计特色的地方屈指可数，而萨里古伦便是其中之一。它建成于2007年。2008年，该项目便因可持续性而获得了欧洲城市化奖[23]。

图23　哈默比湖城，瑞典斯德哥尔摩的一处可持续发展居民区

图24　哈默比湖城，瑞典斯德哥尔摩的一处可持续发展居民区[24]

新松岛城在韩国首尔(图25)，靠近仁川机场，它是一座比较大型的卫星城市和主要就业中心，目前尚在建设中。它着眼于在更大的尺度上处理城市可持续性的问题。新松岛城计划的居民是6万多，就业职位为30万个。它是作为主要国际机场附近的重要商业区来开发的[28]。 规划者为建筑物设计制订了可持续发展的方针，同时也推出了一套遍布全城的快速公交系统和四通八达的自行车道网络。开发工作的成效，在很大程度上将取决于预计的通勤者是否会放弃开车而采用高能效的交通方式。

图25　首尔的新松岛城区[25]

## 1.6　评述

世界各地已经开发了多种类型的新城镇，其中有些设计发展为自足性社区的，有些是在现有城市中心的范围内作为新建的或专业化的就业地点，还有一些则主要是作为市郊住宅区，为一部分城市就业者提供高质量、可负担的住房和宜人设施。它们的功能可以是单一的，也可以是多样的，具体取决于新城镇的规模与设计情况。

[23]来源：http://www.fundacion-metropoli.org/html/fundacion/paginapremio_europeo.html。

[24]来源：http://www.yrgsustainability.com/projects/newsongdocity.jsp。

[25]来源：http://www.yrgsustainability.com/projects/newsongdocity.jsp。

尽管许多新城镇都着眼于既提供就业机会，也提供住宅与服务设施，但有些在早期却未能吸引足够的就业机会，尽管在人口增加到足够的水平后就业机会也有相应增长。即便是本地就业机会相当充足的新城镇，出入这些地方的通勤量还是相当大，如果它们离较大的中心地区不远，相互间又有着便利的交通连接线的话，这样的情况就更为突出。

新城镇可以吸引它们自己的“郊区”，这些郊区也许是经过规划的，也可能是未经规划的。比如伯克利，它就是一座单独的城市，但是它有自己的郊区。有些新城镇没有为需要的各类就业者提供合适的住房，因而出现了非正式居住区或长途通勤这样的麻烦（巴西利亚以外）。

正如预想到的，新的城镇在修建时如果带有多个分散的次级中心，街区规模也比较大，并且建有大型的街道和高速公路，那么这些地方往往会严重依赖小车。反之，如果新城镇修建在火车站以及可以步行和骑自行车的中心、高密度交通宁静化的居民区附近，那么将会更多地采用这些交通方式。

在市郊住宅区，像住房以及就业与购物这类土地用途是相当普遍的，这也是可以想到的。不过，随着开发区规模的扩大，也还需要其他一些土地用途，如学校、邮局、消防站、小型零售店、银行、医院等。而在这些地方成为大型地区后，就还需要“市政设施”，如加气站、殡仪馆、墓地、废水回收处理厂、卫生设施等。

其他国家新城镇的大多数经验教训都不可能直接照搬到中国的环境中来。因为大多数这些新城镇都比中国所规划的更小，密度也更低。但尽管如此，我们还是能够增长见识。

通州如果发展成（或是指定为）市郊住宅区，那么和纽约的莱维特镇或香港的元朗新镇就有些相似之处。对正在找寻可负担、高质量住宅的北京居民，它已经成了一块磁石，显示出了典型市郊住宅区的特征。但是，如果没有足够的宜人设施来吸引这些人，他们也可能不会定居下来。随着居民年龄的增大并开始养育子女，他们需要的就不止是可负担的住房，他们会迁移到靠近好学校的地方，而好学校如今都离北京市中心更近。不过，如果通州希望不止成为市郊住宅区，并继续开放大量开敞空间，提供休闲和文娱设施，修建吸引人的购物区、高质量的学校，那么这些要素便可以吸引人们来此安居，并随之吸引一些寻求宜人设施的企业。像通州这样的地方，只要能精心规划，便能逐渐吸引足够的就业机会，从而建成就业与住房良好平衡的社区。

顺义的位置在机场附近，如果发展成为大型就业中心，那它就类似于拉德芳斯或新松岛城，这些地方土地使用都是大面积的，如酒店、会议中心等，它们可以专门服务于机场这个交通中枢。只要精心设计，这个地方可以在附近的“节点”上建起住宅，并为愿意在顺义工作的人们建起方便的交通连接线。

在下一节中，我们将审视北京地区的交通发展趋势。我们将关注交通出行、收入及交通方式之间关联的环节，以便深入地了解，随着人口的增长，通州与顺义将会遇到什么样的交通发展趋势，尤其是在新入住的居民属于日益倾向于购买并使用私车的白领阶层时。

# ②新城交通需求分析——以顺义与通州为例

北京创建的新城镇是以小汽车为取向还是更多地面向公交，选择恰当的交通基础设施是关键的决定性因素，而如果土地用途组合导致更多的外向通勤出行，情况就更是如此。这就要求规划者在土地使用规划过程中，将当前以及未来交通需求水平进行深入考虑。目前，中国的新城镇不等足够的公共交通基础设施就位就开始兴建了。即使某些提供了公共交通（如轻轨或地铁）设施，但却没有为使用这些交通工具提供方便的通达条件。通达条件的问题即便在北京中心区也显而易见，望京地区便是个例证。这个地方轻轨车站很难到达，原因有二：一是公共汽车服务有限，二是骑自行车和步行的通达条件差。因此，通过小汽车将家人送到车站的居民，必须等候长队才能下人和接人。

到就业中心的通达性是另一个关键的要素。在新城镇，如果人口总量，或者在工作年龄的居民数量比就业机会增加得更快，就业与住房在工作技能与收入级别方面的匹配性不好，那么新的居民就很可能会到北京市中心就业。此外，在这些新城镇内，还需要在地区或住宅区内部提供更加便利的出入条件。如果到就业中心地区没有方便的公共交通，无论这些就业地区是在北京市中心还是在新城镇内部，那么经济条件许可的人（他们在中国城市人口中所占的比例越来越高）就会采用私人机动车辆来作为上班（以及到其他地方）的出行方式，从而对已经紧张的交通基础设施增加更大的压力。

我们带着这样的考虑，对通州和顺义的情况进行了分析。北京市政府意识到，通州和顺义都需要成为独立的卫星城镇，大多数的通勤应当在各自的区域内部完成。这两个地方的计划都是将外部通勤限制到少于30%，不过从目前的规划来看，这一目标的实施具有重大的挑战性。通州被指定为高端服务行业的中心，而靠近国际机场的顺义则将发展为一座国际城市，将拥有高科技的交通运输系统和众多产业基地。

这两座城市在人口构成和交通需求方面会略有不同。具体而言，顺义将有大量的访问者，因为它的位置靠近国际机场，而且它已经在主办大型活动和展览会了。例如，最近的2009花博会在举办的第一天就接待了6万名参观者。要接待这些访问者，顺义的交通基础设施需要具备在任何给定时间接待大量来访者的能力，它不能采用常规的高峰时间通勤的交通模式。多模式公共交通（包括到展览中心的轻轨和公共汽车连接线）可以部分缓解顺义的交通拥堵状况，还可以增加参观展览的人数。

我们分析的基础，是这两个地方各自的主要规划方针和目标，以及相应的交通数据。我们对当前和未来需求的假设，依据的是北京市城市规划与设计研究院2005年交通调查中分别从通州新城和顺义区获得的数据。这些数据有一定的局限性，不能反映全貌。首先，交通调查距今已将近五年，在这段时间里，北京拥有私车的人口已经大幅增多，而且这两个“新城镇”地区的人口也已显著增加。在调查的时候，两座城市的居民都是40多万，目前增加了多少尚不清楚。其二，这些数据中计入的人口，只是顺义和通州登记了户口的居民，而有许多人迁移到这两个地方后并没有改变原来的户口。许多人在早晨的通勤中遇到严重的交通堵塞，与部分调查数据反映的情况不一致。在分析中，我们根据美国的交通通勤模式、就业人口等情况做了一些基本假设。此外，尽管通州和顺义的居民人口将限制在百万以下，但这些地方都会产生而且也会吸引交通出行。居民人口只是需要纳入考虑的一个方面。在提出建议措施的一节中，我们还考虑了当前和未来的交通问题，因为这两个地区都制订了下一个五年的大型开发计划。

这两座城市的领导需要考虑如下一些因素：（1）它们会成为独立城市吗？（2）它们会不会成为独立城市与通勤城镇的结合体？不管要发展成为哪一种类型，成功的关键都在于交通基础设施，因为要将这些城市与北京连接起来，要在它们各自内部将交通出行、特别是内部通勤连接起来，都需要良好的交通条件。

## 2.1 通州

### *2.1.1 现状*

2000年，通州新城的人口约为413,000人[26]，就业职位是247,924个。大多数就业居民是在通州区工作[27]，每日交通出行中只有4%是前往通州以外的地方。然而，在过去几年中，随着住房开发的增加，人口与通勤的数量都已提高[28]。据报道，市政府希望将通勤出行保持在30%，这个数字已经是一种显著的提高，并且会对当前就位的交通基础设施形成压力。

### *2.1.2 新的出行吸引点/就业中心*

根据已经批准的通州规划（2005~2020年），通州将开发教育设施、一座商务园区、一座工业园区，并在城市西北部修建一处现代居住区，其土地用途将对北京中心商务区（CBD）构成补充。这些规划将在通州内兴建的项目，对交通会产生重大的影响，因为它们会成为交通出行的主要吸引点。这些项目包括以下几项。

◆ **商务园区：**它的位置在通州新城的西北部，与朝阳区相接，恰在温榆河与运潮减河之间。这座商务园区将是低密度的花园式高端商务写字楼区。它的核心功能将是提供商务写字楼，但它也会提供住宅和其他支持性设施，而且不仅是面向通州，还将为北京甚至渤海经济圈服务。它的占地面积将超过700公顷。商务园区的土地总面积为7.3平方公里，分三个阶段来开发。第一阶段开发面积为2.7平方公里，建筑面积大约是200万平方米。建筑面积最终将达到700万平方米。

◆ **宋庄原创艺术集聚区：**宋庄艺术社区

[26]该数据来自北京市城市规划设计研究院（BJMICPD）2005年的工作报告《通州新城交通调查报告（草案）》，此次调查于2005年执行。

[27]该数据来自2004年执行的第一次北京经济普查。

[28]在我们起草这份报告时，尚未获得就业数据和通勤模式的资料。通勤出行以BICP提供的数据（2005年）为依据。在下一份草案中，我们希望能获得这些数字，以指明就业与通勤模式之间的密切联系，同时指出，在新城镇的就业与住房之间需要达到更好的平衡。

的雏形是艺术村。1994年，艺术家方力钧、刘炜、张惠萍（音）和王茵（音）以及批评家舒宪廷（音）等来到了宋庄。宋庄原创艺术集聚区规划的面积是5平方公里，预计将成为本地和区域性的胜地。

◆ **大运河城市段：**京杭大运河总长度为1,794公里，是世界上最长的运河，有着2,400多年的历史。通州便是这条运河最北边的端点。河畔地区已经从80米扩宽到200米。在4.6公里长的城区河段中，将修建五座跨河大桥。这个地方将成为文化区与商业区，并将发挥地方性和区域性的功能。

### *2.1.3 土地用途方面的考虑*

将来商业开发区的总面积预计将达到5,000万平方米左右。至本文撰写之时，尚不清楚划给住宅开发的面积百分比。不过，对即将新增的住房，我们可以做一些合理的假设。如果当前平均家庭规模是2.5人，并且每一套住房面积是80平方米，那么，要安置50万人，就需要20万套住房，或说是1,600万平方米的住宅。如果每个家庭有1.4名就业者，那么就业者总数为28万（占人口的56%）。如果每个就业者占有40平方米的商用空间，也就是说，每160平方米中有4名就业者，那么我们可以得出结论，需要的商业区面积为700万平方米。

表11 通州当前的人口情况

| **通州新市镇——基于2000年的统计数据** | |
|---|---|
| 人口基数（2000年人口普查；通州网站） | 413,000 |
| 就业人口总数所占比例 | 50% |
| 每日离开通州的通勤出行所占比例（占通州外部每日出行总数的百分比） | 4% |
| 高峰期（按小时计） | 3 |
| 高峰期内的高峰（所有通勤者的50%） | 50% |
| 交通 | |
| 交通方式分担（在所有交通出行中所占百分比）* | |
| 步行 | 27% |
| 骑自行车 | 24.2% |
| 乘坐公共汽车（其中工作单位提供的巴士占1%） | 24.2% |
| 地铁 | 4.8% |
| 出租车 | 2.5% |
| 小汽车 | 14.2% |
| 摩托车 | 3.1% |
| 每一名出行的居民（相当于所有居民的86.7%）每日的出行次数 | 3.45 |
| 工作出行（%），包括上学 | 65% |
| 非工作出行（%） | 35% |
| 每日出行的人口所占百分比 | 86.7%* |
| 北京市城市规划设计研究院2005年《通州新城交通调查报告（草案）》工作报告 | |

### *2.1.4 交通分析*

我们对通州现状及今后的交通模式进行分析时，所依据的是下列数据（见表11），我们认为这些数据对于现状仍然大致正确。

那么，假设交通出行次数与交通方式分担的比例在将来仍然一样，则将来每日交通出行的总数将是如表12所示。

表12　通州每日交通出行总数——2005年人口基数及2020年目标人口数对比

| 每日交通出行总数——人口基数与目标人口数对比 | | | | |
|---|---|---|---|---|
| 交通出行 / 人口数 | 假设人口的87%进行交通出行 | 假设每人每天出行为3.45次 | 假设交通出行中55%是上下班，包括上学出行 | 假设45%是非工作出行 |
| | 出行的人数 | 交通出行次数 | 工作出行次数 | 非工作出行次数 |
| 413,000 （人口基数） | 357,907 | 1,234,780 | 679,129 | 555,651 |
| 1,000,000（目标人口数） | 870,000 | 3,001,500 | 1,650,825 | 1,350,675 |

也就是说，如果将来总人口达到100万，而每个人的交通出行次数保持不变，那么通州每日需要解决的交通出行是大约300万次，工作出行则是大约165万次。如果这些交通出行中一半是在高峰时段进行的，那高峰期交通出行就将达到80多万次；而如果30%是外向通勤，那么外向通勤的出行次数就接近25万次。而如果实际收入提高（设想应当如此），那么出行次数也就很可能增多。具体而言，购物和其他非工作出行很可能增多。此外，随着收入的提高，很可能会有更多的交通出行采用机动车辆来完成，正如在北京所见到的那样。

即便北京市政府将把人口限制在100万以下，但如果通州成为一座就业中心，那么也许其他地方的就业者就会来到这一地区就业。此外，由于通州这个行政区比较靠近北京，如果北京的就业者觉得它的住宅和其他宜人设施都具有吸引力，那么从通州通勤到北京的情况就会相当普遍。在考虑到当前交通方式分担模式的情况下，图26显示了各种方式每日承担的交通出行总数，并将2005年人口基数年与2020年人口达到目标数的情况进行了对比。其实这对交通出行次数是低估了，因为从交通调查执行之后，人口已经显著增长。如果我们对北京也假定类似的总体交通方式分担模式，只是显著提高私车的数量和使用，那么结果就会如图27所示。我们假设步行、骑自行车及其他交通方式略有减少。

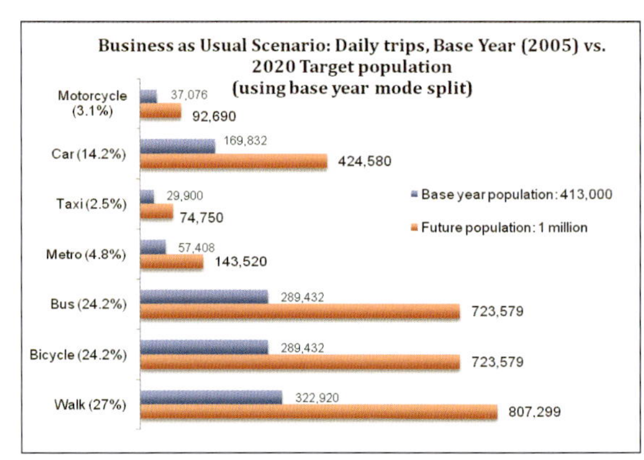


图26　按正常情况设想的通州各种交通方式所分担的每日交通出行总数，基年（2005年）与人口达到目标数的2020年（采用基年的交通方式分担率）

using base year mode split

采用基年的交通方式分担率

Car　小车

Motorcycle　摩托车

Metro　地铁

Taxi　出租车

Bicycle　自行车

Bus　总线

Walk　步行

Base year population: 413,000

基数年人口：413, 000

Future population: 1 million　未来人口：100万

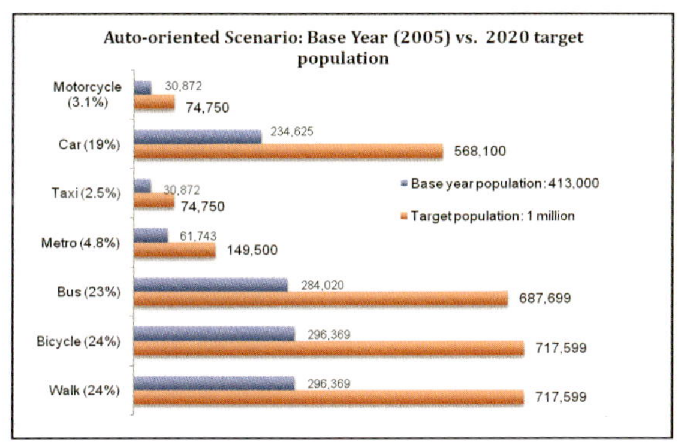


图27　在以发展小汽车为导向的设想情境中通州各种交通方式分担的每日出行次数，基年与人口达到目标数的2020年，采用修正后的北京交通方式分担率

Motorcycle 摩托车
Car 机车
Taxi 出租车
Metro 地铁
Bus 总线
Bicycle 自行车
Walk 步行
Base year population: 413,000 基年人口：413, 000
Future population: 1 million 未来人口：100万

根据北京市城市规划设计研究院2005年的交通调查，当前大多数的交通出行是发生在通州新城的9个公共交通评估地带以内。不过，按照最近一些报纸的报道，许多居民当前是到北京市中心区去上下班。尽管对于私车的人口而言总体方式分担率是14%，但根据交通调查报告，对于通勤者，这一数字要翻倍到30.8%。当前，每天离开通州的交通出行所占比例大约是4%[29]。但是，如果2020年的目标人口达到100万，而且按报道中所提的目标，将通勤出行限制在30%以内，那么，依据2005年调查的交通方式分担模式，每天将会有大约143,000次离开通州的交通出行。

交通出行增多，就要求对交通系统新增投资，不仅是针对通州内部的出行，而且还包括离开通州的出行，包括前往北京。例如，我们可以先假定30%外向通勤这个数字成为现实，而且所有这些通勤都是前往北京。当前，地铁列车最大的载客容量是1,450人，轻轨列车的容量还要更低些，根据北京地铁公司网站的资料，轻轨大约是1,200人。那么，要在3个小时的高峰时段（大约占每日交通出行的一半）运载超过7.5万名乘客，仅仅为了通州，地铁就得每两到三分钟发出一班车（也就是说，在行程中留给其他站点的载客容量只有一半）。而且这还是在假定地铁使用率不会随着人口的增加

[29]我们将其中的4%分配给交通出行，尽管这实际上已经是离开通州的所有交通出行的比例。居民每天出行3.45次，我们假定这些交通出行中有一次是工作出行。如果所有外部交通出行都只是工作和上学出行，那么，我们就会低估3个系数。即便是这样保守的估计，在通州的外向通勤中也会出现相当严重的交通拥堵。最近有报道称，北京市政府将开始修建朝阳北路延长线。

而提高的前提下。要运送外向通勤的7.8万名公共汽车乘客，就需要460多辆公共汽车从通州出发，而且每辆车必须载客170人[30]，如果目的地比较分散，这一数字还要提高。这里要注意，如果采用公共汽车系统，即便发车间距为两分钟（就算是采用电子交费卡，这个时间也不大够公共汽车上下客），一条公交走廊或街道上每小时也只能运行30个班次。如果在早高峰需要发出的是1,400个车次，每小时大约是500次，那么，至少需要16条不同的公交走廊、街道或公交专用道，并且还要有单独的公车站，才能在一个方向上运送那么多乘客。仅仅为了满足通州的驾车者，如果交通出行分散在3~4小时的期间内[31]，那么，4.4万辆小车就会需要大约4小时的高速路车道行驶时间，或说是需要8条高速路车道。在表13中，我们按照离开通州的通勤所占的不同百分比，为2010年目标人口通勤出行计算了4种设想结果。这些只能说是保守估计，因为它们只着眼于一次工作出行，并且采用的是基年的通勤占比，也就是4%、8%、15%，目标人口年份则采用的是30%。也就是说，我们对小车（30.8%）、地铁（14.5%）和公共汽车（54.7%）仍然采用了基年的交通方式分担比例。这些还只是工作通勤出行，并不包括非工作出行，而后者在早高峰的交通需求量也是相当高的，如果通州的服务设施和宜人设施（如购物区、医疗设施和教育设施）无法与北京的相比，那就更是如此了。

最后需要注意的是，本节中的估算可以说是极为保守，因为所采用的数据是5年前的，而人口已经差不多增加了50%，如今的居民人数已经超过了70万。

表13　通州2010年目标人口通勤者的交通基础设施需求量设想情景

| 小 汽 车 | 高峰期需求量 | 满足大于3个小时高峰期需求量所必需的高速公路通行小时数 | 满足大于3个小时高峰期需求量所必需的高速公路车道数（每小时车道数） |
|---|---|---|---|
| 正常情况下2010年的目标人口（通勤人口占4%） | 5,873 | .5 | 1[32] |
| 2010年目标人口（8%） | 11,745 | 1 | 2 |
| 2010年目标人口（通勤人口占15%） | 22,022 | 2 | 4 |
| 2010年目标人口（通勤人口占30%） | 44,044 | 4 | 8 |

[30]我们假设的公共汽车载客容量比较大，如果使用载客100人的这种较小的公共汽车，通州需要的公共汽车会超过1,400辆。在下一份草案中，我们将需要公共汽车载客容量的数据，以便探讨解决通州预期增长所需要的公共汽车车队类型问题。

[31]杨小宝与张宁2005年所著“高速公路上车道通行能力随车道数的边际递减”，见东亚交通学会学报第5卷第739~749页。他们发现，所观测到的高速公路通行能力比中国高速公路手册上所规定的更低。根据现场调查，他们发现，一条四车道高速公路上每条车道的通行能力是1,848PCU（当量小汽车）。

[32]计算高速公路需求量的算法是：（高峰期需求量/1848）/3=每小时基础设施需求量。

（续上表）

| 地铁 | 高峰期需求量（乘客） | 每小时需求量 | |
|---|---|---|---|
| 正常情况下2010年的目标人口（通勤人口占4%） | 2,765 | 921 | |
| 2010年目标人口（8%） | 5,529 | 1,843 | |
| 2010年目标人口（通勤人口占15%） | 10,361 | 3,453 | |
| 2010年目标人口（通勤人口占30%） | 20,735 | 6,911 | |
| **公共汽车** | **高峰期需求量(乘客)** | **每辆公共汽车载客人数** | **公共汽车发车次数** |
| 正常情况下2010年的目标人口（通勤人口占4%） | 10,429 | 170（100） | 61（104） |
| 2010年目标人口（8%） | 20,859 | 170（100） | 122（208） |
| 2010年目标人口（通勤人口占15%） | 39,110 | 170（100） | 230（391） |
| 2010年目标人口（通勤人口占30%） | 78,221 | 170（100） | 460（782） |

## 2.2 顺义

### 2.2.1　主要吸引点/就业中心

在2004~2020年北京城市总体规划中，顺义新城的功能被定义为东部开发地带的重要“节点”，是管理北京大都市增长问题中所强调的新城之一。对于顺义，国际机场是一个重要的经济引擎，它将刺激对绿色、宜居新城的开发工作。顺义的总体目标是开发与航空旅行相关的产业，如国际博览会、商务及物流。此外还要提高现代制造业的水平，使其与机场位置相匹配，并建成一座航空产业中心。顺义新城还将强化自己的服务角色，突出它水陆结合的城市布局特色，从而建成生活品质相当高的绿色新城。目前顺义正着手开发它的产业基地，其中包括燕京啤酒公司和现代公司。其中规划的项目包括以下几项。

- **机场经济区：**这一区域拟经过开发，以吸引财富500强企业，如通用电气医疗集团。北京天竺空港经济开发区的一部分已经取得进步，这一基地的第二期建设也已正式动工。
- **国际博览会新中心：**它首次亮相就已获得成功，并已被指定为文娱产业市级集聚区。至今为止，该中心已经举办了15个大型展览会。
- **其他项目：**首都国际机场的3号空港如今已经投入运行。现代汽车公司的第二家工厂以及首钢集团现在都已投产。已经启动的其他重要项目包括清华同方LED项目、中国石油运输公司、北京汽车研究总院、国家机动车产品质量监督检验中心（北京）。在这些项目中，投资1亿人民币及以上的项目有53个，合同投资总额达到343亿人民币。随着中国石油天然气集团公司昆仑燃气有限公司、中国民航信息集团公司和金蝶国际软件集团有限公司的进驻，该地区正在形成国际公司总部的中心。

◆ **M15地铁线路：** 地铁线路M15位于顺义区，它将顺义新城与北京市连接起来。这条线路于2009年4月11日开始修建，顺义段将于2011年12月完成。当2013年M15地铁线路的一期工程完工后，从顺义新城到北京的总行程时间将缩短到30分钟。M15地铁线路采用了标准的B型列车，最高运行速度为100公里/小时。它使用的是国内最先进的技术，列车将由6节车厢组成，每列列车的最大载客容量为1,460人。

## *2.2.2　交通分析*

在分析顺义的交通需求时，我们采用了北京市城市规划设计研究院2006年交通调查报告中的数据。在调查之时，总人口是40多万，如今的人口刚刚超过60万。表14~表16中的计算着眼点在于总人口，而不是人口中的通勤者，这是由于数据所限。

我们特别关注的是机场和展览中心将产生的影响。机场到2015年预期的客流量是6,000万人，到2005年，它每年的客流量已经达到3,500万。顺义区政府的就业目标是在顺义提供480,000个工作职位，其中273,000个职位将安排在机场。为确保达到这些目标，关键需要一套将所有通往就业中心的交通方式连接起来的多模式联运交通系统。

表14　顺义的人口和交通情况

| 人 口 情 况 | |
|---|---|
| 人口（2000年普查） | 453,065 |
| 就业人口总数所占比例 | 55% |
| 高峰期（按小时计） | 3 |
| 顺义外部通勤出行所占百分比 | 3% |
| **交　通** | |
| 交通方式分担（在所有交通出行中所占百分比）* | |
| 机车 | 10.43% |
| 地铁 | 0.14% |
| 总线 | 3.53% |
| 自行车/电动自行车 | 39% |
| 步行 | 39% |
| 摩托车 | 2.03% |
| 每日交通出行（每人） | 2.50* |
| 工作出行，包括上学 | 55% |
| 非工作出行 | 45% |
| 出行的人口所占百分比 | 75%* |

● 北京市城市规划设计研究院2006年《顺义区交通调查报告（草案）》工作报告。

● 交通出行是按照每个人来计算的，因此，我们假定75%的人口进行交通出行，这是个标准数。

表15　顺义每日交通出行总次数（基年）

| 人口 | 出行的人口所占百分比为75% | 平均每日交通出行次数为2.5 |
|---|---|---|
| 453,065 | 339,799 | 849,497 |
| 1,000,000（新市镇） | 750,000 | 1,875,000 |

表 16　顺义每日各种交通方式分担出行量以及支持它们所需要的基础设施

| 公 共 汽 车 | | | |
|---|---|---|---|
| **出行居民人数** | **早高峰期交通出行** | **高峰期需求** | **需要的公共汽车**（每辆车载客100名） |
| 2005年人口基数 | 14,994 | 7,497 | 750 |
| 2010年目标人口数 | 33,094 | 16,547 | 1,654 |
| **小　车** | | | |
| **出行居民人数** | **早高峰期交通出行** | **高峰期需求** | **满足大于3个小时高峰期需求量所必需的高速公路车道数**（1848 PCU/车道） |
| 339,799 | 44,301 | 22,151 | 8车道 |
| 750,000 | 97,781 | 48,891 | 17车道 |
| **自 行 车** | | | |
| **出行居民人数** | **早高峰期交通出行** | **高峰期需求** | **每小时** |
| 339,799 | 293,480 | 146,740 | 97,827 |
| 750,000 | 461,100 | 230,550 | 153,700 |
| **步　行** | | | |
| **出行居民人数** | **早高峰期交通出行** | **高峰期需求** | **每小时** |
| 339,799 | 922,200 | 461,100 | 307,400 |
| 750,000 | 1,152,750 | 576,375 | 384,250 |

由于数据有限，我们只能提供对顺义进行的初步评估。要支持顺义内部交通出行，需要大量的公共交通，这一点与通州类似。在该城实施土地使用规划时，需要将大量的步行和自行车交通纳入考虑。即使该地区人口收入正在提高，但仍然会有大量骑自行车和步行的人。当前，公共汽车客运量相当高，需要兴建基础设施，以支持将来客运量的增长。如果顺义将成为与通州类似的通勤者城镇，也就是说，交通出行中30%都是外部通勤，那么就会造成相当大的压力。在与北京市中心的连接线上，需要3条车道满足小汽车需求。当前轻轨的使用率显得不太重要，因为顺义居民只有1%乘坐轻轨，但是，随着使用小汽车的人口增多，公共交通与轻轨相连就相当重要，这样才能帮助减少对小汽车的依赖性，此外，地方领导应鼓励更多使用轻轨，特别是在长途交通出行（如前往北京市中心）时，这一点也极为重要。

# ③ 建议采取的措施

◆ **创造更多的本地就业机会，这是新城镇成功的关键。**北京市政府总体规划的目标之一，是减少城市中心的人口，从而缓解交通拥堵的状况。不过，当前的通勤模式是就业者进入城市中心上班，这样城市中心白天的人口基本上没有减少。为了减少通勤交通出行对二环、三环路区域的影响，需要采取措施来鼓励新城镇内部的通勤，包括增加当地就业机会以及休闲文化设施，提供富有吸引力的购物区和高质量的学校。

◆ **在短途出行和公交乘车地点的可达方式上，应当鼓励采用骑自行车和步行的交通方式。**在任何城市中，许多路程在3公里以下的交通出行都可以采用步行和骑自行车来作为主要交通方式。除了高速公路以外，所有街道都应当修建有单独的自行车道和人行道。公交车站应当建有直接的自行车道连接线以及安全、有遮蔽的自行车停车场。

◆ **公共交通应当成为长途交通出行的主要方式。**随着这些新城镇区域的扩大与发展，需要制订鼓励采用公交方式的政策。这些地方的内部交通及长途交通都需要减少过多或困难的步行与换乘、不会过分拥挤的、高质量的公交服务。此外还应采取交通管理来减少小汽车的使用。应当收取停车费和道路使用费（税费或过路费），前者反映停车设施的成本，后者则反映了小汽车的使用成本。

◆ **建设灵活、适应性强的大运量交通系统（如快速公交系统），会有助于缓解将来公共汽车交通系统的压力，并鼓励在许多交通出行中都选择公共交通方式，不管是本地内部出行还是到其他中心地区的出行。**快速公交系统（BRT）提供的交通服务比一般公交的速度更快、更可靠，而且它们可以设计相当高的线路容量，从而以更少的公共汽车来运载更多的人。如果使用BRT来作为干线交通方式，并且与本地公共汽车集散线、区域铁路以及公共汽车站连接起来，这样的交通系统就能够使公共交通成为新城镇内部通勤的主要方式。随着开发工作的展开，为BRT进行规划、设计专用车道和车站，就会避免将来改建公共汽车专用车道的麻烦，并能为修建更宽敞、设计更好的车站做好准备。

◆ **提供可达公交枢纽的多模式联运条件是至关重要的。**当前正在为顺义和通州规划公交车站，这些车站就应当为所有交通方式（尤其是步行和骑自行车）提供方便的可达条件。设计中应当包括有自行车停车场以及步行的辅助设施，如升降梯和电梯。

◆ **如果分配给道路的空间仍然比较狭窄，那么可以通过主动式交通管理来实现对道路的有效使用。**当前的国家设计指南中将一个项目中道路网络的所占比限制在20%左右。纽约市的道路空间是32%，旧金山的是31%，两相对照，差距明显。不过，当前城市规划的做法比较照顾小汽车，尽管它在交通方式分担中所占比例相对较低，而且运载的人数也少。为了更加有效地利用当前规划的有限道路空间，应当将公共交通作为优先项，并提供激励措施来促进使用公交方式以及步行和骑自行车的方式。对于小汽车的使用，应当通过街道设计与车道分配、信号配时以及收取限制性停车费的方式来加以控制使用。

◆ **需要执行年度定项调查，掌握居民与就业者出行在公交方式上的转变情况。**应当开展一些辅助性的调研工作，着眼于快速增长的地区（如就业中心地区），拓宽并加强五年一度的交通调查工作。这些调研活动应当包括对快速增长地区内的家庭进行访谈。为了观测就业职位的增长情况，还应当开展以雇主为对象的调研工作。这种调研工作的费用可以转给雇主，作为在城市中开展业务的条件，像旧金山这样的城市就采用了这种调研方式。这种类型的调研工作能够使人们更好地了解新城镇是如何发展成长的、需要什么样的规划干预方式来引导其发展。

**参考书目**

**[1]** Calthorpe, Peter.1993. The next American metropolis:ecology, community, and the American dream.New York: Princeton Architectural Press.

**[2]** Cervero, Robert and Michael Duncan.2006. Which reduces vehicle travel more:Jobs–housing balance or retail–housing mixing?Journal of the American Planning Association 72 (4): 475–490.

**[3]** Cervero, Robert, and John D. Landis. 1997. Twenty years of the Bay Area Rapid Transit system:Land use and development impacts.Transportation Research A 31 (4): 309–333.

**[4]** Cervero, Robert, and Kang–Li Wu.1998. Sub–centering and commuting:Evidence from the San Francisco Bay Area, 1980–90. Urban Studies 35 (7): 1059–1076.

**[5]** E. Deakin, "Land Use for Sustainable Urban Transport:An Assessment of Problems and Options", Keynote Address and Paper for the European Council of Ministers of Transport/Organization for Economic Cooperation and Development Workshop on Land Use for Sustainable Urban Transport, Linz, Austria, Sept 1998; published in Proceedings, ECMT, 2001.

**[6]** E. Deakin, "Sustainable Transp–ortation:Findings from an International Scanning Review", Transp–ortation Research Record 1792:1–11, 2002.

**[7]** Clapson M. Suburban paradox? Planners' intentions and residents' preferences in two new towns of the 1960s:Reston, Virginia and Milton Keynes, England.Planning Perspectives. 2002; 17:145–162.

**[8]** Dyckman, Caitlin.2005. Local government roles in water conservation. Dissertation, UC Berkeley.

**[9]** Forsyth A, Crewe K. A typology of comprehensive designed communities since the Second World War.Landscape Journal. 2009; 28(1): 57–78.

**[10]** Forsyth A. Planning Lessons from Three U.S. New Towns of the 1960s and 1970s:Irvine, Columbia, and The Woodlands.Journal of the American Planning Association. 2002; 68(4): 387.

**[11]** Garreau, Joel.1991. Edge city:life on the new frontier.1st ed. New York:Doubleday.

**[12]** Giuliano G, Dargay J. Car ownership, travel and land use:a comparison of the US and Great Britain.Transportation Research Part A:Policy and Practice. 2006; 40(2): 106–124.

**[13]** Gordon P. Richardson H. and Jun M.

1991. The commuting paradox.Evidence from the top twenty.Journal of the American Planning Association, 57, pp.416–420.

**[14]** Hall, Peter.1996. Cities of tomorrow:an intellectual history of urban planning and design in the twentieth century.Oxford UK;New York NY USA:Blackwell.

**[15]** Holanda, F., et. al., Eccentric Brasilia, March 2002, Urban Design International, Vol. 7, No. 1, pp. 19–28.

**[16]** Kato Y. Planning and Social Diversity:Residential Segregation in American New Towns.Urban Studies. 2006; 43(12):2285–2299.

**[17]** Levinson, D. and Kumar A. 1994. The Rational Locator:why travel times have remained stable.Journal of the American Planning Association, 60, pp. 319–332.

**[18]** Rumming, Karl (Editor) 2004. Hannover Kronsberg Handbook.Planning and Realisation, Jü tte-Messerdruck Leipzig GmbH, Leipzig, Germany.

**[19]** Thomas, Randall.2003. Sustainable urban design:an environmental approach. London; New York:Spon Press.

**[20]** Wachs M., B. Taylor and N. Levine and P. Ong. 1993. The changing commute:a case study of jobs–housing relationship over time, Urban Studies, 30 pp. 1711 – 1729.

**[21]** Weiss, S. and Burby, R. (1976). Preface.In e. Kaiser, Residential mobility in new communities (pp. xv–xxx) Cambridge, MA:Ballinger.

# 附录1 新市镇/卫星城市附加实例研究

## 澳大利亚堪培拉（独立城市）

- **位置**：澳大利亚东南部，在悉尼西南280公里（170英里）、墨尔本东北660公里（410英里）处（图28）。
- **始建时间**：1913年。
- **首席建筑师**：沃尔特及马里恩·格里芬。
- **面积**：814.2平方公里（314.3平方英里）。
- **人口**：323,056 （2006年）。
- **住宅套数**：131,274 （2006年）。
- **来源**：www.censusdata.abs.gov.au。

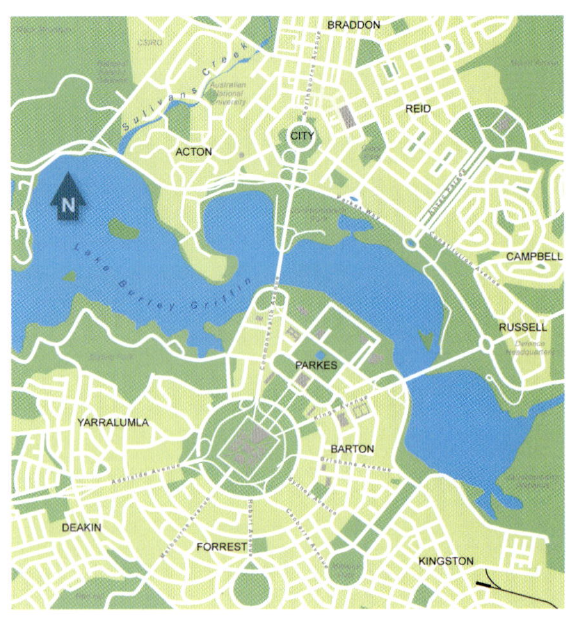


图28 堪培拉的规划[33]

[33]图片来自“谷歌地球”。

澳大利亚的堪培拉是围绕国家职能来规划的（它是首都），但政策鼓励的是围绕中心“规划的”区域来开发住宅区（图29）。例如，当时计划在国会区以南的佛列斯特为政府工作人员提供住宅。从正式规划的角度看，堪培拉街道的层次以及众多的开放空间是可圈可点的要素。然而，这种低密度的住宅在中国可能是不适宜的。

图29 堪培拉的市中心[34]

## 法国塞吉·蓬图瓦兹

- **位置：** 巴黎西北，距巴黎市中心36公里（14英里）。
- **始建年代：** 1960年。
- **首席设计师：** 保罗·德卢弗里耶。
- **面积：** 80.5平方公里（31平方英里）。
- **人口：** 187,389（2006年）。
- **就业职位：** 92,942（2006年）。
- **住宅套数：** 71,673（2006年）。
- **来源：** www.statistiques-locales.insee.fr。

塞吉·蓬图瓦兹位于巴黎西北，两地相距40分钟的路程。它由塞吉和蓬图瓦兹两个社区组成。为了扩大巴黎容纳居民的能力，法国掀起了一场运动，塞吉·蓬图瓦兹的建设便是这场运动的一部分。它始建于20世纪60年代，一开始被指定为新市镇式的小型中心地区。如今，塞吉·蓬图瓦兹与巴黎之间交通便利，拥有通勤轨道交通和公共汽车服务，并且建有一座规模不小的大学校园。该城的中心围绕火车站修建了高密度的开发区，如图30所示。大学校园在火车站的北边，离它非常近，而市区的商业中心则在它的南边。尽管这一地区的公共交通相当便利，但是也为小车提供了一些停车位。需要注意，这一地区的住宅围绕着街道层次、公共空间和公共设施，组织得相当好。它们的尺度大小对步行或骑自行车都比较有利。

图30 塞吉·蓬图瓦兹，航摄照片[35]

[34]图片来自加州大学圣地亚哥图片馆。

[35]图片来自“谷歌地球”。

## 美国马里兰州哥伦比亚

- **位置：** 马里兰州霍华德县，属于巴尔的摩的郊区，在华盛顿哥伦比亚特区以北48公里（30英里）处。
- **始建时间：** 1967年。
- **首席设计师：** 詹姆斯·劳斯。
- **面积：** 71.7平方公里（27.7平方英里）。
- **人口：** 91,398。
- **就业职位：** 51,634。
- **住宅套数：** 37,478。
- **来源：** www.census.gov（ACS 2005~2007年）。

马里兰州的哥伦比亚是由10座自备式村庄组成的计划社区。它属于巴尔的摩的郊区，从某些方面而言，也是华盛顿哥伦比亚特区（DC）的郊区，它在DC以北，两地相距一个小时的车程。图31中视域宽广的图景显示了这一社区低密度的住宅区、宏伟的大厦和宽敞的停车场，这些设施相互之间由一套地铁线路来连接。这种规划模型至今仍然被广泛采用，但是在美国却日益遭人诟病，

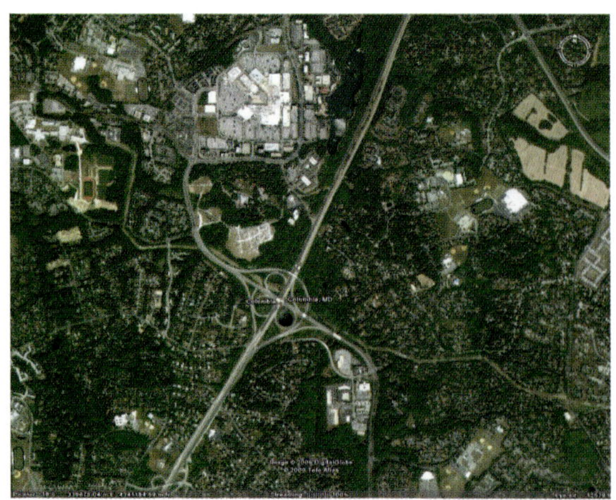

图31 马里兰州哥伦比亚，航摄照片[36]

因为它的密度太低，只有小汽车才能成为具有存续能力的交通工具，因此人们通常都自己开车。公共交通服务成本相当高，而且在这样的境况中也难于提供，步行和骑自行车的路途又相当长。这就限制了残疾人、弱势群体、低收入群体和老年人的通行能力，限制了他们的活动。

## 法国埃松省埃夫里

- **位置：** 巴黎南郊，距离巴黎市中心35公里（22英里）。
- **创立日期：** 1965年。
- **首席设计师：** 保罗·德卢弗里耶。
- **面积：** 8.33平方公里（3.22平方英里）。
- **人口：** 52,651（2006年）。
- **就业职位：** 40,012（2006年）。
- **住宅套数：** 19,982（2006年）。
- **来源：** www.mairie-evry.fr；www.statistiques-locales.insee.fr。

埃夫里属埃松省，位于巴黎以南，两地相距30分钟的路程。它是巴黎的通勤新市镇，有相当便利的机动车道，并且开通了轨道交通和公共汽车连接线。在还是巴黎的首要机场时，许多大型制造业公司都落户在这一地区，并随之引来了支持性第二产业，如餐馆等。不过，随着夏尔·戴高乐机场在鲁瓦西的建成，这个地方就遭到企业的冷落。于是这座市镇便发展为购物中心，以此来解决丧失经济基础的问题。图32航摄照片显示了市镇中心，可以看到一些高密度开发区和周边的开放空间。

[36]图片来自“谷歌地球”。

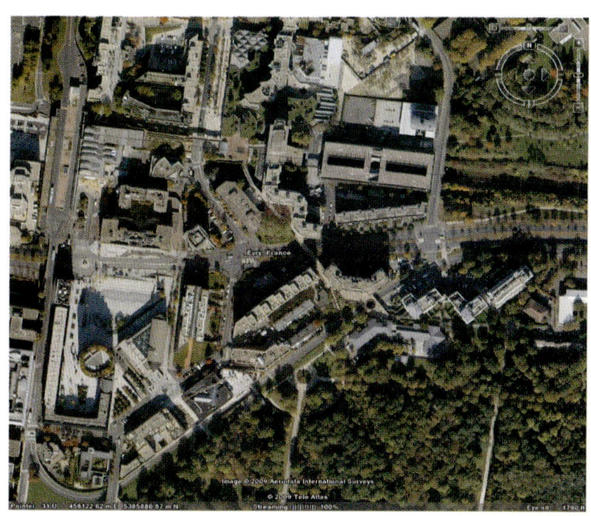

图32　埃松省埃夫里，航摄照片[37]

图33是这座市镇住宅开发模式的一个例子，有些开发区对于中国能够提供许多经验，比如这些带花园的公寓街区。

图33　埃夫里街道及住宅开发区照片[38]

[37]图片来自“谷歌地球”。

[38]版权属帕特里克·扎克曼/玛格南图片社。

## 美国纽约莱维特镇（原来的莱维特镇，市郊住宅区）

- **位置：**在纽约市的纽约地铁区内，曼哈顿以东51.5公里（32英里）。
- **始建时间：**1947年。
- **首席设计师：**威廉 · 莱维特。
- **面积：**17.8平方公里（6.9平方英里）。
- **人口：**53,315（美国人口局美国社区调查，2005~2007年）。
- **就业职位：**12,080 （加州人口局，2006年）。
- **住宅套数：**17,864（美国人口局美国社区调查，2005~2007年）。

莱维特镇靠近纽约市，在美国，作为大型城市的郊区，它是第一个计划开发区（图34）。作为战后发展起来的郊区，它在设计时着眼于中产阶级美国人及其将小汽车作为主要交通出行工具的实际情况。城市历史学家批评它缺少多元性和种族融合性。时至今日，它的居民仍然以白人为主，并倾向于成为典型的中产阶级郊区。

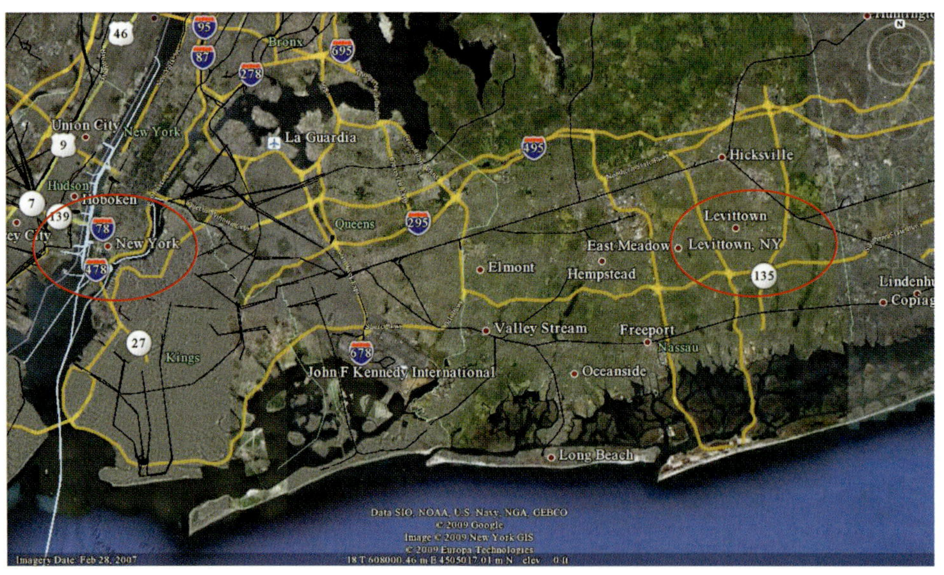


图34 莱维特镇在纽约市的位置[39]

## 英国米尔顿 · 凯恩斯（就业中心/市郊住宅区）

- **位置：**英国东南部，在伦敦西北82公里（51英里）处。
- **创立日期：**1967年1月23日。
- **首席设计师：**德里克 · 沃克（融入了梅尔文 · 韦伯的创意）。
- **面积：**89平方公里（34平方英里）。
- **人口：** 228,400 （2007年）。

[39]图片来自“谷歌地球”。

- **就业职位**：145,000（2002年）。
- **住宅套数**：99,949（2009年）。
- **来源**：www.milton-keynes.gov.uk；www.nomisweb.co.uk。

米尔顿·凯恩斯属于计划开发区，它在伦敦西北，两地相距1小时15分钟的路程。图35和图36航摄照片显示了这个开发区1公里的街区网格结构，并突出了街道、街区（东边街区为产业区）和开放空间的层次。

图35　米尔顿·凯恩斯，航摄照片[40]

图36　米尔顿·凯恩斯的住宅区，航摄照片[41]

[40]图片来自“谷歌地球”。

[41]图片来自“谷歌地球”。

## 印度新孟买

- **位置：**在大孟买都市区内，孟买中心区以东37.6公里（23.4英里）处。
- **始建时间：**1972年。
- **首席开发商：**城市与产业开发公司（CIDCO）。
- **面积：**344平方公里（132.8平方英里）。
- **人口：**1,429,463 （2007年）。
- **住宅套数：**210,773 （2007年）。
- **来源：**www.cidcoindia.com.

新孟买是作为孟买的姐妹城来开发的（图37），意在减少交通拥堵的状况，并为进入孟买的众多人口提供住房。新孟买有14个小型市镇建制的“节点”，其中瓦什和涅鲁尔是最为发达的。在瓦什的农业批发市场以及轨道交通连接线开始试运行后，大型城市化工作便已展开。新孟买的许多地方都是从湿地和盐沼地中开发出来的，从环境或经济可持续性方面而言，这两种土地都不受青睐。城市与产业开发公司（CIDCO）积极规划并提供基础设施，如道路、供水、电力，作为以市场为基础的开发商修建住房的动力。这个地方的住房主要是提供给在孟买工作的中产阶级通勤者。当地有便利的公共汽车交通和一些半正式的公共交通，如三轮车和出租车。这些“节点”建有相当方便的零售和银行网点、教育机构，新近还有科技行业的公司前来落户，因为邦政府采取了免税期这类的奖励措施。因而，这个地方逐渐从孟买的市郊住宅区演变为一座独立的城市。

图37 新孟买及孟买地区，航摄照片[42]

[42]图片来自“谷歌地球”。

## 英国诺桑普顿

- **位置**：英国东米德兰兹地区，伦敦西北108公里（67英里）、伯明翰西南89公里（55英里）处。
- **创立日期**：1968年2月14日。
- **面积**：80.8平方公里（31.2平方英里）。
- **人口**：202,800 （2007年）。
- **就业职位**：128,000 （2002年）。
- **住宅套数**：88,000。
- **来源**：www.northampton.gov.uk ； www.nomisweb.co.uk。

诺桑普顿是一座老城，经由M1机动车道到伦敦大约要花一个半小时。它是在20世纪60年代被指定开发为新市镇的，过去则是一个皮革行业的制造中心，尤其是制鞋业。那个时代兴建的排房中，大多数仍然保留到现在。该城当前大多数的就业单位都属于金融或物流部门。图38和图39的航摄照片显示了老镇中心以及新近的住宅开发区。如今，诺桑普顿是伦敦的通勤市镇。它还拥有诺桑普顿大学，学生人数一万多。在英国的新市镇中，许多都将轨道交通车站作为它们市镇特征的中心。

图38　诺桑普顿市镇中心，航摄照片[43]

[43]图片来自“谷歌地球”。

图39　诺桑普顿老镇中心以外的周边住宅，航摄照片[44]

New housing developments 新建住宅开发区　　　Old town center 老镇中心

## 英国彼得伯勒（就业中心）

- **位置**：东英格兰，伦敦以北138公里（86英里）处。
- **创立日期**：1967年7月21日。
- **面积**：343.4平方公里（132.6平方英里）。
- **人口**：163,300（2007年）。
- **就业职位**：98,000（2002年）。
- **住宅套数**：65,380（2001年）。
- **来源**：www.peterborough.gov.uk；www.nomisweb.co.uk。

彼得伯勒在伦敦以北，若经由M1机动车道，两地相距大约一个小时的路程。它曾经以制砖业而闻名。20世纪60年代，新市镇计划刺激了对市中心购物与零售开发区的大量投资，而这些地方当前正在重建。从20世纪70年代初到90年代，由于许多服务行业进驻，该城得到了发展。如今，彼得伯勒已成为东英格兰的主要就业中心。图40显示了该城的中心地区，其中椭圆形部分突出显示了朝向左方的火车站，以及朝向右方的地区公共汽车枢纽站。它们的位置紧挨着，成为该城以及该地区的交通枢纽。

[44]图片来自“谷歌地球”。

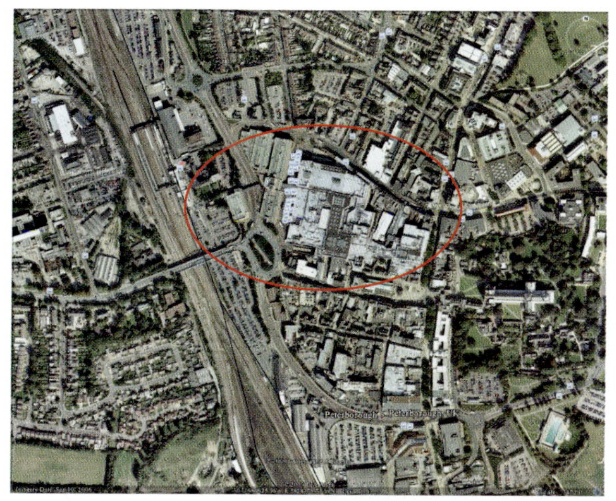

图40　彼得伯勒中心区一部，航摄照片[45]

彼得伯勒住宅区的细部照片（图41）显示了该地区内密集的住房、街道网络、开放空间以及公交路线。

图41　彼得伯勒住宅区一部，航摄照片[46]

## 美国加州普莱桑顿（就业中心/市郊住宅区）

- **位置：**旧金山湾区东部外围，旧金山以东大约64.5公里（40英里）处。
- **始建年代：**1850年。
- **首席设计师：**无。
- **面积：**54平方公里（21平方英里）。
- **人口：**（美国人口局美国社区调查，2005~2007年）。
- **就业职位：**61,999（加州人口局，2006年）。
- **住宅套数：**25,700（美国人口局美国社区调查，2005~2007年）。

[45]图片来自“谷歌地球”。

[46]图片来自“谷歌地球”。

加州的普莱桑顿在旧金山湾区（图42），属于市郊城镇。它主要是按照以小汽车为取向的模式来开发的，因为I－580和I－680这两条高速公路将它与旧金山都会区的其他地方连接起来。BART系统的一条延长线提供与湾区其他地方的公交连接线。此外，通过阿特蒙通勤特快（ACE）这套通勤轨道交通系统，普莱桑顿还与圣荷西和斯托克顿相连。

图42 普莱斯顿中心区，航摄照片[47]

## 美国弗吉尼亚州雷斯顿

- **位置：**弗吉尼亚州费尔法克斯县，华盛顿哥伦比亚特区以西32公里（20英里）处。
- **创立日期：**1964年4月20日。
- **首席设计师：**罗伯特·E.西蒙。
- **面积：**45.0平方公里（17.4平方英里）。
- **人口：**51,042（美国人口局美国社区调查，2005~2007年）。
- **就业职位：**52,015 （加州人口局，2006年）。
- **住宅套数：**26,741（美国人口局美国社区调查，2005~2007年）。

[47]图片来自“谷歌地球”。

弗吉尼亚州的雷斯顿属于规划社区，与华盛顿哥伦比亚特区中心相距30分钟的车程。雷斯顿被指定为高密度的中心区，并修建零售店和写字楼。但是，在大规模建成住房之前，这一中心并未得到发展，居民大多数都通勤到其他地方上班，有许多还养成了到其他地方购物、休闲的习惯。在图43中，需要注意中心周围（以及更远处）层次良好的街道，这些属于方便活动的工具。这一高密度中心建有许多公共空间设施，如广场和公园。

图43　雷斯顿中心，航摄照片[48]

## 英国特尔福德（就业中心）

- **位置**：英国中西部，伯明翰以西53公里（33英里）处。
- **创立日期**：1968年11月29日。
- **开发商**：道利新市镇开发公司。
- **面积**：79.4平方公里（30.6平方英里）。
- **人口**：161,700 （2007年）。
- **就业职位**：88,000 （2002年）。
- **住宅套数**：53,943 （2001年）。
- **来源**：www.telford.gov.uk； www.nomisweb.co.uk。

[48]图片来自“谷歌地球”。

特尔福德在伯明翰以东，两地相距大约40分钟的路程。它的发展历史颇为曲折。它的兴建目的，是为了给伯明翰的贫民区人口提供住房。随着机动车道的修建（在图44中可见），大型物流和装配中心便发展起来（图44中可以看出，在机动车道以东），同时还修建了更多的住宅区。它吸引了高科技的制造公司前来落户，但是，由于裁员以及制造业迁出英国，这种专门化的经济遭到重挫。

图44 特尔福德鸟瞰，航摄照片[49]

宏伟的特尔福德购物大厦（图45）为这一地区提供了宽敞的停车场所，包括停车库。该地区的公共交通也相当便利。不过，这样的发展模式有着局限性，因为在大厦关闭后，当地

图45 购物大厦及周边地区，航摄照片

[49]图片来自“谷歌地球”。

便没有夜生活或街道生活。特尔福德本是为着特殊目的而开发的（也就是提供住房），但后来却因为不同的市场需求而走上了另外的发展道路。规划者应该认识到，将某个城市指定为市郊住宅区或就业中心从来都是不够的。规划是一项持续的工作，需要预计到变化情况，而且还需要对这些情况进行周密审视，从而使政策能够得到相应的调整。

## 瑞典魏林比（市郊住宅区）

- **位置：**在斯德哥尔摩地铁区内，斯德哥尔摩市中心西北13公里（8英里）处。
- **始建年代：**20世纪50年代初。
- **首席建筑师：**斯文 · 马克利乌斯。
- **面积：**1.4平方公里（0.5平方英里）。
- **人口：**7,147。
- **就业职位：**2,809。
- **住宅套数：**3,969。
- **来源：**www.usk.stockholm.se （2008年）。

为了打击土地投机，并缓解城市中的拥挤状况，斯德哥尔摩购买了大片土地，意在改善住房条件。魏林比是在20世纪50年代初作为斯德哥尔摩的郊区来规划的（图46），当时计划通过轨道交通来将它与城市连接起来。它是作为“工作—住房中心”来设计的，表明它意在达到就业与住房之间的良好平衡，并且准备发展成为独立的城市。不过，许多居民却在其他地方就业（尤其是在斯德哥尔摩）。魏林比是新市镇的一个原型，它经过精心设计，市镇中心的密度更高，主要的商业区都分布在轨道交通站附近。步行与骑自行车得到了优先待遇，交通实现了慢行化。

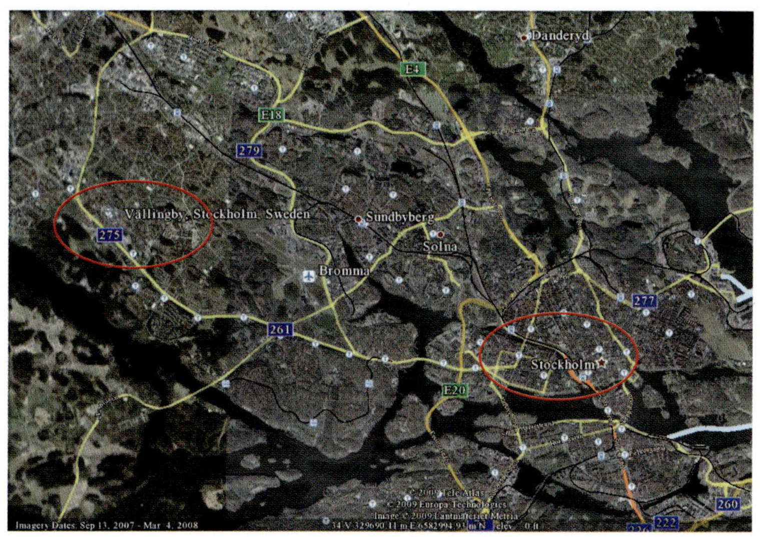


图46　魏林比在斯德哥尔摩市的位置[50]

[50]图片来自“谷歌地球”。

## 美国华盛顿哥伦比亚特区（独立城市）

- **位置：**位于美国东北部，马里兰州和弗吉尼亚州之间的波托马河与阿纳卡斯蒂亚河汇流处。
- **始建年代：**1790年。
- **首席设计师：**皮埃尔·查尔斯·朗方。
- **面积：**177平方公里（68.3平方英里）。
- **人口：**585,300（美国人口局美国社区调查，2005~2007年）。
- **就业职位：**691,000（就业部）。
- **住宅套数：**282,400（美国人口局美国社区调查，2005~2007年）。

华盛顿哥伦比亚特区是18世纪末由皮埃尔·查尔斯·朗方设计的都城（图47）。这个项目是乔治·华盛顿委办的。这座城市成为政府与国际机构的主要就业中心，其中哥伦比亚特区的就业职位几乎达到70万个（美国劳工部、劳工统计局）。规划者对城市中的建筑物高度进行了限制，因而，华盛顿哥伦比亚特区的密度介于低到中等。

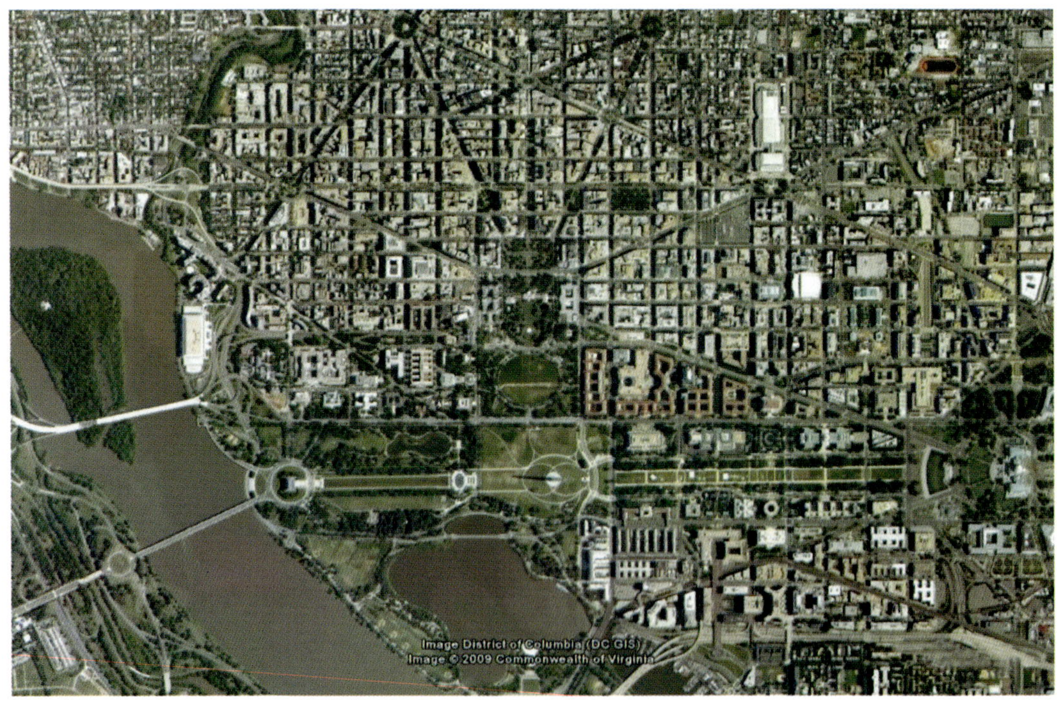


图47 华盛顿哥伦比亚特区，航摄照片[51]

[51]图片来自“谷歌地球”。

# 附录2
# 美国就业地点数据（实例）

美国就业地点数据见图48~图55。

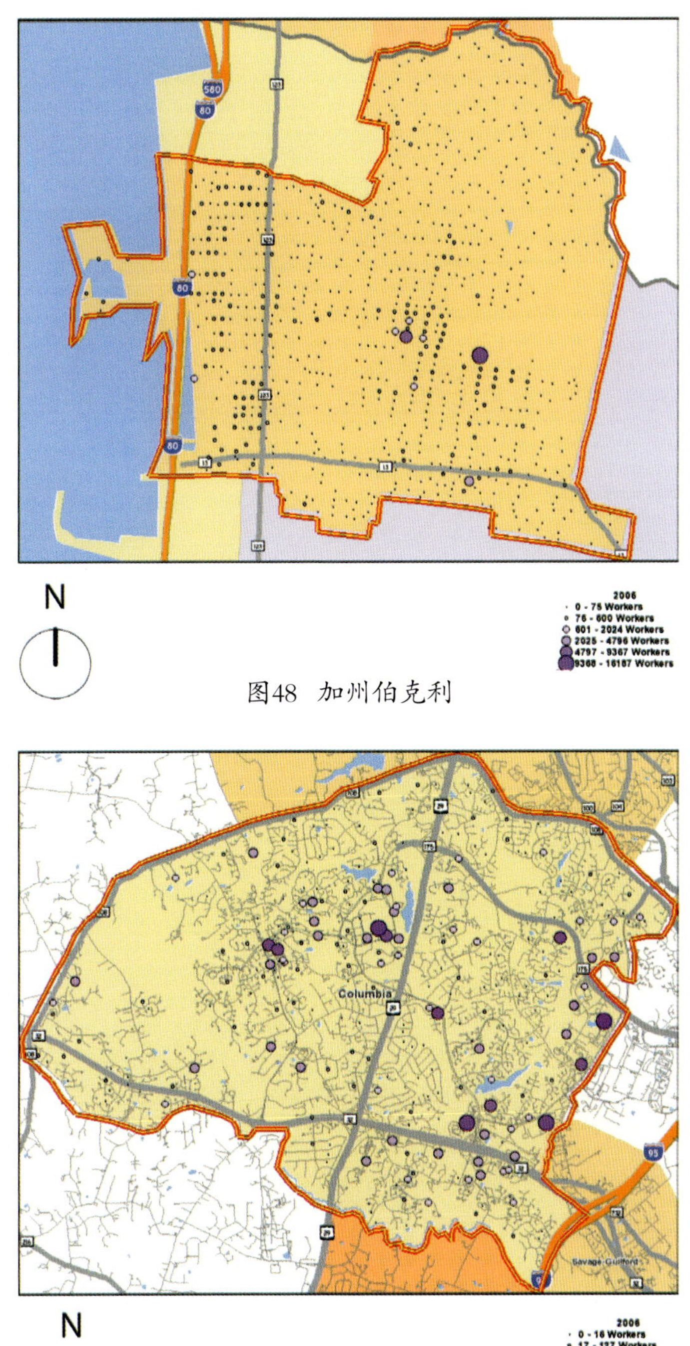


图48　加州伯克利

图49　马里兰州哥伦比亚

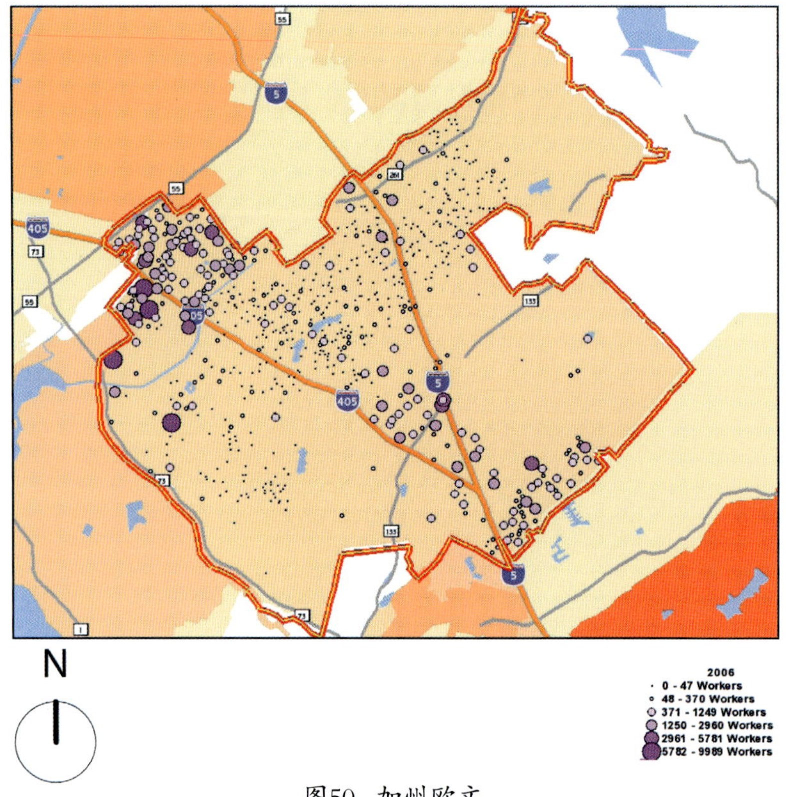


图50　加州欧文

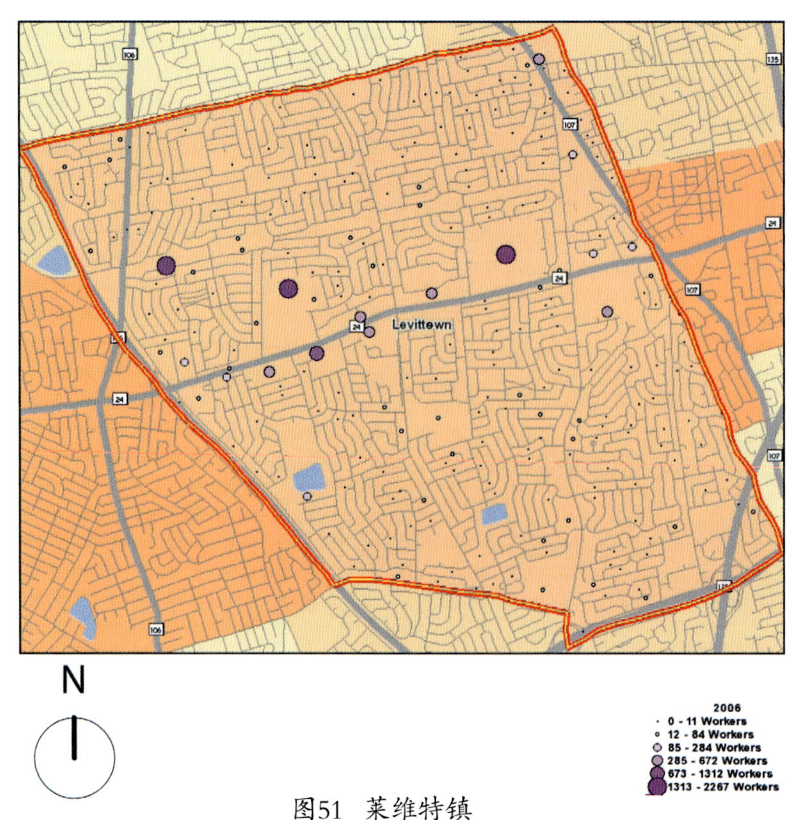


图51　莱维特镇

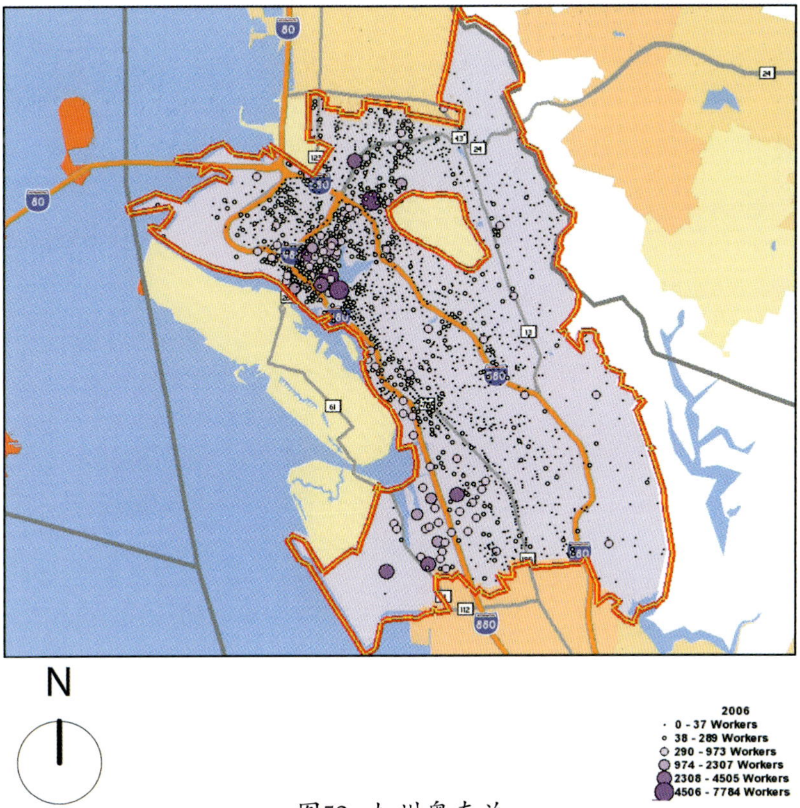

N
2006
0 - 37 Workers
38 - 289 Workers
290 - 973 Workers
974 - 2307 Workers
2308 - 4505 Workers
4506 - 7784 Workers

图52　加州奥克兰

Pleasanton
N
2006
0 - 23 Workers
24 - 182 Workers
183 - 612 Workers
613 - 1449 Workers
1450 - 2830 Workers
2831 - 4891 Workers

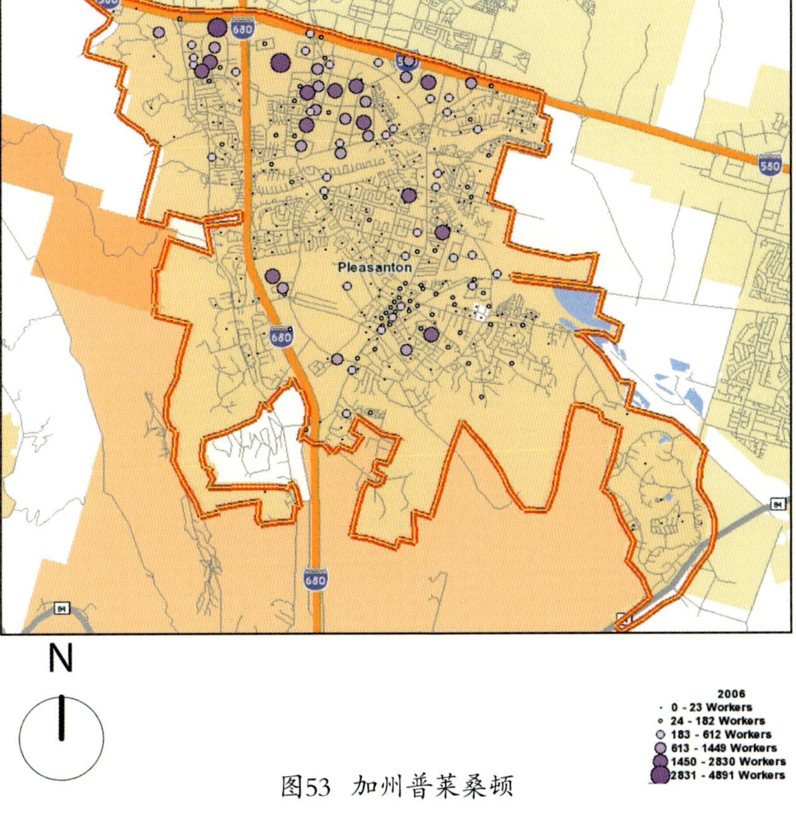

图53　加州普莱桑顿

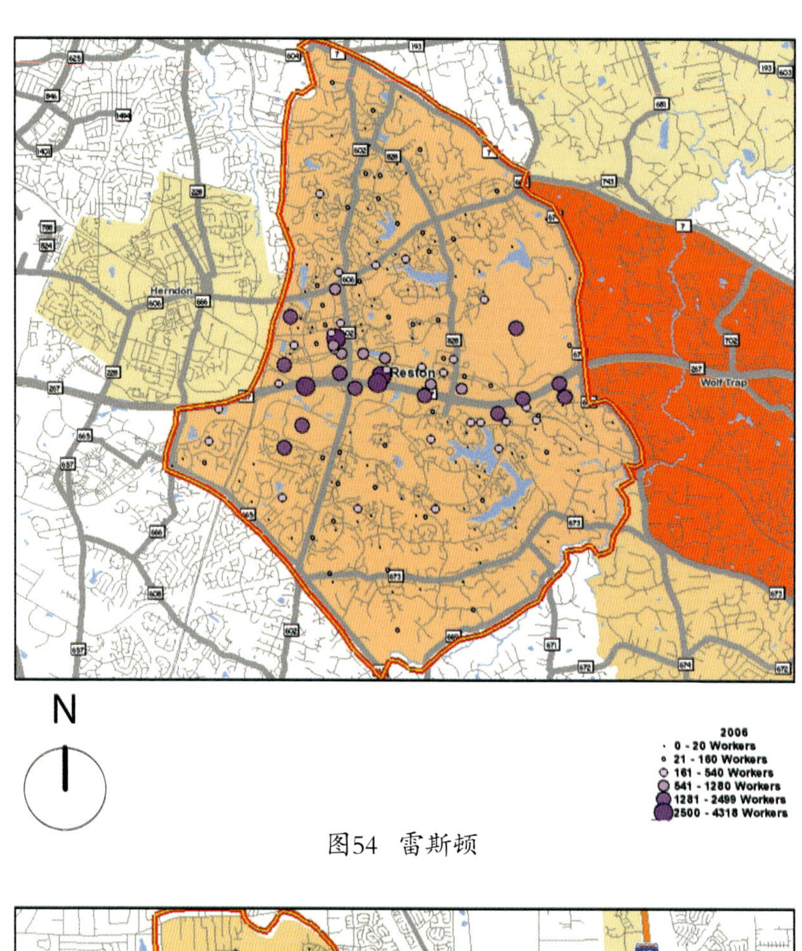


图54 雷斯顿

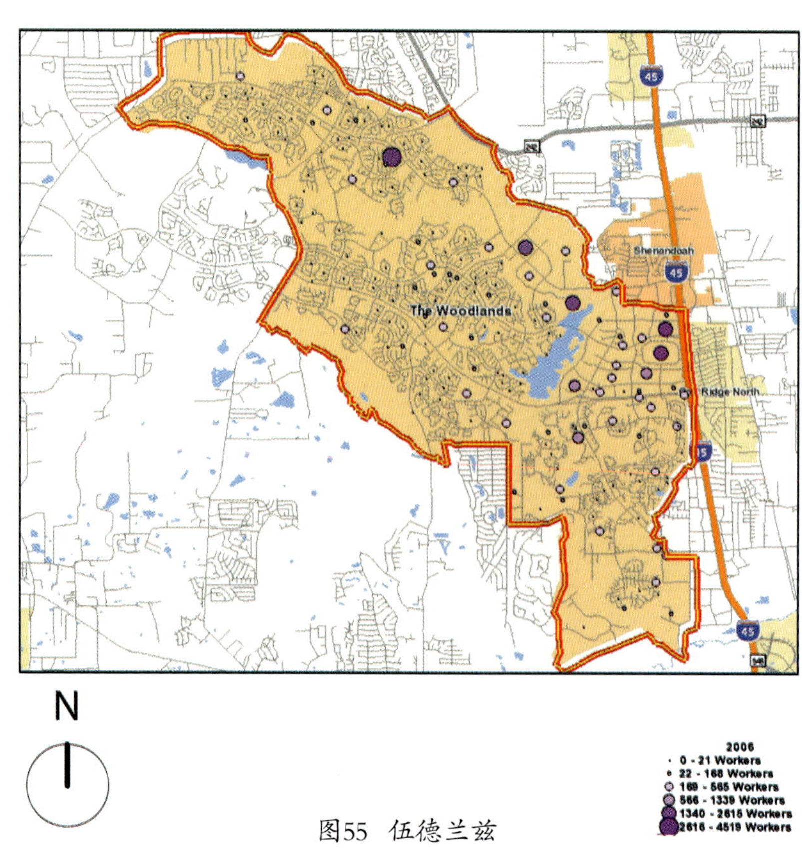


图55 伍德兰兹

# 附录3 “新市镇”的特点：人口与平均人口密度

| 新市镇 | 定位 | 面积（平方公里） | 面积（平方英里） | 居住人口 | 人口数据采集年份 | 平均人口密度（每平方公里的人数） | 平均人口密度（每英亩的套数） |
|---|---|---|---|---|---|---|---|
| 香港元朗新镇 | 市郊住宅区 | 5.6 | 2.2 | 137,700 | 2008 | 24,545 | 99.3 |
| 德国弗莱堡市沃班镇 | 市郊住宅区 | 0.4 | 0.1 | 5,000 | 预计 | 13,158 | 53.2 |
| 法国拉德芳斯 | 就业中心 | 1.6 | 0.6 | 20,844 | 2006 | 13,028 | 52.7 |
| 韩国新松岛城 | 就业中心 | 6.1 | 2.3 | 65,000 | 预计 | 10,708 | 43.3 |
| 法国埃松省埃夫里 | 就业中心/市郊住宅区 | 8.3 | 3.2 | 52,651 | 2006 | 6,321 | 25.6 |
| 瑞典魏林比 | 市郊住宅区 | 1.4 | 0.5 | 7,147 | 2008 | 5,217 | 21.1 |
| 印度新孟买 | 市郊住宅区 | 344.0 | 132.8 | 1,429,463 | 2007 | 4,155 | 16.8 |
| 美国加州伯克利 | 就业中心/市郊住宅区 | 27.1 | 10.5 | 107,268 | 2005~2007 | 3,958 | 16.0 |
| 美国华盛顿哥伦比亚特区 | 独立城市 | 159.0 | 61.4 | 585,267 | 2005~2007 | 3,681 | 14.9 |
| 美国纽约莱维特镇 | 市郊住宅区 | 17.8 | 6.9 | 53,315 | 2005~2007 | 2,995 | 12.1 |
| 英国米尔顿·凯恩斯 | 就业中心/市郊住宅区 | 89.0 | 34.4 | 228,400 | 2007 | 2,566 | 10.4 |
| 美国加州奥克兰 | 就业中心/市郊住宅区 | 145.2 | 56.1 | 372,247 | 2005~2007 | 2,564 | 10.4 |
| 英国诺桑普顿 | 就业中心 | 80.8 | 31.2 | 202,800 | 2007 | 2,510 | 10.2 |
| 法国塞吉·蓬图瓦兹 | 市郊住宅区 | 80.5 | 31.1 | 187,389 | 2006 | 2,328 | 9.4 |
| 英国特尔福德 | 就业中心 | 79.4 | 30.7 | 161,700 | 2007 | 2,037 | 8.2 |
| 美国马里兰州哥伦比亚 | 就业中心/市郊住宅区 | 71.4 | 27.6 | 91,398 | 2005~2007 | 1,280 | 5.2 |
| 美国加州普莱桑顿 | 就业中心/市郊住宅区 | 56.1 | 21.7 | 70,893 | 2005~2007 | 1,264 | 5.1 |

（续上表）

| 新市镇 | 定位 | 面积（平方公里） | 面积（平方英里） | 居住人口 | 人口数据采集年份 | 平均人口密度（每平方公里的人数） | 平均人口密度（每英亩的套数） |
|---|---|---|---|---|---|---|---|
| 美国弗吉尼亚州雷斯顿 | 就业中心 | 44.4 | 17.1 | 51,042 | 2005~2007 | 1,150 | 4.7 |
| 美国加州欧文 | 就业中心/市郊住宅区 | 179.7 | 69.4 | 186,220 | 2005~2007 | 1,036 | 4.2 |
| 美国德州伍德兰兹 | 就业中心 | 60.6 | 23.4 | 62,311 | 2005~2007 | 1,028 | 4.2 |
| 德国汉诺威康斯伯格 | 市郊住宅区 | 12.0 | 4.6 | 6,600 | 2004 | 550 | 2.2 |
| 英国彼得伯勒 | 就业中心 | 343.4 | 132.6 | 163,300 | 2007 | 476 | 1.9 |
| 巴西首都巴西利亚 | 独立城市 | 5,802.0 | 2,240.2 | 2,455,903 | 2007 | 423 | 1.7 |
| 澳大利亚堪培拉 | 独立城市 | 814.2 | 314.4 | 323,056 | 2006 | 397 | 1.6 |

# 附录4
# 新市镇实例的住房数据

| 新市镇 | 定位 | 住宅套数 | 住宅套数采集年份 | 平均住房密度（每平方公里的套数） | 平均住房密度（每英亩的套数） |
|---|---|---|---|---|---|
| 香港元朗新镇 | 市郊住宅区 | 148,600 | 2009 | 26,488 | 107.2 |
| 法国拉德芳斯 | 就业中心 | 21,000 | 估计 | 13,125 | 53.1 |
| 德国弗莱堡市沃班镇 | 市郊住宅区 | 1,750 | 预计 | 4,605 | 18.6 |
| 韩国新松岛城 | 就业中心 | 22,500 | 预计 | 3,707 | 15.0 |
| 瑞典魏林比 | 市郊住宅区 | 3,969 | 2008 | 2,897 | 11.7 |
| 法国埃松省埃夫里 | 就业中心/市郊住宅区 | 19,982 | 2006 | 2,399 | 9.7 |
| 美国华盛顿哥伦比亚特区 | 独立城市 | 282,411 | 2005~2007 | 1,776 | 7.2 |
| 美国加州伯克利 | 就业中心/市郊住宅区 | 46,602 | 2005~2007 | 1,720 | 7.0 |
| 美国加州奥克兰 | 就业中心/市郊住宅区 | 163,341 | 2005~2007 | 1,125 | 4.6 |

（续上表）

| 新市镇 | 定位 | 住宅套数 | 住宅套数采集年份 | 平均住房密度（每平方公里的套数） | 平均住房密度(每英亩的套数) |
|---|---|---|---|---|---|
| 英国米尔顿·凯恩斯 | 就业中心/市郊住宅区 | 99,949 | 2009 | 1,123 | 4.5 |
| 英国诺桑普顿 | 就业中心 | 88,000 | 无 | 1,089 | 4.4 |
| 美国纽约莱维特镇 | 市郊住宅区 | 17,864 | 2005~2007 | 1,004 | 4.1 |
| 法国塞吉·蓬图瓦兹 | 市郊住宅区 | 71,673 | 2006 | 890 | 3.6 |
| 英国特尔福德 | 就业中心 | 53,943 | 2001 | 679 | 2.7 |
| 印度新孟买 | 市郊住宅区 | 210,773 | 2007 | 613 | 2.5 |
| 美国弗吉尼亚州雷斯顿 | 就业中心 | 26,741 | 2005~2007 | 602 | 2.4 |
| 美国马里兰州哥伦比亚 | 就业中心/市郊住宅区 | 37,478 | 2005~2007 | 525 | 2.1 |
| 美国加州普莱桑顿 | 就业中心/市郊住宅区 | 25,698 | 2005~2007 | 458 | 1.9 |
| 美国德州伍德兰兹 | 就业中心 | 24,217 | 2005~2007 | 400 | 1.6 |
| 美国加州欧文 | 就业中心/市郊住宅区 | 69,076 | 2005~2007 | 384 | 1.6 |
| 德国汉诺威康斯伯格 | 市郊住宅区 | 3,000 | 2004 | 250 | 1.0 |
| 英国彼得伯勒 | 就业中心 | 65,380 | 2001 | 190 | 无 |
| 澳大利亚堪培拉 | 独立城市 | 131,274 | 2006 | 161 | 0.7 |
| 巴西首都巴西利亚 | 独立城市 | 547,465 | 2001 | 94 | 0.4 |

# 附录5 新市镇实例的就业情况

| 新市镇 | 定位 | 住宅套数 | 就业职位数量 | 数据采集年份 | 就业职位与住房之比 | 来源 |
|---|---|---|---|---|---|---|
| 韩国新松岛城 | 就业中心 | 22,500 | 300,000 | 预计 | 13.33 | www.yrgsustainability.com |
| 法国拉德芳斯 | 就业中心 | 21,000 | 150,000 | 估计 | 7.14 | 法国国家统计与经济研究局，估计住房套数以皮托的统计数据为基础 |

（续上表）

| 新市镇 | 定位 | 住宅套数 | 就业职位数量 | 数据采集年份 | 就业职位与住房之比 | 来源 |
|---|---|---|---|---|---|---|
| 美国加州欧文 | 就业中心/市郊住宅区 | 69,076 | 221,074 | 2006 | 3.20 | 美国人口局 |
| 美国华盛顿哥伦比亚特区 | 独立城市 | 282,411 | 691,000 | 2008 | 2.45 | 就业部 |
| 美国加州普莱桑顿 | 就业中心/市郊住宅区 | 25,698 | 61,999 | 2006 | 2.41 | 美国人口局 |
| 法国埃松省埃夫里 | 就业中心/市郊住宅区 | 19,982 | 40,012 | 2006 | 2.00 | 法国国家统计与经济研究局 |
| 美国弗吉尼亚州雷斯顿 | 就业中心 | 26,741 | 52,015 | 2006 | 1.95 | 美国人口局 |
| 英国特尔福德 | 就业中心 | 53,943 | 88,000 | 2002 | 1.63 | 英国人口局 |
| 英国彼得伯勒 | 就业中心 | 65,380 | 98,000 | 2002 | 1.50 | 英国人口局 |
| 英国诺桑普顿 | 就业中心 | 88,000 | 128,000 | 2002 | 1.45 | 英国人口局 |
| 英国米尔顿·凯恩斯 | 就业中心/市郊住宅区 | 99,949 | 145,000 | 2002 | 1.45 | 英国人口局 |
| 美国加州伯克利 | 就业中心/市郊住宅区 | 46,602 | 66,464 | 2006 | 1.43 | 美国人口局 |
| 美国马里兰州哥伦比亚 | 就业中心/市郊住宅区 | 37,478 | 51,634 | 2006 | 1.38 | 美国人口局 |
| 法国塞吉·蓬图瓦兹 | 市郊住宅区 | 71,673 | 92,942 | 2006 | 1.30 | 法国国家统计与经济研究局 |
| 美国德州伍德兰兹 | 就业中心 | 24,217 | 27,240 | 2006 | 1.12 | 美国人口局 |
| 美国加州奥克兰 | 就业中心/市郊住宅区 | 163,341 | 164,426 | 2006 | 1.01 | 美国人口局 |
| 巴西首都巴西利亚 | 独立城市 | 547,465 | 550,000 | 2002 | 1.00 | 霍兰达（2002年） |
| 德国汉诺威康斯伯格 | 市郊住宅区 | 3,000 | 3,000 | 2004 | 1.00 | Rumming（2004） |
| 瑞典魏林比 | 市郊住宅区 | 3,969 | 2,809 | 2007 | 0.71 | 斯德哥尔摩研究与统计局 |
| 美国纽约莱维特镇 | 市郊住宅区 | 17,864 | 12,080 | 2006 | 0.68 | 美国人口局 |
| 德国弗莱堡市沃班镇 | 市郊住宅区 | 1,750 | 600 | 预计 | 0.34 | 城市网站 |
| 香港元朗新镇 | 市郊住宅区 | 148,600 | 无 | 无 | 无 | 无 |
| 澳大利亚堪培拉 | 独立城市 | 131,274 | 无 | 无 | 无 | 无 |
| 印度新孟买 | 市郊住宅区 | 210,773 | 无 | 无 | 无 | 无 |

# 第 4 篇

# 交通需求管理：建设绿色交通与和谐交通的机遇

Michael A. Replogle
Michael Kondransky
刘岱宗
Rachel Weinberger
John Kaehny
Matt Rufo
Felix Creutzig

# Travel Demand Management in Beijing
# 北京交通需求管理

建设绿色交通、科技交通与和谐交通的机遇
Opportunities for Green, High-Tech, Equitable Transport

# 1 摘要

机动车的快速增长为多数人带来便利的同时，也带来了诸如交通拥堵、交通事故伤亡和损害健康的空气污染、对进口石油的依赖，以及经济和社会发展失衡等一系列问题。目前，我国相关城市逐渐认识到了机动车交通实施管理对构建可持续城市发展的必要性，同时也高度重视由于机动车不断增长对低收入、老弱幼残等弱势群体的交通公平性问题。

以北京市为例，2008年奥运会举办期间空气污染降低、交通延误减少等社会效益，进一步体现公共交通、自行车、步行等交通方式的高效合理性。同时，采取的限制一半小汽车工作日出行等临时措施也取得了不错的成效。奥运会之后，相关交通部门延续了每周少开一天车、公交优先等措施。上述这些为交通需求管理（TDM）的进一步推广和实施奠定了坚实的基础，有助于确保步行、自行车和公共交通等在城市交通发展中的主导地位，扭转由于拥堵、交通事故等导致公交和慢性系统使用率下降的局面。

本篇报告在基于分析北京交通需求管理现状的基础上，回顾了世界交通需求管理取得的成功经验，并对最有前景的停车收费与管理、公务车管理、拥堵收费这3方面措施进行集中分析。最后推荐以下措施，为我国大城市的交通需求管理政策制定提供参考。

- 提高对全市停车泊位数量和收费等资料的收集。包括路边和非路边停车的，按时段收费的和按星期收费的，按机动车等级收费的以及按街区收费的所有停车场，以便对停车进行更好的管理。
- 取缔高质量公共交通附近地区的最低停车位要求，根据交通分担比例限制相应的停车位供给。应该在可能实现交通分担比例目标的地方减少最低停车位要求，同时更多的依靠收费手段来分配停车位；应鼓励或者要求开发商提供方便的自行车停车点、有顶盖或者遮蔽的人行道和其他便利设施，以取代一些停车点；加大开发商在停车等交通管理区域内参与激励措施、定价和政策制定的力度。
- 制定基于通勤的停车策略，推广拼车并结合其他措施，包括“停车现金预支政策”或者“停车激励现金替代机制”、拼车停车优先、公交出勤补贴以及在工作地点提供自行车停靠点等。
- 推行欧洲已广泛应用的路边停车收费咪表以显示不同街区不同时段的停车收费情况。
- 将在街区收取的部分停车费用来改善该街区的步行和自行车基础设施。
- 采用对公务车的管理措施，并通过对一卡通提供补贴来鼓励使用公交，通过各交通方式间差异性费用支付引导使用公共交通方式。尤其针对城市核心区的机关单位公务车辆也应采取类似的管理措施。
- 依靠交通摄像头和牌照辨识手段，采用道路使用收费来逐步取代已有的牌照限制措施；按时段收取道路使用费用于公共交通、步行和自行车基础设施建设，为机动车使用者提供更多的出行选择，从而有效地减少交通堵塞。建议有关部门着手评价道路使用收费制度的一些具体措施，将其作为试点项目的一部分，以了解公众对不同措施的反应。使用交通模型来评价不同假定情况下的效果，对开车的人进行抽样调查来评估道路使用收费的效果，监测他们的行为，并将结果告知重要利益相关方、媒体和其他相关各方。交通主管部门还应了解不同道路使用收费的合法性，确保为这一制度提供政治支持，并阐明实施道路使用收费的目标和要求。

交通需求管理“拉”与“推”匹配措施见表1。

表1　交通需求管理“拉”与“推”匹配措施（选择性措施）

| | 推 | 拉 |
|---|---|---|
| **政策/法规/经济措施** | **限制小汽车通行** | **提升公交服务** |
| | 道路收费 | 公交一体化和价格 |
| | 拥堵收费 | **改善自行车和步行基础设施** |
| | 销售税/进口关税 | |
| | 注册费/公路税 | |
| | 汽车配额系统 | |
| | 停车收费 | |
| | 停车管理 | |
| | 牌照限制 | |
| | 低排放区 | |
| **物理/技术措施** | **减少小汽车出行** | **提升公共交通服务质量** |
| | 减少停车场的数量 | 快速交通系统 |
| | 交通宁静区 | 公交专用线 |
| | 取缔陈旧的汽车设施 | 公交优先 |
| | 重新连接分割的居住区 | **提升公共基础设施服务** |
| | | 提高车辆的质量和性能 |
| | | 舒适的公交站点 |
| | | 便于寻找的路线和时间表信息 |
| | | **改善自行车基础设施建设** |
| | | 自行车专用道和停车 |
| | | 自行车路线标识和地图 |
| | | 公共自行车 |
| | | **改善步行基础设施建设** |
| | | 安全人行横道与路边行人道 |
| | | 步行区 |
| **规划/设计措施** | **综合土地使用规划** | **非机动车交通规划** |
| | 区域空间规划 | 设计街道布局以方便自行车和行人 |
| | 公共交通引导发展 | 加强街道联系 |
| | 设置停车位最大限额 | 地图及寻路标志 |

（续上表）

| | 推 | 拉 |
|---|---|---|
| 支持措施 | **实行拼车** | **公众意识** |
| | | 公交宣传 |
| | | 举办无车日等活动 |
| | | **单位员工通勤项目** |
| | | 弹性上下班，搭乘公共交通工具 |

## 出行行为价格敏感度分析

经济学家做出了大量切实的研究，表明价格变动影响出行行为，但是一些非经济学家常引用事例证明出行行为对价格不敏感，声称收费改革无法影响出行行为。比如，他们会引用新闻文章说目前汽油价格的上涨对于机动车的使用影响甚微，或者拿出一些数据指出高燃油税并不阻碍住在郊区的人继续使用小汽车。他们主张驾驶者太爱他们的汽车而无法放弃。这种结论部分正确，但大部分是错误的。

正如通常所认为的一样，汽车出行是缺乏弹性的，意思是价格改变1%所引起的行驶里程的变动不足1%。例如，如果燃油价格增长10%，只会影响短距离机动车出行1%的里程数及中距离出行3%的里程数；即使燃油价格增长50%，对消费者来说似乎是巨大的增长，但只会减少短距离机动车5%的里程数。对于大多数人来说，这个减少量实在微不足道。尽管随着时间的推移，消费者在诸如哪里居住或工作等长期决定中考虑价格的提升，但是燃油价格不是衡量出行弹性的有效指标。因为长远来看，消费者将会购买节能汽车。在过去几十年内（扣除物价上涨因素）汽车燃油的实际价格是显著下降的，而车辆运行的效率则有所增长。实际的燃油成本降低了1/3，而车辆的效率则平均增加了两倍。征收高昂燃油税的国家的居民倾向于购买节能汽车，并且人均车公里数会减少。例如，在英国燃油税比在美国高出大约8倍，燃油价格高出3倍，而英国车辆的节油效率是美国的2倍。每英里的燃油成本仅高出美国1.5倍，机动车出行公里数则每年减少20%，所以年燃油成本仅比美国高出1.25倍。在比较其他不同燃油价格的国家时我们也可以得出相似的结论，这表明汽车的使用对于价格其实是敏感的。

在燃油价格方面，驾驶的低弹性隐藏了一个全面的驾驶高弹性。燃油仅仅只占整个驾驶成本的1/4，从这角度来看对于停车费与过路费而言，驾驶的敏感性将会更大、更明显。适度的停车费用或道路使用费会对出行需求产生重大的影响。这些影响部分反映在目的地和路线的改变上，也反映在出行模式和出行距离的改变上（Pratt，1999）。当每英里或者每趟出行的成本有所增加，机动车驾驶者们更倾向于减少小汽车使用而更多地依靠其他出行方式。表2给出了价格变化对车辆所有者和使用者所产生的影响。

表2　不同价格类型的影响

| 影　响 | 车辆费用 | 燃油价格 | 固定通行费 | 拥堵费 | 停车费用 | 换乘费 |
|---|---|---|---|---|---|---|
| **车辆所有**：消费者增加或减少所拥有的车辆数 | √ | | | | √ | √ |
| 车辆种类：机动车驾驶者选择不同类型车辆（更加省油，替代燃料等） | √ | √ | | | | |
| 路线变动：出行者改变出行路线 | | | √ | √ | √ | |
| 时间变化：出行者避开高峰期出行 | | | | √ | √ | |
| 出行模式变化：出行者改变出行方式 | | √ | √ | √ | √ | √ |
| 目的地变化：出行者改变为其他目的地 | | √ | √ | √ | √ | √ |
| 出行发生：整体出行次数减少（包括固定出行） | | √ | √ | √ | √ | |
| 土地使用变化：重新选择居住和工作地点 | | | √ | | √ | √ |

来源：不同价格变化对出行行为产生不同影响。摘自Todd Litman所著的《交通弹性》，2007年，www.vtpi.org。

## 2 北京市交通需求管理现状

由于过去北京市在城市道路建设、停车设施、公共交通和非机动车基础设施等方面都进行了大量的投资，使得出行模式分担率迅速改变。步行和自行车，曾经是城市出行的最主要方式，现由于机动车的增长已经大幅下滑。在过去10年内，机动车保有量、小汽车分担率和出行车公里数都呈现迅猛增长之势，具体见图1与图2。

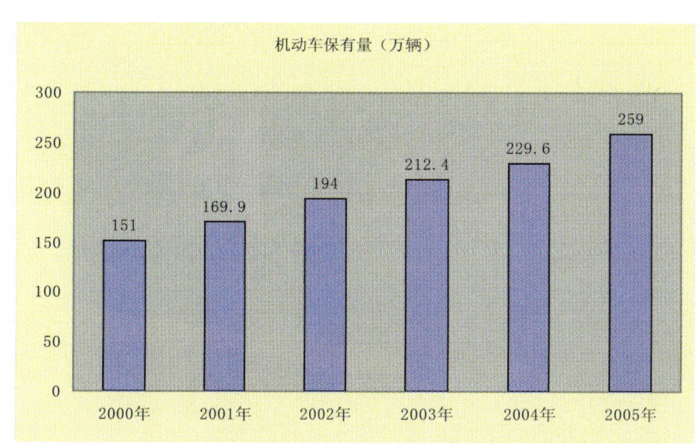


图1　北京市机动车保有量增长情况

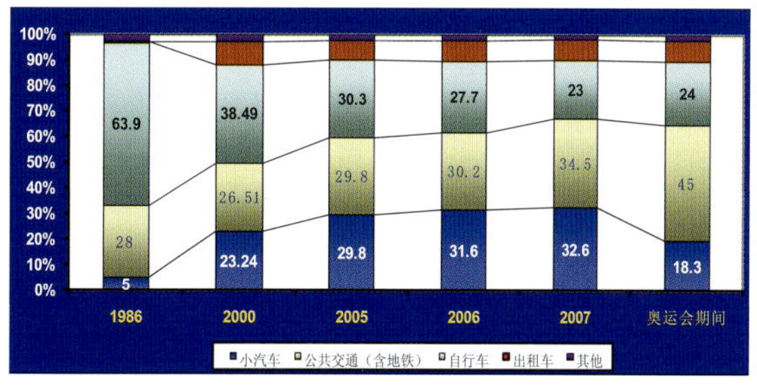


图2　北京市交通方式分担率变化情况

近些年，针对交通拥堵北京市也实施了一些“拉”与“推”的交通需求管理措施，并已取得了一定的成效。尤其是奥运会的成功举办进一步证实了综合实施需求管理措施的高效性。下面我们将对奥运会期间与目前采取的交通需求管理政策和措施以及其取得的成效进行介绍。

### 2.1　奥运会期间的交通需求管理政策措施及其效果

#### 2.1.1　奥运会期间的交通需求管理政策和措施

北京市有关官员从成功举办2008年奥运

会的经验中，已经认识到交通需求管理对减少空气污染和交通拥堵所起的作用。表3给出了奥运会之前、期间以及之后实施的不同层次的交通需求管理措施。

表3　北京奥运会之前、期间及之后的交通需求管理措施

<table>
<tr><th>时　期</th><th>开始日期</th><th>结束日期</th><th>交通需求管理政策与措施</th></tr>
<tr><td rowspan="2">奥运会之前<br>过渡性阶段</td><td>2008年7月1日</td><td>2008年7月19日</td><td rowspan="2">五环内从上午6点到晚上9点根据牌照的单双号隔天限制出行</td></tr>
<tr><td colspan="2">（在奥运村开放之前）</td></tr>
<tr><td rowspan="4">奥运会举办<br>期间限制阶段</td><td rowspan="4">2008年7月20日<br>（在奥运村开放之后）</td><td rowspan="4">2008年9月20日<br>（残奥会结束）</td><td>五环内从凌晨3点到晚上12点根据牌照的单双号隔天限制出行</td></tr>
<tr><td>推行奥林匹克特别通道</td></tr>
<tr><td>换乘和货运辅助性方案</td></tr>
<tr><td>实施弹性工作时间</td></tr>
<tr><td>奥运会之后<br>第一阶段</td><td>2008年9月21日</td><td>2009年4月10日</td><td></td></tr>
<tr><td>奥运会之后<br>第二阶段</td><td>2009年4月11日</td><td>目前在实施中，<br>到2009年8月终止</td><td>五环内从早上7点到晚上8点根据牌照的单双号每5个工作日有一天限制出行</td></tr>
</table>

在奥运会之前为期数周的过渡阶段，北京市根据车辆牌照单双号方案，限制车辆在早6点到晚9点之间进入五环以内，这使得每天有一半的注册车辆不在街道上行驶。对于国家机关、北京驻防部队、公安部门、市政府、企业和机构所有的车辆，每天禁止其中的30%在路上行驶。同时还组织了一项名为“更少的行驶为您带来绿色之行”的活动以鼓励广大市民自觉地减少车辆行驶。污染严重的车辆禁止在任何一天任何时候在街道上出现。来自其他省、地区和城市的车辆如果要进入北京市则要求符合国家排放标准。相应卡车则是要求通过112国道在北京市周边地区行驶。

在奥运会期间，汽车牌照单双号过渡性限行政策和其他出行限制在北京市得到了进一步的加强，以缓解交通和污染压力。根据汽车牌照单双号方案，从凌晨3点到第二天晚12点禁止在五环和五环以内地区使用。该项限制也适用于北京市70%的党政部门的车辆，以及在行政区域内的企业和机构的车辆。来自其他省、地区和城市的车辆如果要进入北京，满足排放要求的同时也需要遵守牌照单双号方案。这些措施也适用于一些主要的公路，如机场高速公路、八达岭高速公路和京承高速公路等。奥林匹克特别通道则是连接奥林匹克竞赛场馆、参加竞赛人员的住宿处和其他设施的全长283公里的机动车通道。

同时为了弥补机动车限制对于车辆所有者生活造成的影响，相关部门也制定了相应的缓解措施。对于一户家庭同时拥有两辆同为单号或者双号的车辆，允许他们更换车牌号码，使得每天每户能够驾驶一辆机动车[1]；允许车辆在半夜12点到第二天凌晨3点不受

[1]毫无疑问，这当然会使一些能够负担的家庭购买第2辆汽车。在较为富裕的人群中人为地促进汽车的购买，这是车牌号单双号限行方案所产生的消极影响之一。这反过来又助长了对汽车更严重的依赖和超时驾驶。

车牌单双号的限制；针对同时有奥林匹克特别通道和公交专用道的路段，私家车可以使用公交专用道行驶；对于受到部分行驶限制的机动车辆，可以免除3个月养路费。

另外北京市公共交通服务在奥林匹克运动会之前和运动会期间也得到了提高。通过切实增加车辆数，提升车辆运行效率，增开新线路以及其他措施来提高公共汽车和地铁的运输容量。通过弹性上下班和保证货运系统的特殊措施来满足生产和消费需要。

## 2.1.2 奥运会期间的交通需求管理效果

上述政策与措施的实施对交通和污染产生了深远的影响。图3表明在工作日早高峰期间路网速度提高了22%，晚高峰期间则提高了23.5%。图4表明北京市道路网络的交通拥堵指数在实施交通需求管理政策之后，出现了大幅度的下降。在奥运会交通需求管理政策实施的第一个过渡性阶段，交通拥堵指数从5.6下降到了2.7，而在第二个全面开展阶段，这一指数下降到1.7，表明交通状况非常通畅。毫无疑问这也将使空气污染大幅度下降，从而为解决公共健康问题作出较大贡献。

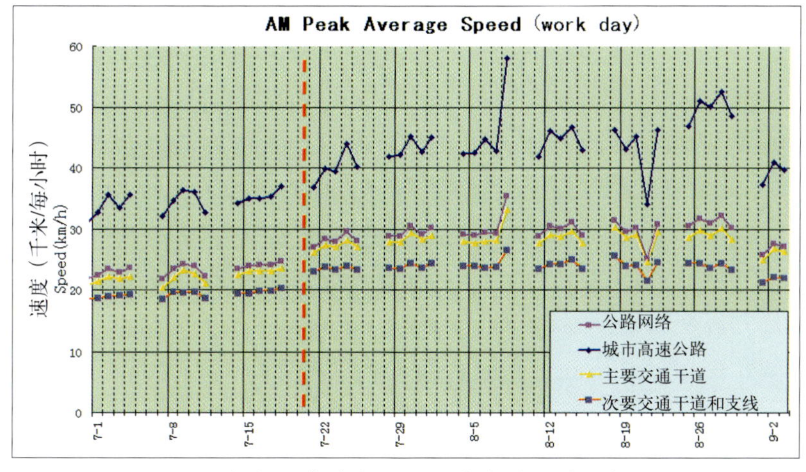


a)上午交通高峰期间平均速度（工作日）

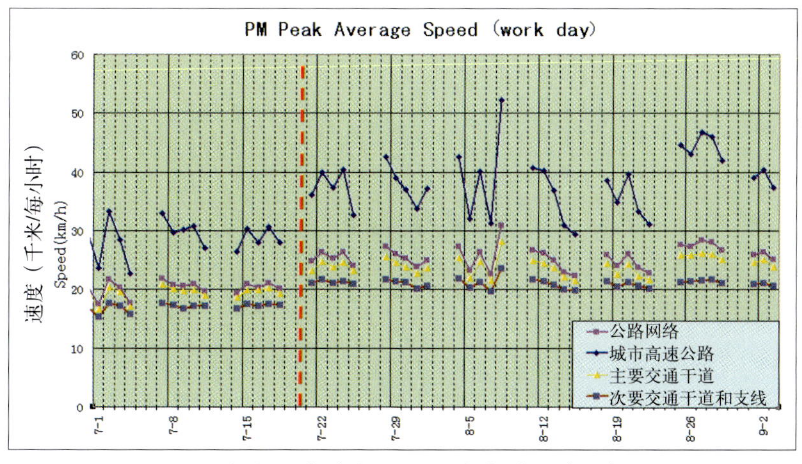


b)下午交通高峰期间平均速度（工作日）

图3 2008年7月20日开始实施更加严格的车牌单双号方案之后早、晚交通高峰平均速度变化

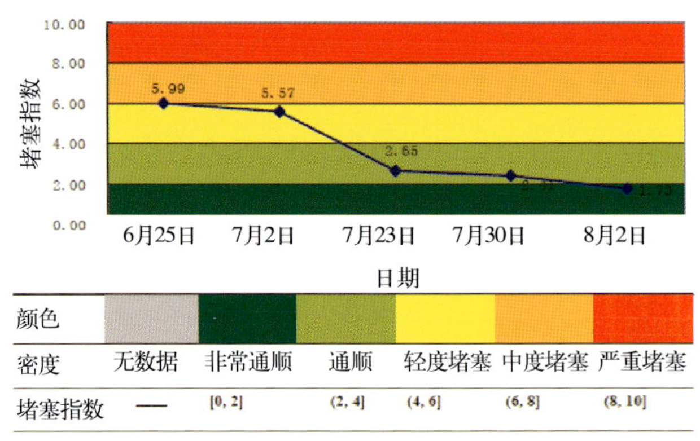


图4　实施奥运会交通需求管理政策之前和之后的交通拥堵情况对比

## 2.2 目前北京市实施的交通需求管理措施及其效果

为了帮助解决机动车辆的急速增长所带来的持续性问题，考虑到奥运期间交通运行效果良好，北京市政府在奥运之后，继续实施了以下管理措施。

### *2.2.1　现阶段实行的交通需求管理措施*

**1.公务车辆管理**

2009年4月3日，北京市政府发布了一条关于“继续实施交通需求管理”的公告。要求从2009年4月11日开始，北京政府机关继续每天限制30%的公务车辆的使用。北京市行政区域内的中央国家机关、北京市各级党政机关、中央和市所属的社会团体、事业单位和国有企业的公务用车继续按车牌尾号每周停驶一天（0时至24时），范围为北京市行政区域内道路 。

**2.私家车每周少开一天车 （假期和周末除外）**

该项措施主要针对北京市的私家车，同时也包括从其他省市进入北京市的车辆。根据它们的注册车牌号1和6、2和7、3和8、4和9、5和0，从2009年4月11日到2010年4月10日每13个星期为一轮（详情请见表4），规定在早7点到晚8点之间不得使用五环以内的道路（不包括五环上的道路）。另外，受到该项限制影响的车辆所有者在车辆税和养路费缴纳上可以有所减少。

表4　尾号限行轮换机制

| 轮换日期 | 星期一 | 星期二 | 星期三 | 星期四 | 星期五 |
|---|---|---|---|---|---|
| 2009.4.11~2009.7.10 | 5和0 | 1和6 | 2和7 | 3和8 | 4和9 |
| 2009.7.11~2009.10.9 | 4和9 | 5和0 | 1和6 | 2和7 | 3和8 |
| 2009.10.10~2010.1.8 | 3和8 | 4和9 | 5和0 | 1和6 | 2和7 |
| 2010.1.9~2010.4.10 | 2和7 | 3和8 | 4和9 | 5和0 | 1和6 |

### 3.公共交通优先

除了对小汽车采取措施之外，公共交通也得到了不同程度的加强。目前全市运营常规公交线路650条，投入车辆21,000辆，已建成公交专用道258.3公里，截至2010年公交专用道里程增加到450公里。大容量公共交通也得到了发展，累计运营长度200公里的6条地铁线路开通运行的同时，还修建了3条BRT线路以实现公交运能的合理过渡。预计到2015年再增加全长达到200公里的6条地铁线（这将使北京市地铁里程在当年达到561公里），详见图5、图6。公交投资方面，由于采取普通乘客刷卡4折优惠、学生刷卡2折优惠、老人免费等措施，政府每年投资约400亿元人民币（大约为70亿美元）弥补公交打折带来的亏损[2]。

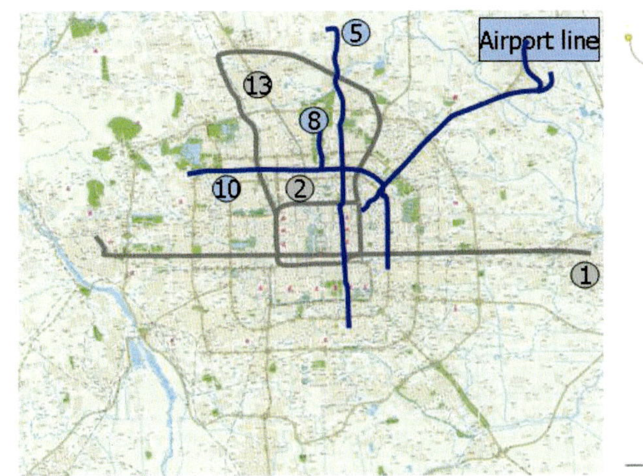


图5 已建成地铁线路

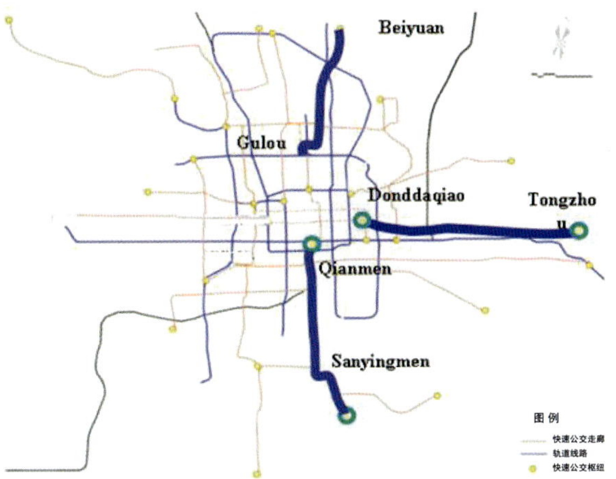


图6 已建成快速公交线路

### 4.无车日

2007年9月16日到22日，中国同时在108个城市举办了首个“无车日”活动。北京市作为参加城市之一，禁止除公共汽车和出租车之外的所有机动车从早7点到晚7点在王府井大街和前门大街上行驶，如图7、图8所示。以后每年的9月22日都将举办这项活动[3]。

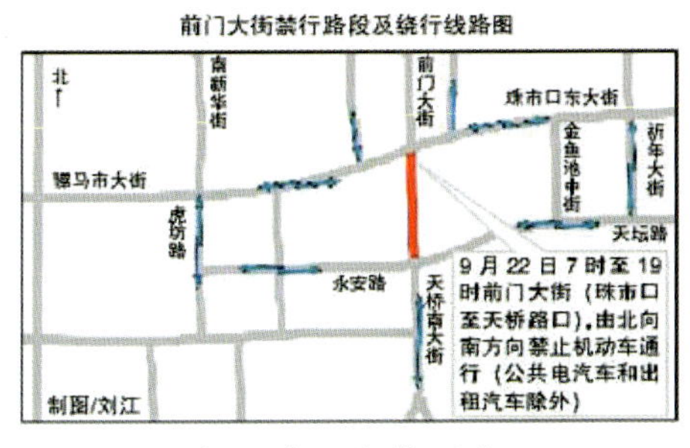


图7 前门大街限行

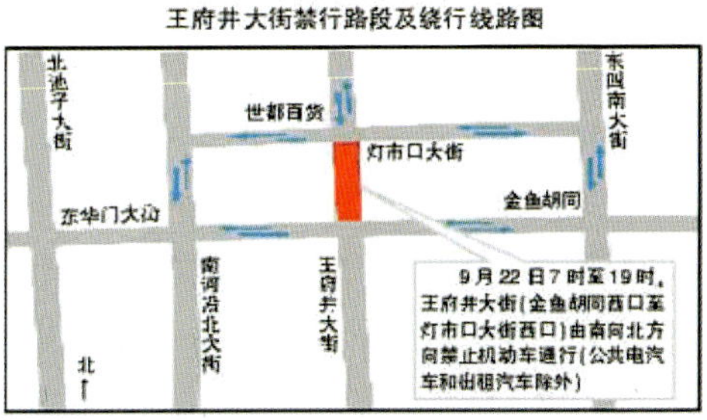

图8 王府井大街限行

[2]Wen Huimin，北京市交通研究中心，北京市可持续性城市交通政策和运行效果。

[3]来源：http://news.xinhuanet.com。

### 5.停车管理[4]

停车供应和需求管理是交通需求管理最重要的方面之一，北京市也采取了一些措施。

从城市不同区域的交通需求和可能提供的交通资源的实际情况出发，中心城与新城采用不同的交通设施供给与管理政策。旧城区按照整体风貌保护的要求，通过停车位供给总量控制、停车收费政策以及必要时对特定区域实行通行收费等手段，对小汽车交通实施相对从紧的管理政策。旧城以外的中心城对小汽车交通实行适度的调控政策。新城与郊区城镇为小汽车交通提供相对宽松的使用空间，新城的各类停车泊位总数要达到机动车保有量的1.2~1.3倍。

与此政策相关措施主要有建筑物车位配建指标和停车收费政策。2003年3月出台的《北京地区建设工程规划设计通则》对中大型公共建筑停车场进行重新修订，如表5所示。

表5　北京市公共建筑物停车空间供应要求

| 建筑类别 | | 计算单位 | 标准车位数（小型汽车） |
|---|---|---|---|
| 办公楼 | | 每1,000平方米建筑面积 | 6.5 |
| 商场 | 一类（大于10,000平方米建筑面积） | 每1,000平方米建筑面积 | 6.5 |
| | 二类（小于10,000平方米建筑面积） | 每1,000平方米建筑面积 | 4.5 |
| 医院 | 市级 | 每1,000平方米建筑面积 | 6.5 |
| | 区级 | 每1,000平方米建筑面积 | 4.5 |
| 展览馆 | | 每1,000平方米建筑面积 | 7 |
| 体育场馆 | 一类（15,000座位以上体育场或者3,000座位以上体育馆） | 每100个座位 | 4.2 |
| | 二类（15,000座位以下体育场或者3,000座位以下体育馆） | 每100个座位 | 1.2 |

由于机动化程度的加大，居住停车配建标准也进行了更新。2002年修订实施的《北京新建改建居住区公共服务设施配套建设指标》对北京旧城以外地区的新建与改建居住区配套公建的配置要求规定如下：

- 在三环路以外（包括旧城改造与零星加建的住宅）地区，按每千户500个车位标准设置；
- 在三环路以内，二环路以外地区，按每千户300个车位标准设置；
- 二环路以内旧城及危旧房改造区、历史文化保护区等特殊地区的车位标准应另行研究；
- 中高档商品住宅按每户1个车位的标准设置；
- 高档公寓与别墅按每户1.3个车位的标准设置。

2003年3月出台的《北京地区建设工程规划设计通则》，对居住区的配套停车位进行重新修订：

- 普通居住区按照三环以内3辆/10户，三环路以外5辆/10户；
- 公寓按照1辆/户；

[4]Chen Xuemei，北京市交通和停车政策。城市停车问题，2009年3月：14-18。

● 别墅区按照2辆/户。

2006年3月出台的《北京市居住公共服务设施规划设计指标》规定：居民车库0.4~1.4车位/户，含居民车库0.3~1.3车位/户，社会停车库0.1车位/户。

北京的停车收费政策也随着小汽车的增长做出相应的调整。在2002年6月6日，北京市发布了《机动车辆停车收费调整通知》，根据通知，机动车停车场收费实行政府定价与市场调节两种定价形式。其中，独立经营的地下停车库、停车楼停车收费实行市场调节价，居住小区地下停车库、停车楼按年或月包租停车位实行市场调节价。四环内露天停车场小型车每小时2元，王府井东单、西单、前门、金融街、朝外大街、崇外大街、朝阳商务中心区、中关村核心区等8处繁华商业区设置的露天停车场小型车每小时5元，大型公共建筑配建地下停车库、停车楼小型车每小时不高于5元。如果要长期租用，露天的停车位价格是小型车停车位每年租金1600元，大型车停车位每年2300元，或者每月分别为150元和210元[5]。2004年5月1日发行《关于调整我市机动车停放收费计时单位的通知》，计时单位从一小时调整为半小时，四环内露天停车场小型车每半小时1元，王府井东单等8处繁华商业区设置的露天停车场小型车每半小时2.5元，大型公共建筑配建地下停车库、停车楼小型车每半小时不高于2.5元。

北京市有关部门已经认识到调整停车政策有助于本市总体交通目标的实现。市运管局有关负责人表示，停车费涨价方案已经基本制订。依据基本拟订的差别化停车收费标准，北京将调整地面、地下停车费价格，调整路面停车场、地上停车费价格，调整路面停车场、路侧占道停车收费价格，调整中心区和其他区域的停车收费价格。通过价格杠杆，减少机动车进入城市中心区的频率，同时引导市民尽量减少地面路侧停车。

增设（P&R）的停车场也是北京市停车发展的一个重要方面。计划在市中心建设13个，在轨道沿线建设44个，在新城区建设30个以上。在合适的价格和更好的公共交通服务下，这些停车场将有助于约束一些驾车出行者将车辆驶入市中心，但必须为高容量的公共交通提供便利的自行车停车点以及步行通道。

**6.交通监测系统**

北京市已安装了精细的交通监测系统，可以进行重要的实时交通监测和管理。这些监测设施跟踪着数千条道路的交通状况、轨道和公交等的乘客流量情况以及交通系统的其他要素，特别是配备有汽车牌照自动识别系统（ALRS）的交通摄像头对五环以内的道路实行汽车牌照单双号限行方案以及地区交通管理的其他策略都有着重要的作用。总之，这些监测设施为北京市提供了一个坚实的基础，不仅可以支持实时交通监控、报告，还有助于开展积极的交通管理和分时间、地点或者距离的道路使用收费制度。

## 2.2.2　北京市交通系统运行效果评估

**1.总体评测结果**

北京市已经开发了一个覆盖范围广阔的检测系统，以对道路和公共交通网络的能效进行监控（图9、图10）。监测结果表明北京市交通管理系统所产生的综合效果是有效

[5]北京市车辆停车费用标准。

的，但还有提升的空间。即使目前的交通管理系统不像奥运会期间那么严格，但仍然对交通状况的缓解和污染的控制发挥了作用。

**2.分项测评结果**

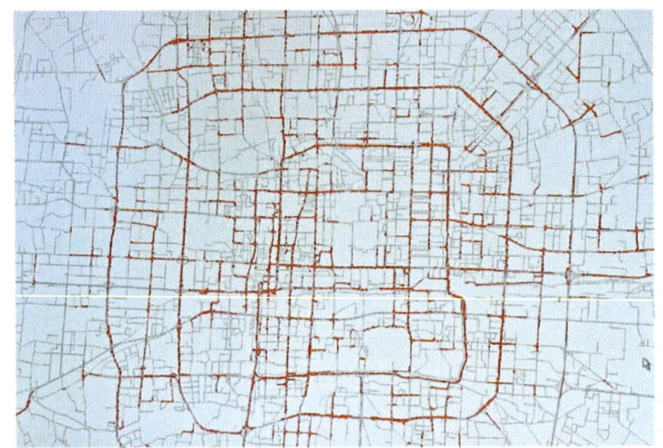

图9 北京市现有交通监测系统分布

图10 北京市监测系统

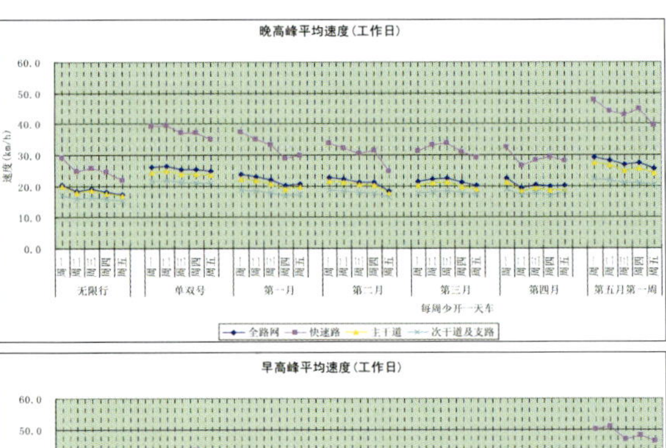


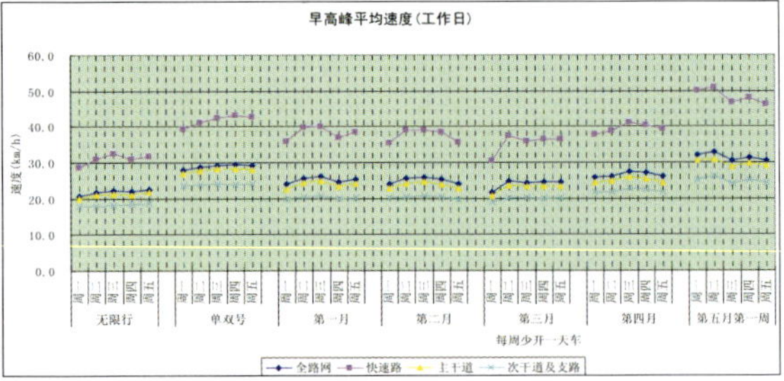


图11 上午和下午交通高峰时段速度对比图

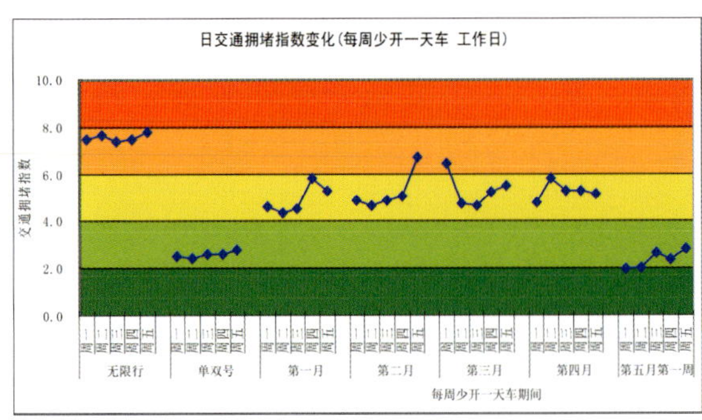


图12 交通堵塞指数对比

**● 路网运行速度提高，拥堵指数下降**

北京市将奥运会期间每隔一天限制车辆出行的措施（限制级别为50%）放松为每周少开一天车（限制级别为20%）之后，高峰时段的速度和拥堵指数均有所上升，但是程度仍然轻于未实施这些措施之前的情况。限制之后，早晚高峰期路网速度分别由基准情况上升了3.4公里/小时和2.6公里/小时，如图11所示。拥堵指数从7.54（解除限制的情况下）下降到5.15（限制级别为20%的情况下），如图12所示。拥堵时间从7小时45分钟减少到2小时30分钟。

**● 放任机动车发展带来的社会成本巨大**

北京市严重的交通拥堵困扰着整个城市，给北京市带来了比其他大都市更加严峻的挑战。每天有超过1,000辆汽车涌入已经拥挤不堪的街道。在一项最近的研究中，Creutzig和He（2009）分析了2005年六环以内的地区（包括了大约1,000万居民）机动化交通的社会成本。按照较低估算成本，空气污染和交通拥堵的社会成本均达到了每年大约20亿元人民币，这比气候变化引致的灾害成本（每年1.4亿元人民币）要高得多。但气候变化的成本有很大的不确定性。按照较高的估算成本，气候变化引致的灾害在成本上等同于空气污染和交通拥堵。按较低估算成本如表6所示。

表6 城市道路收费的社会成本与效益（单位：亿人民币）

| 北京市案例研究 | 估计成本（2005） | 城市道路收费效益 |
|---|---|---|
| 交通堵塞 | 22.8 | 14 |
| 公共汽车速度降低 | 5.8 | 1.5 |
| 空气污染 | 19.8 | 5.3 |
| 气候变化 | 1.4 | 0.4 |
| 事故 | 4.0 | — |
| 噪声 | 0.9 | — |
| **合计** | 54.7 | 21.2 |

来源：城市道路收费的社会成本和效益。Creutzig 和 He（2009）。

**● 北京市实施综合性管理措施之后，公共交通使用得到了很大的提高**

从2005年到2009年，在北京市五环以内所有日常出行中公交分担率从30.2%上升到37.3%。公共汽车乘客的数量从每天967万人次上升到每天1,224万人次。另外，北京市交通委员会估计：到2015年所有新建地铁线开放之后，地铁乘客的数量将从2005年的每天192万人次上升到每天354万人次。

# 3 全球交通需求管理成功经验

## 3.1 停车收费和管理

停车收费和管理在世界上各个城市的交通需求管理中都发挥着关键作用。停车空间的控制与价格调整能够鼓励人们更加有效地使用停车资源，并且抑制小汽车的使用。高效的停车管理能够避免机动车辆侵占公共空间、挤占步行空间、堵塞自行车道、干扰公共交通、降低道路运行效率和毁坏绿化空间等现象的发生。

### 3.1.1 全球停车管理成功经验

针对停车空间需求过多（高占有率）和现有停车规章制度实施乏力的问题，本节将着重从政策、技术、实践等方面展开讨论。

**1.路边停车使用率**

**● 泊位周转量与使用率测算**

停车收费率曾经由政治需要和“周转量”来决定，其目标是要保持百分之百的使用率。周转量是指在一个固定的时间段内使用停车位的车辆数。目前停车空间安排存在的误区就是认为只要获得正确的周转量，就可以实现百分之百的路边占用率。虽然在理论上百分之百的占用率的确有些吸引力，但是在实践中这是不可能达到的。百分之百的占用率将需要在到达车辆和离开车辆之间做好完美无缺的安排，或者有许多车辆排队等待占用每一个新近空出来的停车位。纽约市和旧金山市正在尝试停车位浮动收费，即在停车位需求高的时段征收更高的费用。

**● 违法的路边停车在城市停车中占有很大的比例**

在对路边停车有很大需求的城市里，

执行不力和低廉的路边空间引发了大量的违法停车。其主要表现为停车者往往超过停留时间限制或者未支付停车费用。旧金山、纽约、伯克利和西雅图所做的研究都显示：违法停车在路边停车中占有很大的比例，给许多城市的街道管理带来不便。

2.停车规章执行

● 技术改造

大城市的停车管理人员都认为如果想要使路边停车规章和收费制度生效，对停车规章的执行就必须持续、频繁。但是同时也承认违法停车颇为猖獗的大城市，停车规章仍是执行力度不足。

● 检测

目前在检测违法停车和对其做出反应方面主要有两种新的先进技术，分别是联网的路边传感器、车载扫描仪和车辆牌照识别系统（LPR）。

● 停车票 / 停车许可

大多数城市和城镇都雇佣停车管理专员，并为其配备手持电脑或者PDA。通过扫描贴在车辆挡风玻璃上的注册贴纸，即可打印出票据并将许可信息上传至中央电脑。随着新一代像Autochalk和 Autovue等车载检测系统的出现，停车票据的生成实现了自动化。

● 收集和判别

通过使用PDA车辆拍照技术对违法停车进行识别。现代票据软件的失误大大降低，主要表现为罚款增加与无效票据减少。

● 路边收费技术

微型芯片和无线网络技术革新正在改变着许多城市路边停车付费的方式。这对政策制定者来说十分重要，因为与硬币收费模式相比，信用卡、现金、计量表和电话支付方式使得浮动停车收费变得更加容易。专家们建议真正革新的关键在于软件系统合成，尤其是针对信用卡支付的安全性与现金支付、票据生成的准确性方面。

● 多方式支付

按照目前的工艺水平，现在的路边收费表是以太阳能、无线电为动力，支持多方式支付与显示。相对于传统收费而言，无论是对使用者还是城市来说，都有很多优势。从个人角度来看，这种支付方式简易，可使用信用卡、预支付卡、现金和手机支付，大大增加了停车收费的便利程度，很受公众欢迎。从城市的角度来看，多方式支付比以前的投币机器更加可靠，因为投币机器会由于人为的破坏经常发生故障。

● 电话付费

美国佛罗里达州的迈阿密市有着美国最大的路边停车电话支付系统，共设点5,500个，计划扩充至8,000个。尽管这样，电话支付在美国仍然是个新事物，年纪较大的机动车主和那些没有信用卡的用户并不欢迎它。另外高昂的手机收费也延缓了这一技术的推广。例如，在迈阿密市，机动车主如果使用电话支付方式，不但需要为停车位支付每小时1.25美元的费用，还需要支付0.35美元的手机费。

● 传感器和数据集成

带有传感器的新收费表为更好地监控路边停车占用率和违法停车提供了机会。旧金山和洛杉矶等城市正在尝试这一新技术。

● 空间信息引导

西雅图将通过引导更多的停车者将车辆停到路外停车库来减少路边停车的压力。这一举措主要通过大范围地引入一种实时电子引导信息系统，该系统通过实时信息告知机动车主附近停车库车位使用情况。目前这一系统主要在德国和欧洲其他国家的一些城市进行安装，预计到2012年开始运营。

3.停车管理协调机制

**●停车受益区和“收入返还”至居住区**

发明停车收费是为了向来中心区购物需要做短暂停留的车主开放路边空间。除了房地产税，路边停车收入的全部或一部分也可以用于新的停车设施与公共空间建设投资。典型例子就是修建于1995年的洛杉矶的高级老街。

范围最广、时间最长的停车受益区在美国科罗拉多州的博尔德和密歇根州的安娜堡。这些区域积极地推行通过交通需求管理的收入来补贴公共交通的发展思路。

**●设立最高要求**

城市最低停车空间供应标准是必须的，而最高供应标准则仅是非强制性的。加利福尼亚州的旧金山、俄勒冈州的波特兰和马萨诸塞州的剑桥等城市都决定设立停车空间最高要求。

**●取缔或者减少最低要求**

规划者们追求的最直接的停车改革政策就是取消路外停车空间最低要求，允许开发商和建筑物所有者自愿决定提供多少停车空间。

**●共用停车空间**

对于现有停车空间最有效的使用方法就是共用停车位。具体原理是一天中不同的车主可以在不同的时间段使用同一停车位。这一做法可以鼓励居住区停车空间的集中，合并和减少，从而优化城市设计，使得土地使用更具效率。俄勒冈州的波特兰、马萨诸塞州的剑桥和科罗拉多州的博尔德等城市，以及弗吉尼亚州的阿灵顿郡、马里兰州的蒙哥马利郡等郡县都成功实施了这一措施。将不同时间段的最高停车空间需求作为共用停车空间的最低要求。

●现金替代停车费

在美国，一些城市允许开发商向政府支付一笔费用适当减少最低要求停车空间标准，并将这些费用用于公共停车设施的建设中。目前这些“替代停车费用”发挥了非常重要的作用。

●降低停车需求

世界一流城市多数通过政策和相关规章降低停车需求，以削减私营停车场的建设。通常采取的做法包括不停车补贴计划，房产开发或城市设计中不配建停车位等。

●不停车补贴计划

美国的雇主通常提供免费停车位作为对通勤员工的奖励，不考虑他们选择何种交通工具。不停车补贴计划则为员工提供另外一种选择：要么接受免费停车位，要么获得免税的交通补助，其中骑自行车或者步行上下班的员工更青睐后者。一项1992年对加利福尼亚州8个公司所做的研究表明该项计划使得使用小汽车上下班人数减少了11%（Shoup，1997）。

●鼓励公共交通

雇主、市政府、住宅物业管理者和其他机构都可以通过向员工和住户提供公共交通补贴以减少停车需求。这些奖励通常是以公共汽车或者轨道通行卡的形式开展。一些城镇，如马里兰州的蒙哥马利郡，允许为员工提供公共交通补贴的公司减少最低停车供应要求（美国环境保护署，2006）。从1993年开始，科罗拉多州博尔德利用其停车收入向7,500名居住在中心区的公司员工提供免费的公共汽车通行卡，使得中心地区整体改善（CAGID）区公司员工停车需求减少了850个停车位，为来中心区购物做短期停留的机动车释放了空间（美国环境保护署，2006）。

● 不配建停车位

旧金山等城市强制命令开发商在出售住宅时不得“附带”配套停车位，而必须将两者分开出售或者出租。因为如果将停车位包含在住宅中，购买者无需判断是否需要这个停车位。该项政策更多针对住宅开发商以及部分商务建筑拥有者。城市则应该通过选址规划或者分区规划强制要求开发商和建筑物所有者不得配建停车位（美国环境保护署，2006）。

● 城市设计的成功案例

有些城市通过分区规划限制某个地区的停车数量，同时设立设计导则以规范停车点的位置、外观和类型。有效的设计控制能够在满足停车的同时保存居住区的特色。一些居住区禁止建地面或者立体的停车场，另一些居民区则禁止在建筑物之间或者建筑物朝街的建筑红线上停车（“大卖场”式停车），限制路边停车设施的开口地点（这会妨碍到步行者的方便），限制将朝街的建筑正面用做停车使用的比例。另外要求为停车位提供可视屏，并进行建筑处理与景观设计等。

### *3.1.2 停车方面成功经验案例研究*

以下主要是对世界上采取有效停车管理改善交通的几个成功城市进行介绍。

1. 巴黎

2003年以来，巴黎市通过成功实施一系列措施，减少了私家车的使用，使得车辆出行公里数减少13%（图13）。具体措施有：削减9%（约14,300个停车位）的路边停车供应；取缔约4,000个机动车停车场；新增1,451个可以容纳20,000辆自行车的公用租赁点；重新分配机动车停车场、自行车停车场、残障人士停车场和轻轨走廊通道空间；应消防部门要求取缔狭窄道路上的约6,000个停车点（图14、图15）；转换95%的免费停车点为收费停车点（图16）。

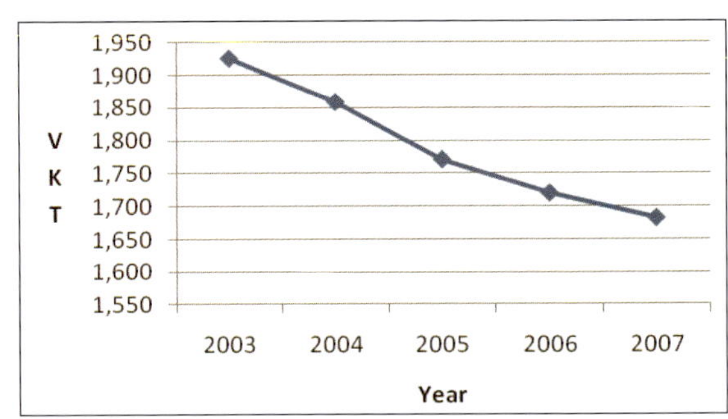


图13 工作日早七点到晚九点车辆出行公里数（VKT（2003~2007））变化图

数据来源：巴黎市交通和出行报告（2007）

图14 改造后的自行车停车点（以前曾为汽车停车点）

图15　移除路边停车后建成自行车的专用道

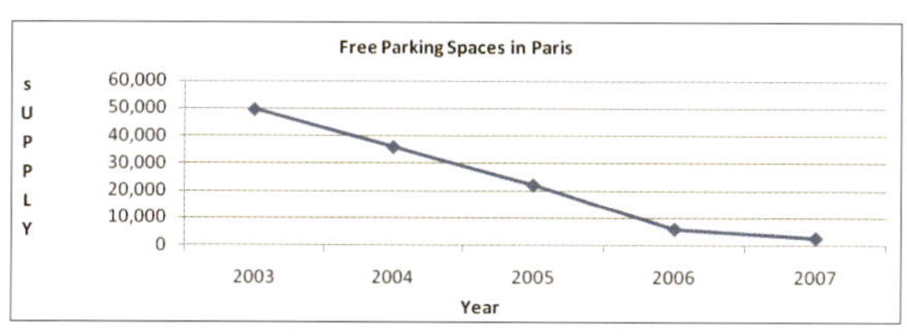


图16　巴黎市免费汽车停车供应（2003～2007）

数据来源：巴黎市交通和出行报告（2007）

在2003～2006年之间，巴黎市的小汽车分担率从68%减少到60%（减少了8个百分点）。在同一时期，修建了全长118公里的自行车道。据报告，大约有15%的自行车使用者以前是驾驶汽车上下班。

为了改善巴黎市的交通状况，私有车辆所有者要求必须取得居民停车证。这种卡允许车辆在其所有者家附近的4个城区停车，但停车时间不得连续超过7天。巴黎市被划分为160个计费停车区，这些区域的居民被允许在凭票泊车收费咪表为黄色的街道上停车。

### 2. 阿姆斯特丹

阿姆斯特丹要解决交通问题，最主要的困难是缺少空间。停车收费则是其保护空气质量并更好地使用街道空间的重要手段（图17）。

阿姆斯特丹采取路边停车浮动收费，成本从每小时1.40荷兰盾到2.40、3.00、4.00荷兰盾不等，在市中心最高可收取每小时5荷兰盾的停车费用，是世界上路边停车收费最高城市之一。另外，发放居民停车许可证也是其停车管理的重要方面，在有些街区要得到这种许可证可能需要等上10年之久，因为许可证发放的数量极其有限。

图17　停车转乘设施标志，每停靠一辆车可获得高达5个人的公共交通换乘通行票

### 3. 慕尼黑

驾车出行者必须从停车泊位自动售票机上购买停车凭证，最多允许停车一天（24个小时）。对路边停车点实行收费，以创造出一些空余停车位，减少车辆四处游弋寻找停车位的情况，停车费用是1小时1马克，一天最高6马克(图18、图19)。在短期停车区域最多停留2小时。收费时间是工作日早9点到晚23点。星期天和公共假期通常免费。目前慕尼黑有超过40个停车区域，有大概54,000个路边停车位[6]。

[6]Mobinet：集合城市慕尼黑的流动性。URL: http://www.mobinet.de/Fachinformation/english/allgemein/startframeset.html。

图18 德国慕尼黑市对路边停车点实行收费，以创造出一些空余停车位，减少车辆四处游弋寻找停车位的情况。

图19 慕尼黑保证停车同时预留自行车道

4. 美国加利福尼亚州旧金山

加利福尼亚州旧金山经过半个世纪的发展，已经从一个曾经要求为该市每一户家庭提供一个停车位的城市发展成为美国在停车管理方面最为创新的城市之一。这一转变是通过加大公交投入，将路外停车最低要求转换成最高要求，房地产不配建停车空间以及积极主动的路边停车管理来实现的。大约70%居民拥有汽车[7]（Switzky，2009），鉴于较小的人口密度和大量的通勤人群，该市在中心区进行了大量的停车管理改革。自从1973年湾区快速运输系统（BART）铁路线开通之后，该市对所有中心区通勤人群的停车空间使用设置了最高要求，每4个住户最多允许有1个停车位。同样地，停车空间占办公楼的建筑面积的比例不得超过7%，即每20个办公室员工可分配大约1个停车位（维多利亚交通政策研究所，2008）。

旧金山市已经开始着手取缔居民区最低停车要求，主要措施是针对邻近中心的区域实施区域规划。最具代表的就是1997年的湾区改建计划。

旧金山停车计划是美国目前为止进行规模最大，设计最精细的路边停车改革项目。到2009年秋天为止，旧金山公共交通署（SFMTA）对7个试点居住区的25,000个装有停车收费表的路边停车位中的6,000个已投入约247.5万美元。该计划的核心是数据管理系统，可以通过远程感应器采集6,000个停车点的大量数据以及10~15个街区信

[7]美国全国90%的家庭拥有汽车。纽约市民拥有汽车比例为48%，而马萨诸塞州居民仅有22%拥有汽车。

息。信息技术处理系统从2009年3月份开始应用于1,000个收费表，能够对停车占用率和试点居住区内的四处游弋寻找停车位的情况进行监控。该项目不仅有助于掌握停车收费对泊位占用率的影响，也可以进一步提高人们关于停车管理对交通和驾驶者行为影响的认识。

旧金山公共交通署，由旧金山市市长直接管理，是美国唯一控制路边停车收费及罚款的机构。该项计划的实施一方面通过停车收费和罚款增加政府机构收入，另一方面由于寻找和重复停车车辆减少，公共汽车服务延迟减少，节约运营成本。实际来看，旧金山停车计划是联邦城市合作（UPP）交通拥堵收费提案的直接成果，由市议会控制的旧金山市交通署提出。鉴于旧金山市公共交通署对路边停车有管辖权，因此该项目的实施和联邦政府的拨款都由其负责。

**5. 美国俄勒冈州波特兰**

数十年来，俄勒冈州波特兰一直是停车管理的典范。除了积极改善公共交通服务引导居民远离小汽车外，波特兰的停车管理措施也在20世纪70年代早期开始。当时每三天就有一天该市中心区的空气质量超过美国联邦政府的一氧化碳排放标准，这使得其不得不在1972年对45,000个停车位实施了停车冻结。1997年，该市取消了停车冻结，采取了最高要求和最低要求的停车空间管理措施，而不是完全禁止停车空间的建设（Oliver，1997）。

如果一个开发商或者建筑物拥有者愿意管理自己的停车空间供应和需求，如通过共用停车空间或者为自行车使用者提供服务，那么对于他的最低停车要求可以降低，使其从中获益。该市的分区规划允许建设共用停车设施，因为这种设施可以提供比每个使用者单独使用一个停车位加起来所需要的停车位更少的停车空间。同样地，自行车停车可以代替高达25%的汽车停车空间。因为开发商每修建5个自行车停车位，就可以少建1个汽车停车位（波特兰市，2009）。

停车空间最高要求在许多居住区是对最低要求的一种补充。为配合市政府和州政府发展公共交通的思路，停车最高要求根据区域与公共汽车站或者轻轨站的距离而有所不同：离公共交通系统越近，所需要的停车位越少。因此，一些居住区只需要遵守非常低的停车空间最高要求。

**6. 美国马萨诸塞州剑桥市**

针对办公楼、零售场所、政府和大学的建筑物停车管理，马萨诸塞州剑桥市在其分区规划中明确制订了最低停车空间要求和最高停车空间要求，后者从20世纪80年代早期开始实施（Marshall & Garrick，2008）。对于办公楼而言，要求每1,000平方英尺提供1~2.5个停车位。对于临近公共交通设施、共用停车场、公共以及商业停车场的地点，允许降低最低要求。同样地，经过论证表明停车需求明显高的地点，规划委员会允许开发商超过停车最高要求。

1998年，为了实现小汽车出行比1990年下降10%的目标，剑桥市制订了交通需求管理法案，要求新开发的建筑在提供一定停车空间的基础上还要提供相应的替代交通资源，如公交出行补贴、拼车停车优先以及其他一些措施。另外还对其进行年度调查以掌握交通需求管理法案下各个停车设施的情况（Marshall & Garrick，2008）。

**7.美国科罗拉多州博尔德市**

博尔德市是一个距离丹佛市30英里远的

小城市，它将停车管理作为可持续发展的基础。它有着简洁的街道布局，二战前样式的居住区、步行区以及一个覆盖范围广泛的公共交通系统。另外，博尔德市还有着美国历史最悠久、最先进的停车受益区。中心区整体改善计划（CAGID）于1970年制订：首先通过经济杠杆调节公共交通与小汽车出行费用的差异，加大小汽车的出行门槛；其次就是要求保存路边停车设施，以方便一天来回的购物者和旅行者的停车需求。然而上述实施的关键是免除公共停车场收费的税收以确保其收费等于或者低于路边停车价格。

此后中心区整体改善计划实施的非常成功，成为美国其他地区停车管理的学习典范。其采取的措施包括：开创房地产税和停车收费的双收入模式；提高停车收费费率以增加停车场周转量与运营收入；发行债券，接收联邦拨款建设一个步行零售商场作为城镇中心；发行债券在城市中心建设包括地下零售商场的公共停车库；举办季节性活动以吸引旅游者，促进商业；提供公交出行卡解决中心区公司员工出行难问题。

## 3.2 道路使用收费

数十年以来，在世界上，大多数城市交通拥挤和交通温室气体污染情况持续恶化，就如同死亡和纳税一般无可避免，几乎就像天气一样无法控制。但是横跨整个政治界，各式各样的领导人——从伦敦市市长“赤色”Ken Livingston到布什政府的交通部长，从纽约市市长Michael Bloomberg到华盛顿国王郡行政长官、目前是奥巴马政府的高级官员Ron Sims——都在通过不同方式的交通拥挤收费措施尝试解决这个问题。

新技术使车辆不需要停靠在收费站即可向驾驶者收取费用。通过车载设备（OBUs），车辆在行驶中可以通过电子方式或芯片卡支付费用，或者通过更加传统的方式到收费站缴费。较老的收费公路使用投币机器或服务人员来收取费用，每车道每小时的车辆通行能力为300辆，但是新型的自动化收费机，安装了高架式电子转发器，使用直接短程通信系统（DSRC），这将有助于交通的自由流通。每车道每小时的通行能力增加到1,600辆，设计为全面开放的道路运行模式后，每车道每小时的通行能力增加到2,000辆，甚至更多。

新加坡于1975年首先实施了交通拥堵收费政策，向进入其中心地区的机动车主收取3美元的费用，目的在于减少严重的交通堵塞。奥斯陆、贝尔根和其他5个挪威城市在1986~2004年之间也采取了类似的做法，为交通项目提供财政来源并且方便管理交通。高载客收费（HOT）车道在20世纪90年代期间在南加利福尼亚州应用普遍，然后迅速推广到得克萨斯州、明尼苏达州、犹他州、科罗拉多州和弗吉尼亚州。自伦敦市于2004年在中心区实施交通拥堵收费之后，斯德哥尔摩市、米兰市、罗马市和其他一些城市纷纷采取了类似的措施。

2005年德国首先在全国范围内总长12,000公里的高速公路网络中对货车实施基于尾气排放的收费措施，使用全球定位系统卫星技术。该系统在2006年共收取了超过30亿欧元的费用，使卡车空车运费和相应的温室气体排放量减少了15%，并且由于对老旧脏破的卡车收取双倍费用，使得这些卡车迅速被使用清洁能源的新车所代替。

2007年，荷兰政府宣布根据机动车行驶的距离对机动车所有者收费，对于交通高峰期在交通繁忙道路上行驶的车辆，或者带来更多污染的车辆收取更高的费用，收费以全球定位系统技术为基础。借鉴他人的成功经验，这项措施将于2011年开始对卡车实施，随后几年将逐渐扩大到客车范围。2008年，海湾区完成了一项联邦政府资助的研究，即一个全球定位系统如何管理该地区所有机动车道和交通主干线网络的交通情况。这项研究的初步成果显示了样本中西雅图地区的一户家庭在实行按时段收费之后自愿将驾驶出行减少了四分之一。一项在俄勒冈州进行的由联邦政府资助的按照行驶里程收费的测试结果也与之类似，显示了该措施是如何在几年之内逐渐代替机动车燃油税。

今天从旧金山市到深圳市再到奥克兰市的许多城市都在考虑将交通拥挤收费作为一项关键性的策略帮助管理城市交通系统，使其更好地发挥其效能。这些措施有一些目的在于利用交通拥堵收费来控制交通量的增长，减少温室气体污染。其他一些则主要着眼于为道路扩建提供资金，而增加公共交通设施的财政投入很少或者没有。无疑，交通拥挤收费措施对于环境、公平、整体交通状况和土地使用方式的影响正如其目标一样具有较大的差异性。

对于现有道路实行交通拥堵收费，通常会对环境和交通系统管理带来最明显和最迅速的益处，但它同时也是最大的挑战。20世纪90年代晚期，香港几乎要实施范围广泛的道路电子收费，却由于政治上的因素不得不舍弃这个计划。在过去的20年间，荷兰政府五次试图在全国范围内实施道路使用收费，结果都归于失败，因为政府没有得到足够的政治支持，但是目前一个新的计划正在筹划之中。英国在全国范围内实施道路收费的计划断断续续地进行着，但当时是在反对声中开始的。纽约最近计划实施道路拥堵收费，该提议获得了管理者和一些立法者的大力支持，但是由于州政府不完善的政治机制，该计划被阻止继续进行。

尽管如此，在新信息、收费技术、交通财务、严重交通拥堵和气候变化问题的压力之下，交通拥堵收费正在成为交通规划和政策的主流措施。世界范围内越来越多的新建道路是按时间段进行收费的。新的政策措施试图对现有道路实行收费，以便更好地发挥其效能，但目前这些政策措施摇摆不定，公众对其态度褒贬不一。

核心思想十分简单，即根据机动车驾驶的地点和时间对其进行收费，在需求量较低的时间段实施收费优惠措施。交通拥堵收费可以影响出行选择，使需求与可用道路空间的匹配程度更好，提高交通系统的效率、可靠度以及行驶速度，从中获得的收入还可以用来改善其他出行选择方式。

### 新加坡：世界交通拥挤收费和交通管理的领导者

在世界范围内，新加坡在交通拥挤收费方面扮演着领导者的角色。对它的外环路、主要交通干线、进入主要中心商业区和新建商业中心的入口通道实行电子收费，为保证至少85%的时间中有畅通的交通，每个地点的收费将根据需要按小时每周定期进行调整。

1975年拍摄于新加坡的照片表现了一个深陷交通拥堵泥淖的城市，公共汽车与私人小汽车严重堵塞在道路上，让我们想起来今天在雅加达或曼谷看到的情景。而今天呈现在我们眼前的是一个完全改变了的富足城市：交通畅通无阻并拥有良好的公共交通设施。由于城市生活的高质量和高效率，使其无论在国外投资和最优秀人才、劳动力流动数量上，都完全可以与美国或欧洲的任何一个城市相媲美。交通拥堵收费在新加坡的崛起中起着重大的作用。

1975年，新加坡中心商业区的按时段道路收费系统是世界上第一个交通拥堵收费系统，它的开发得到了世界银行的帮助。它迅速地将中心区的私家车数量减少了一大半。小汽车合乘增加了30%，公交的使用率翻倍。由于新加坡居民的收入增加迅速，小汽车数量增加了2.5倍，公共交通出行比例从40%上升到60%，这主要得益于道路收费、控制机动车数量增加的车辆配额措施、对公共交通的大力投入以及以人为本、以公交为导向的发展模式。由于交通拥堵及人均交通温室气体排放量较低，新加坡在世界主要城市中扮演着领导者的角色。

新加坡一开始在早晨的高峰时段对中心区的道路进行使用收费，然后扩展到下午高峰时段和午间时段。1990年，环城高速公路也开始收取区域通行费。1998年，新加坡实施了电子收费，对所有车辆进行改装，安装自动读取器，在车辆通过龙门架时，通过信用卡自动扣除费用。不同的读取设施对应每个车辆的类型，大型车辆收取更高的费用。新加坡的收费目前包括交通主干道和高速公路上的70个地点。有了电子收费就能够每周按小时调整费用，在有些情况下削减一半费用，或者有时收取更高费用，通常情况下收费标准是每通过一次收费龙门架，在高峰期时段收取3新元，在午间时段收取2新元（大约合1.35~2.00美元）。

**◆ 斯德哥尔摩市：抛弃党派偏见，坚持实施交通拥挤收费**

通过十年的研究、提案和其他挫折，斯德哥尔摩市在2006年1月份出台了一项为期7个月的交通拥堵税试点项目，目标为缓解交通堵塞并减少污染。瑞典的绿党敦促他们的社会民主党同盟实施该措施，这项措施因为立法方面的问题已经搁置了两年。对中心区周围的18个入口点在工作日从早上6点到晚上7点实行按时段收费。这项收费措施实施之前，新开通12条新的高速公共汽车线路并提高公共汽车和铁路服务，新增1,800个停车换乘点，与交通拥堵收费政策捆绑实施。

在该措施开始实施时，公众反对和支持该项目的比例为2：1，但是在看到该措施发挥作用后，媒体和公众很快就改变了看法。交通量减少了15%，交通堵塞延迟下降了30%~50%，并且温室气体排放和其他污染在中心地区下降了14%，在该市下降了2%~3%。公交客流量增加了45,000人次。在商业性活动上没有看到任何负面效果。当收费取消之后，交通迅速恢复到收费之前的状况。

在试点项目结束后，该市大部分投票者迅速表明了对交通拥堵收费的支持。美国前副总统Al Gore在斯德哥尔摩的一次活动中发表讲话支持交通拥堵收费，而大多数右翼党派表示反对。但是新的右翼联合政府在2006年9月份上台之后，所做的首批决定之一就是恢复交通拥堵收费，因为该项政策起到了巨大的积极作用。

2007年8月，斯德哥尔摩市恢复了收费制度，也重新获得了该制度带来的好处——节省出行时间、可靠性、有益于环保、更好的步行、自行车骑行条件以及公共交通服务的改善——还有增加的政府收入可用于郊区的道路建设，出租车免交费用，多余的收费转发器被取缔，而采用自动牌照识别摄像头的收费系统得到了保留，该系统是斯德哥尔摩市交通拥堵税执行的核心。该系统目前每月管理着700万~800万的车辆，每月可以收取约1,600万瑞典克朗的费用，所获收入的五分之一用来管理该系统。交通拥堵税的四分之三是通过直接借记支付，剩下的大部分是通过零售店和报亭支付。小布什总统在讨论他自己的交通拥堵收费措施时曾引用过斯德哥尔摩市的成功案例。目前在斯德哥尔摩市，公众对交通拥堵收费的支持和反对比例为2:1。

### ◆ 伦敦：果断的决策推动道路收费政策的实施

在伦敦，交通拥堵收费就像在其他地方一样，经过多年的研究之后由果断的政治领导来决定其实施。Ken Livingston在2003年竞选伦敦市市长的时候，就将交通堵塞管理收费作为一个关键性的问题。在他接任伦敦市市长之后，他迅速任命了一个特别小组来设计和实施一个收费系统。在开始征求许可之后的26个月之后，新的5英镑（大约合8美元）的收费在2003年上半年开始实施。在初期，该项措施在伦敦市中心经常发生交通堵塞的21平方公里的范围内从工作日早上7点到晚上6点半收取费用，每天大约对200,000辆车产生影响。

在该措施开始实施时，伦敦市三分之二的民众反对这项措施，但是在看到实施效果之后，反对之声迅速转变成广泛的支持。在开始实施收费不久，在早上高峰时段，增加超过500辆的公交车辆并且对步行和自行车骑行设施进行大范围的改善。在2003年和2004年，交通拥堵下降了30%，公共汽车速度和可靠度上升了20%甚至更多，温室气体排放量减少了15%。收费区自行车的使用率上升了43%。Livingston压倒性地再次赢得了选举，并承诺会扩展交通拥堵收费区域。

2007年收费地区的面积翻倍，使伦敦西区交通堵塞减少。核心地区的收费上升到对大多数客车收取8英镑，在10月，对大多数耗油较大的车辆，费用将会上升到25英镑。对于该区居民和最省油最环保的车辆，费用有所减少或者免除。收取的1.3亿英镑的年总收入主要用于公共交通建设，但同时几乎有一半收入用来管理收费系统。目前该区对道路和公用设施的维修影响了车辆的行驶速度。

2008年2月，伦敦全市范围的低污染气体排放区系统开始运行，这是根据德国柏林和瑞典马尔默的成功经验采取的措施。不符合最新欧盟气体排放标准的重型卡车在伦敦任何地方行驶都需要支付每天200英镑（大约为400美元）的费用。今年夏天相同的收费标准还将扩展到公共汽车、小公共汽车、大型货车和救护车。该低排放区系统计划到2012年将污染削减16%，并节省2.5亿英镑的健康开支。伦敦交通局正投资4,900万英镑安装新的低排放区系统监视该市的火车、公共汽车和道路，以后每年将花费1,000万英镑运行该系统，预计年收入为4,600万英镑。

### ◆ 美国在交通堵塞管理收费上的经验：从高承载收费车道到联网收费

1995年在南加利福尼亚州91号州公路中段开放的高承载收费车道表现出了交通方面的几个发展趋势，为公共部门在财政不利的情况下，私人投资如何带来机动化水平的提高开辟了新的天地。该措施满足运行标准，极大地提高了通道平均车辆占用率，并且有助于保持交通畅通。SR-91的案例表现了在一段堵塞的通道上，在既没有收费亭也没有投币的情况下，自动分时段高速公路收费系统是如何保证交通畅通的。在高峰期，SR-91两条收费车道的通行能力相当于4条未收费车道的通行能力，行驶速度提高了3倍。SR-91找到了一个提高通行能力的方法。车辆速度缓慢，走走停停经常发生在未收费车道上。

将该项措施广泛应用于现有公路网络上，可能会带来巨大的利益，但是将会要求公众交通方式的转变。今天大多数公路是免费的社会主义产物，资源不够了消费者们就排着队等候。如果交通拥堵收费的支持者占据优势，将来道路将会成为经营性的公共设施。

有了SR-91公路作为示范项目，1996年旧金山市在收费车道发展的同时大力发展公共交通，将现有道路转换为高承载收费车道，将收费所得用于改善公共交通设施。I-15高承载收费车道项目允许独自驾车者使用空余的高承载汽车专用道。旧金山市简单的每月60美元的通行证收费措施很快被电子收费所代替，接着被动态收费代替，即每7分钟调整一次价格以保持收费车道交通畅通。根据民意调查，80%的民众支持该系统，旧金山市目前正在建设包含快速公交服务的区域性收费车道系统。

同时，在国际大都市纽约，道路收费占美国道路收费总和的一半以上，交通部门在逐渐增加的压力下，引入交通拥堵收费来管理交通。诺贝尔奖获得者哥伦比亚大学的经济学家William Vickery在1952年首先提议进行交通拥挤收费 。同Vickery共同工作的市民支持者们，如美国环境保护基金会的James Tripp等说服了纽约市市长 Lindsey于20世纪70年代早期在东河桥区尝试交通拥挤收费，但是法院阻止了纽约当局采取此项行动。

2000年，政治明星纷纷出现，纽约—新泽西港务局也在这个时候准备提高公路收费。由于市民联合团体的努力，两州的州长认为在高峰期对横穿哈德逊河的车辆提高收费是合适的，在非高峰期对安装收费车载设备的车辆的收费价格维持不变，这些用户占了高峰期过河车辆的75%以上。1.5美元的分时段收费将高峰期交通减少了大约7%，大幅度减轻了交通拥堵程度。港务局获得的总收入几乎一半都用在改善哈德逊河客运铁路服务上，这项措施的促进形成了另一种重要的模式，为更广泛的交通拥堵收费奠定了基础。此后不久，在提高收费价格发挥作用后，新泽西州的收费高速公路、花园州高速公路和纽约高速公路管理局均采用了循序渐进的按时段收费制度。

纽约市市长Michael Bloomberg在2003~2009年之间做出了数次努力，准备实施交通拥挤收费。尽管获得了大部分公众、商业团体和市议会的支持，这些努力仍然被关键的州立法部门拒之门外。从早上6点到晚上6点对汽车征收8美元一天的交通堵塞管理费，卡车21美元，进入纽约市中心区域的低排放量卡车7美元，将减少曼哈顿的交通，每年为公共交通带来2.5亿~7亿美元的新收入。旧金山地区继续研究中心区域警戒线收费。

国王郡行政长官和华盛顿运输部的领导作用使西雅图地区先于美国其他地区考虑在该地区路网中的主要道路实行交通拥堵收费，这将带来高效能的交通管理和公交运营。一项接近完成的联邦政府资助的研究估计可能需要花费7.5亿美元来建设一套基于卫星的全球定位收费系统，每年需要2.88亿美元保持该系统的运行，估计每年可能产生30

亿美元的收入，投入产出比为1:6。该研究总结到这种收费所需要的技术已经成熟，并强调公众的理解和接受是它继续发展的关键。在近期，该地区将于2008年将州167公路上的高承载汽车专用道转换成高承载收费车道，并计划对SR-520湖华盛顿桥提供资金，同时进行管理，实施交通拥挤收费。

其他对现有洲际公路实行收费的措施也在明尼阿波利斯、洛杉矶和迈阿密进行，其中联邦政府为I-35和I-95公路上的高承载收费车道提供帮助，这些措施也支持新的快速公交服务。

### ◆ 道路收费的做法

表7总结了欧洲实施的公路收费方案。最常见的设计是边界环线，即围绕准备疏导交通堵塞的区域画一个圈，穿过这个圈的车辆需要缴纳费用。这种设计必须保证车辆不能逃避收费。用自然分隔划分区域将有助于对进入区域的车辆实施收费。例如，斯德哥尔摩市计划的边界是围绕市中心的河流，通过桥梁进入中心区的车辆需要缴费。驾驶者可以通过多种方法支付费用，与其他公路收费方案不同的是，该方案通过摄像头监测通过收费区边界的车辆牌照。交通拥挤收费只在交通堵塞的高峰期有效。

表7　道路收费系统的种类

| | 边界环线 | 区域通行证 | 通　道 | 网　络 |
|---|---|---|---|---|
| 描述 | 所有进入某个用警戒线圈起来的城市中心区域的车辆，在交通高峰期穿过该警戒线，均应缴纳定额费用 | 所有在特定时段在中心城区通行的车辆均应缴纳日使用费 | 所有使用收费公路、桥梁或者隧道的车辆应缴纳定额费用，某些情况下，费用根据高峰期实行动态变化 | 车辆在公路网络上行驶按公里数支付费用，费用根据车辆种类、气体排放级别、所使用公路和是否交通高峰期而有所不同 |
| 目标 | 减少中心区域的交通堵塞 | 减少中心区域的交通堵塞 | 为某条公路或某座桥提供资金 | 减少交通堵塞，提高效率，为公共交通基础设施提供资金 |
| 技术 | 收费广场和车牌识别摄像头 | 车牌识别摄像头 | 收费广场和车载辨识系统 | 车载装置和全球定位系统卫星 |
| 资金来源 | 政府 | 政府 | 政府和私人 | 政府和私人 |
| 运营者 | 政府 | 政府 | 政府或授权人 | 授权人 |
| 获得收入用于 | 道路和公共交通改善 | 改善公共交通 | 改善公路 | 改善公路、铁路和公共交通设施 |
| 采用地点 | 贝尔根、达勒姆、佛罗伦萨、米兰市、克里斯蒂安桑、纳姆索斯、奥斯陆、罗马、新加坡、斯塔万格、斯德哥尔摩、汤斯伯格、特罗姆瑟、特隆赫姆、瓦莱塔 | 伦敦 | 捷克、英国、法国、希腊、意大利、葡萄牙、西班牙 | 奥地利、德国（高速公路上的卡车）、瑞士(所有道路的卡车)、荷兰（规划中） |

来源：交通与环境，2007。

这些方案的设计和技术已经从较落后发展到目前的高科技水平。最传统的支付系统是用收费亭进行收费，车辆必须停下来付费。现在的方案使经常使用道路的用户可以选择使用安装在车上的车载装置，有了这种装置，可以通过高架式设施进行电子化通信，这类方案被称作辨识支付系统。车辆必须减速，但不需要停车，来完成支付，这为机动车主们节省了时间，同时由于雇用了更少的员工，运营费用更低。欧洲许多国家都采用辨识支付系统。

最现代化的公路收费系统同时也是最广泛、能够在整个道路网络对机动车驾驶者进行收费的系统。道路网络收费方案将道路使用看做同其他公共设施服务消费一样的行为，如水或电的消费。道路网络收费最接近于上文所描述的理想的道路收费系统，该系统的道路使用价格根据建设和维修成本、污染和噪声成本以及当道路空间处于高需求时，对其他驾驶者延误的成本而有所差异。因此道路使用者会得到一个直接的价格标牌，告知他们此次出行会给社会带来多少成本支出，从而使他们据此调整自己的出行安排。

### 成功引入道路使用收费的关键

道路使用收费在引进之前必须经过仔细规划。耗费时间较长的仔细思考能够避开政治上的反对而取得进展，草率实施计划可能会招致长时间的挫折与倒退。成功引进道路使用收费，要求完成以下几个关键性举措。

- **指明系统目的：**不同的城市都不约而同地采取道路使用收费有许多原因——投资交通建设的收入来源、减少交通堵塞或污染、为出行提供替代性方式或上述因素的综合。不同的目标会导致不同的系统设计和管理选择，并形成实施的政治环境。

- **法律上的合法性：**谁能够实施？在什么条件下？使用什么设施？有什么样的权限来执行？由国家或省政府授予地方政府的权限可以严重限制系统实施的设计和有效性。当实施道路使用收费时，获得更少的批准文件比获得更多的批准文件更好，因为可能只需要一票反对就会阻止计划的实施，即使该计划已经获得了广泛的支持，并取得了多级政府的批准，最近纽约市收费计划的搁浅就是一个例子。

- **决定实施框架：**怎样的做法对一个地区、通道或者一套设施更好？是区域通行证？警戒线内区域收费？还是通道按时段收费？道路收费的收入应该如何使用？使用什么手段获得实施许可？

- **设计并考量道路收费计划：**仔细地设计和考量实施计划，向全球最成功的实践经验和在该领域经验丰富的专家学习，这有助于将遭受严重挫折的可能性降到最低。

- **采取系统计划和财务方案：**需要清晰的决定点以推进计划的进行，并引发该项目和计划的实施是不可避免的意识。这些能够为及时而迅速地获得实施许可打好基础。

- **实施许可获得管理和技术服务：**道路使用收费不太可能购买新的交通信号系统或公共交通费用缴纳系统，但是需要协同设计、发展和合并，涉及硬件、软件、操作、执行、评估和市场推广的复杂系统。采用全球在该领域的专业技术有助于保证系统更加顺畅的运行。

伦敦等城市为了获得公众的理解，事先做了大量的基础工作，获得了法律权限上的认可，同时还拥有先进的机动车注册系统。在交通管理上也有体制优势，通常至少需要两年来实施一项新的主要道路收费倡议（图

20）。斯德哥尔摩在实施交通拥堵收费之前，在这个问题上讨论了10年，从决定实施该计划到系统开始运营共花费了4年的时间，这主要是因为获得法律权限和实施许可比较困难。机动车注册系统较弱的城市需要在采用道路使用收费之前解决好这个问题，因为牌照和注册系统通常是执行道路使用收费的基础。

伦敦警戒线收费实施时间：两年

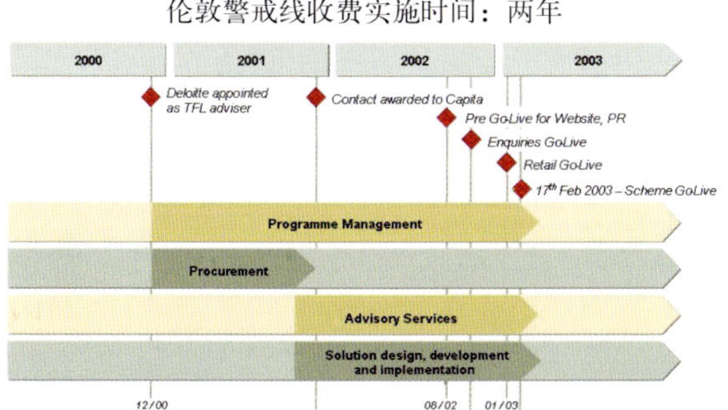


Source: Derek Turner Consulting

伦敦车牌自动识别收费系统

Source: Derek Turner Consulting

图20　伦敦的道路使用收费

需要获得以下执行权限：

1. 需要有效的转发器或者其他形式的支付方式，方便机动车主通过电子方式完成付费或通过车牌自动识别系统收费。

2. 从车牌号码中获取注册信息的权限，追踪拒绝支付费用者，约束欺诈行为。

3. 执行罚款，收取罚金，包括在没有支付相关费用的情况下，吊销机动车辆注册牌照或机动车操作牌照。

4. 从收费设施方面限制某些车辆类型。

## 3.3　公务车辆管理

中国越来越多的城市寻求更好地使用公务车辆，主要通过向政府官员发放部分的交通补贴来取代公务车辆，政府官员可以选择使用自己的私家车、公共交通工具、步行或骑自行车。这为政府节省了资金，也提高了交通系统的效率，减少了污染。

许多城市发现公务车辆拨给官员使用时太过随便，很多官员其实并不需要用车。这些车辆经常用做私人用途。许多城市认为公务车辆过于奢华，对于官员的位置来说并不相配。公务车辆的开支很高，已经成为政府财政的负担。例如，一辆普通的汽车每跑1,000,000公里花费10,000元人民币，但是公务用车往往花费30,000~40,000元人民币。在公务车辆改革之后，许多公务车辆被取缔，政府给予政府工作人员一部分补贴，让他们选择使用自己的私家车。这减少了不必要的车辆出行，在补偿政府官员方面使公众感觉更加公平。在很多方面这类似于停车费用现金预支制度：为汽车行驶提供已有的隐性补助，将其转化为明确的钱款，为消费者提供选择，使其有机会通过减少驾驶来节约费用。

哈尔滨政府于2008年6月推行公务用车改革，改革覆盖17个政府部门。2009年4月，其他30多个部门也参加了这项改革。现金代替汽车的补助直接发放到员工手上，补贴数额根据职务和级别而有所不同。截至2009年6月，在哈尔滨几乎所有的政府部门都采取措施，大力削减公务车辆使用。这些措施和新的倡议使得一些官员购买了自己的私家车，而其他一些则通过汽车共用、出租车、公共交通工具和自行车上下班。哈尔滨政府又实施了一项勘漏计划以保证公务车辆改革所取得的进步，该计划要求定期上报乘坐公务车辆出行者的名单和公务车辆的开支，以及其他相关事宜。严禁将公务车辆用做私人用途。

2003年，在黑龙江省齐齐哈尔市开展公务车辆改革之前，公务车辆费用为97,629,000元人民币。在改革之后，政府提供的交通补助仅为40,679,000元人民币，每年节省了56,950,000元人民币。在2004年6月，哈尔滨松北区开始公务车辆改革，大约包括400人。两年之后，地区政府计算出在交通补助上共花费4,280,000元人民币，在2004~2007年之间每年节省了3,490,000元人民币。黑龙江省大庆市的公务车辆改革已经过去了8年。到目前为止，总共有59个部门实施了改革，影响到402辆公务车辆，保留了其中的108辆。在改革的第一年，就节约了超过53,800,000元人民币的费用。保留下来的公务车辆通过严格管理可以节约2,100,000元人民币。据报告，江苏省快速地执行了公务车辆改革，在过去的5年里，在17个城市和612个县，共取缔了7,400辆公务用车（http://www.gov.cn/jrzg/2006-11/11/content_439655.htm.）。在湖北省黄石市，有16个部门开展了公务车辆改革，与前一年相比将交通开支减少了15%以上（http://www.gov.cn/zfjs/2005-10/03/content_74299.htm）。 在湖南省资兴市，取消了所有部门的公务车辆，所有公务车辆由一个中心部门实行统一管理。所有领导上下班均使用私家车，乘坐公交车或步行，节约出来的资金一半用于奖励官员。实施改革之后一共节约了7,500,000元人民币（http://www.gov.cn/zfjs/2005-10/03/content_74299.htm.）。

# 4 我国城市的关键性机遇

我国城市目前面临着关键性的发展机遇，把握好了就可以在应用交通需求管理方面跨入世界领先行列，从而创造出一个满足人民需要的，以高新技术为基础的高效、绿色交通系统。前面所述国内外的其他城市的成功实践案例，为我国城市交通需求管理提供了借鉴。

## 4.1 停车收费和管理

改善停车管理、对停车收费定价和对机动车停车实行管制是关键，并且这些措施实施后的近期效果明显，能在很大程度上改变出行行为，从而减少交通拥堵与污染、降低小汽车的出行分担率，与此同时还可以增加财政收入，所得收入可以用来改善公共交通、步行和自行车设施。

1. 建议定期进行全市常规数据收集，包括对停车点位、收费标准与定价机制等数据的采集，提高停车位信息的质量，为更好地进行停车管理、课税和管制提供数据基础。

2. 建议取消高服务质量公共交通设施附近新建项目的最低停车配建要求，并根据交通模式分担率目标，为该类区域的新建停车空间设置上限。建议考虑对可能支持交通模式分担率目标地区最低停车空间的标准下调，依靠收费来分配稀少的停车空间，避免停车空间的过度供应导致过度使用汽车。建议鼓励房地产租赁和出售方在可行的情况下不附带停车空间；建议鼓励或要求开发商提供方便的自行车停车位；用有顶棚或遮蔽的人行通道和其他便利设施代替汽车停车空间，使他们参与到交通管理的出行引导、定价及政策制定与停车管理中。

3. 建议鼓励以工作单位为基础的停车策略，推行拼车，为使用汽车上下班族提供其他选择，包括“停车费用现金预支政策”或“现金代替停车激励机制”、公用汽车停车点优惠措施，为使用公共交通工具的上班族提供补助以及在工作地点提供自行车停靠点和更衣室。

4. 考虑到非临街停车空间增长迅速，建议尝试对非临街停车空间和临街公共停车场同时进行收费，避免车辆在街道上四处游弋寻找更便宜的临街停车点。

5. 借鉴斯德哥尔摩市、华盛顿、蒙哥马利郡和马里兰州所采用的相似措施，建议优先选择在附近存在替代性交通设施的地点投资建设非临街停车空间。在一天的不同时段内或其他情况下，对商业性停车点可以实施共用，可用来满足居民和其他停车要求。

6. 目前，我国很多城市还没有完善的停车空间未被充分使用或使用饱和的数据信息。目前提议的停车费率能否带来更好的情况？按街区划分的付款总体来说是好的工具，它既确保了旅游者、外来人员可以使用空余的停车点，也避免了汽车四处游弋寻找停车位，应将该工具在重要居民区展开试点。与欧洲城市对其进行广泛推广使用相类似，应该开始培育这种根据时间段定价的多种类付款的使用，这将提供更多的机会方便我们根据交通模式分担率目标，按时间调整有限的停车空间的价格。

7. 建议考虑建立一项新措施来促使现有停车空间的所有者放弃其停车优先权来换取为期一年（或者更长时间）的公共交通通行卡或其他奖励措施。

8. 建议将停车所得收入中的一部分返回到收取该停车费用的居民区，作为停车受益区的一部分，可用做步行和自行车基础设施改善。

## 4.2 公务车辆管理

建议着手实施公务车辆改革。对不愿在几年的时间内每年将其公务车辆减少20%的机构征收新的消费税或者通行费；建议向市级机构发放现金代替汽车的补助费，或者可以将流动性补助进行分配，作为储值充入市政交通一卡通内，使员工可以选择节省流动性开支，乘坐公共交通工具。哈尔滨的实践经验表明，在流动性补助上可节约整体开支。

## 4.3 交通拥挤收费

我国有条件的大城市，如北京市，已经为向交通拥堵收费过渡打下了坚实的基础。北京市有着覆盖面广泛的安装有自动牌照识别系统（ALRS）的交通摄像头网络。该项技术是一个成功的交通拥堵收费系统的基础，正如在伦敦和斯德哥尔摩等城市一样，它可以用来在一些核心区域实施边界线内区域收费制度，如在二环线或三环线以内，或者支持一个多重边界线系统，就像奥斯陆和曼彻斯特市所设计的一样。它还可以用来支持以设施为基础的分时段收费系统，这些系统可以取代目前实行的每5个工作日有一天根据车牌单双号限制出行制度。

从根据车牌号码限制出行的方案向根据时间段的收费系统的过渡，会同时提供给机动车驾驶者更多的出行选择，增加收入用于公共交通、步行、自行车设施的进一步改善，同时还可以减少交通堵塞。按时段收费系统非常灵活，它可以根据变化的交通需求方式进行修改和调整。北京市的机动车注册信息数据库运转良好，这为执行收费制度奠定了坚实的基础 。

1. 建议有关部门开始对替代性道路使用收费系统措施进行详细研究，将它作为试点项目的一部分在几百或几千户家庭中试行，与西雅图市、波特兰市等城市的做法类似，测试公众对替代性计划的反应程度。这需要使用北京市的交通模型来评估可选择情境，对机动车主进行抽样调查，测试他们对道路使用收费做出如何反应，同时也对他们的行为进行监控，并将结果告知利益相关方、媒体及其他相关方。

2. 建议有关部门使用立法手段确定道路使用收费实施的范围及阶段性措施，为在更广泛范围内采用该措施需提供政治支持，明确道路使用收费措施的目的和关键点。

3. 建议有关部门评估引进其他使用机动车收费改革的潜力，考虑将机动车所有者支付的固定费用转换成可变的费用，直接将费用与车辆行驶的里数、时间和地点挂钩。这些应包括机动车注册费、机动车税和机动车保险。荷兰和新加坡等一些国家正在致力于将机动车成本的很大一部分与机动车的使用相挂钩。美国和欧洲日益增加的保险公司目前提供随驾随付汽车保险，它可以使交通量减少8%~12%，同时减少事故发生和驾驶的总体消费成本，通过他们的保险使2/3的家庭节约了车辆开支。

4. 解决交通拥堵问题。道路收费方案的设计由其目的所决定,如果目标只在解决交通堵塞，根据交通密度进行收费是合适的。例如，在新加坡每3个月采取一次收费，这样85%的交通量在高速公路上可以保持每小时45公里的速度（当平均速度下降到每小时45公里以下时，产生滞后的交通堵塞就会出现）。此类收费根据路线和时间段的变化而有所不同，如高峰期时段与非高峰期时段。这种措施可以使交通更加畅通，但是对交通整体情况的影响效果有限，因为汽车驾驶者可能会选择不同的时间或路线出行。

5. 解决交通拥堵和空气污染。如果目标是解决大部分或者所有已知的外部效应，那么策略会有所不同。气体排放在交通未出现堵塞的情况下也会出现，噪声在晚上最难以忍受，交通堵塞越不严重越有可能出现死亡事故。这种观点要求汽车交通绝对意义上的减少。因此，在六环线以内行驶每1公里都需要缴纳至少1元的费用。但是，在三环线以内收取更高的费用也是合适的，因为在这一区域车辆密度更高。价格还应根据耗油率、车重或者气体排放标准而有所不同。这种环保型城市道路收费措施在米兰市的环保通行证制度中明显地改善了空气污染。米兰市根据气体排放等级对汽车实行收费。在实施环保通行证制度之后，在前6个月里面，PM10值就减少了大约20%（Masi，2008）。

## 北京市：城市道路收费的益处

对交通拥挤收费或城市公路收费在减少社会成本和创造共同利益上的作用也进行了分析（Creutzig与Dongquan He，2009）。根据福利理论，理论上最理想的道路收费将通过最少的集体个人成本支出，最大限度地减轻交通堵塞。研究发现汽车交通减少27%，由于驾驶时间的节省，每年可以节省140亿元人民币。重要的是，其他的社会效益将总共达到每年72亿元人民币，主要是因为空气更加清洁，而气候变化减缓，按照目前碳的价格，每年会相应节省4亿元人民币。这些效益的概况如图21所示。交通堵塞和空气污染成本的程度清楚地展示交通拥挤收费是理想的措施，或者更广泛地说，城市道路收费对于北京市来说是一项理想的措施。

对于普通的汽车驾驶者，城市道路收费可能意味着每天多缴纳35~45元的费用。一种可能的实施方案是在四环线以内每公里征收1元，而在二环线以内每公里征收费用增加到3元。这样会使平均速度从每小时21.5公里上升到每小时27.8公里。

城市道路收费可能会带来很大效益，不仅对于地方经济，而且对于整体生活质量都有很大益处。但是单独的城市道路收费措施是不够的；如果没有其他有竞争力的代替性选择，机动车主仍然不会放弃驾驶。同城市道路收费一起，改善公共交通服务，自行车网络，建设更安全、方便行人的街道会使机动车主更少地使用车辆。实际上，车主可以更容易地转向其他交通方式。技术上，这些措施为机动车主增加了需求的弹性，减少了他们的出行成本，同时提高了城市道路收费的效益。另外，快速公交系统日益提高的可达性允许城市道路收费降低价格，从而减轻了汽车车主的负担，同时也实现了交通量的减少。在伦敦，公共汽车服务的覆盖面扩大与交通拥挤收费方案可以提高公交的使用率（伦敦交通2007）。

这些措施结合起来能够产生合力作用并大大减少车辆出行公里数。图21具体显示了城市在单独进行道路收费与将发展公交、慢性系统和道路收费组合情况下的收益。让人高兴的是，公交范围的迅速扩展和改善的公交服务已经为未来几年做好规划（如第二部分所示）从而为城市道路收费方案的实施提供了基础。通过需求弹性对道路收费和对交通设施的投入之间的相互作用方面的研究可参考Creutzig与Dongquan He（2009）。这些措施的结合所产生的效益如图21所示。

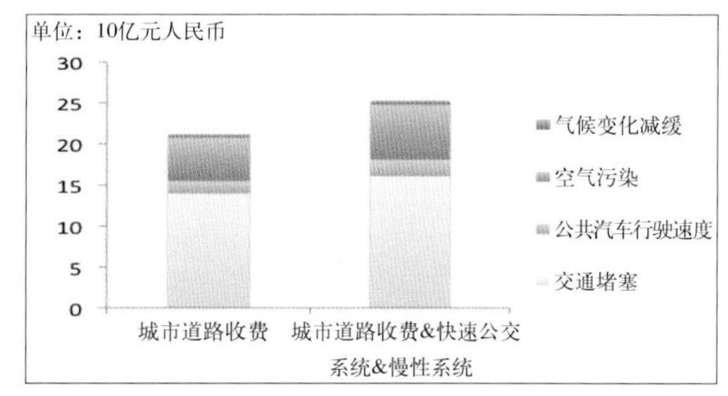


图21 北京市城市道路收费和公共交通系统投资

## 5 结论

我国城市正处在快速发展的阶段，拥有许多机会进一步减少交通量、交通拥堵和污染。我们可以采取有效的方法为这些未来的国际性大都市带来更加健康和发达的经济，诸如停车管理和道路使用收费等交通需求管理策略，作为公共交通、步行和自行车骑行设施的改善与补充措施。

## 6 致谢

感谢《交通需求管理培训指南》一书的作者Todd Litman、Andrea Broaddus与Gopinath Menon，感谢允许采用该书中关于交通需求管理成功实践的章节。《交通需求管理培训指南》的中文版和英文版可从www.sutp.org网站上获得。本文还采用了交通和发展政策研究所即将出版的白皮书——美国停车政策：管理策略概论，由Rachel Weinberger、Ph.D.、John Kaehny和Matt Rufo所著。我们感谢 Felix Creutzig对本章节所作出的贡献。感谢规划杂志允许我们采用Michael Replogle 所著关于交通堵塞管理收费的文章。

# 第 5 篇

# 北京市（京津冀）区域交通一体化研究

孔 喆

Research on the Regional Transportation Integration of Beijing Metropolitan Area (Beijing, Tianjin and Hebei Province)
北京市（京津冀）区域交通一体化研究

# 专家简介

RICHARD STANGER

EDUCATION:

Bachelor’s Degree in Civil Engineering, Duke University 1969.

Master’s Degree in Urban (Transportation) Engineering, University of Pennsylvania, 1974.

Master’s Degree in City Planning, University of Pennsylvania, 1974.

Ford Foundation Fellowship in Urban Engineering, 1972~1974, University of Pennsylvania.

Registered Professional Engineer, State of Georgia, 1976~1982.

RECENT PAPERS AND ARTICLES:

Author of a number of published Transportation Research Board papers as well as other papers and articles in various publications over the past 35 years. The most recent include:

“Comparative Performance of Los Angeles’ Transit Modes” at 2009 Joint APTA/TRB Light Rail Conference.

“An Evaluation of Los Angeles’ Orange Line Busway” Journal of Public Transportation, Volume 10, No.1, 2007.

Maintenance Staffing Levels for Light Rail Transit, TCRP Synthesis #61, Transportation Research Board, 2005.

Commuter Rail New Start Handbook, American Public Transportation Association, 2000.

“The Influence of the Rail Program on Bus Transit in Los Angeles,” Journal of Public Transportation, Volume 3, No. 2, 2000.

Michael A. Replogle

Michael Replogle is Global Policy Director and Founder of the Institute for Transportation and Development Policy, a non-profit group that since 1985 has worked with city governments and local advocacy groups worldwide to implement projects that reduce poverty, pollution, and oil dependence. He served as President of ITDP’s board of directors from 1985~1992 and 1995~2009. He is a strategic advisor on transportation to the Environmental Defense Fund, where he served as transportation director from 1992 until 2009. A media resource and frequent legislative witness, he has been an advisor or consultant to the World Bank, Federal Highway Administration, EPA, and governments across the world. He has recently advised the top leadership of Mexico City, Jakarta, New York City, and other regions on congestion pricing, bus rapid transit, and travel demand management. He holds an M.S.E. and undergraduate honors degrees in Civil and Urban Engineering and Sociology, all from the University of Pennsylvania.

# 摘　要

区域交通一体化已经成为实现优势互补、加强地区经济一体化发展的必要手段。相比长三角和珠三角地区，京津冀地区在经济发展上处于相对滞后状态，很大程度上是由于交通一体化水平不高，而且缺乏统一的规划协调机构。

京津冀都市圈是我国北方最大和发展水平最高的经济核心地区，也是国际经济交流与合作的重要枢纽与门户。为了充分发挥都市圈的社会经济辐射能力，北京市对于区域交通建设在设施、管理等方面也采取了相应的措施。“十一五”期间要按城市总体规划基本建成总长890公里的市域范围内高速公路系统，建设京津冀地区城际快速铁路干线，扩建首都国际机场，形成完善的对外综合运输网络。

本文在对北京“十一五”期间区域交通一体化现状分析的基础上，总结出了需要在新的“十二五”规划中得到解决的问题，并结合国内外的实际案例，提出相应的解决办法，主要包括：

（1）建立政府协调机制，加强省市间、行业间合作与协调，应建立包括在国务院相关部门的地区合作机构，或者区域性的协调主体，并通过立法赋予其在区域交通项目规划、建设、管理方面统筹的权力。

（2）进行统筹规划时，要明确各城市在交通体系中的功能定位，认真研究区域内现状和未来的客货流特征，使主要的物流港和客运枢纽的布局同区域内客货流向和流量相匹配，同时避免各城市重复建设和恶性竞争。统一规划应注重充分利用现有资源，实现跨省市重要交通基础设施的功能、通道资源、空间布局、建设时序、技术标准和运营系统等方面的统筹协调。

（3）扩展融资途径，充分发挥地方和企业的积极性，完善多元化投融资机制，充分发挥市场在资源配置中的基础性作用，积极运用市场机制建设高速公路、港口、运输站场等交通设施，继续鼓励多种渠道筹措资金，完善公交私合营的投融资机制。

（4）积极推进交通智能化和信息化的行业标准制定。进一步开展高速公路联网收费系统、公路网交通信息采集和处理系统、气象环境信息采集和灾害性天气预报系统、信息发布和交通组织诱导系统、突发事件检测和应急指挥调度系统等的统一规划、研究和实施工作，实现区域交通信息资源共享，促使各种交通运输方式有效衔接，提高交通运输效率和效益。

# 1 区域交通一体化的定义及内容

## 1.1 定义

交通运输一体化就是指交通体系内部的设施平衡、运行协调和管理统一[1]。“设施平衡”是指在保持轨道和道路快速发展的同时，重视换乘、停车和管理设施的建设。“运行协调”是指所有交通方式彼此协调，紧密衔接，安全运行。强调公交内部、公交与个体交通以及客运与货运分层次的整合。“管理统一”则是指交通各相关部门协同运作，共享信息资源，实现高效管理。要充分发挥政府、市场、公众的各种作用和组合优势，对交通的规划、投资、建设、运营、收费等进行综合协调。

## 1.2 内容

### *1.2.1 交通设施一体化*

交通设施一体化的关键，在于构建一个以枢纽为核心的交通衔接系统，通过该系统将各种交通方式内部、各种交通运输方式之间有效衔接起来，提高整个交通运输体系的效率。

### *1.2.2 交通管理一体化*

要想实现各交通系统的充分整合，就必须依靠统一、协同和高效的管理。即以先进的管理技术为手段，充分发挥政府作用和优势，对都市圈内整个交通体系的规划、投资、建设、运营和收费等进行综合协调，构建区域性的协调机制，甚至管理机构。

### *1.2.3 交通信息一体化*

在共同规划的基础上，构建都市圈内统一的交通信息基础平台，使都市圈各地区交通信息化建立在统一标准和资源共享的基础上，从而实现整个都市圈交通信息化整体协调发展。

# 2 区域交通一体化发展现状与存在问题

## 2.1 交通一体化的现状

京津冀都市圈是我国北方最大和发展水平最高的经济核心地区，也是国际经济交流与合作的重要枢纽与门户。为了充分发挥都市圈的社会经济辐射能力，北京市对于区域交通建设在设施、管理等方面也采取了相应的措施。“十一五”期间要按城市总体规划基本建成总长890公里的市域范围内高速公路系统，建设京津冀地区城际快速铁路干线，扩建首都国际机场，形成完善的对外综合运输网络。

[1]长三角地区交通一体化研究，毛琼。

### 2.1.1 “十一五”交通设施一体化建设

对于京津冀都市圈交通一体化建设，主要包括航空、公路、轨道、交通枢纽以及港口等5个方面。

**1. 航空方面**

目前京津冀地区的机场分布比较密集，有首都国际、北京南苑、天津滨海、石家庄正定等民用机场。首都国际机场是我国最大的航空枢纽港，天津滨海机场旅客吞吐量有所增长，正定机场吞吐量多年徘徊不前，规模较小。目前这些机场之间缺乏统一规划和协调，更多的是竞争关系，造成天津和正定机场的旅客吞吐量不足。北京在“十一五”之前，完成首都机场国际枢纽港的扩建任务，实现飞机起降量50万架次/年，旅客吞吐能力6,000万人次/年和货运吞吐能力180万吨/年的目标，充分满足2015年之前航空业务量发展的需求。2010年之前，要完成第二航空港的选址、规划设计和立项审批，力争尽早开工建设。

**2. 公路方面**

实现市域公路网与国家干线公路网及周边地区城际公路网衔接匹配，强化北京公路主枢纽功能，为京、津、冀环渤海经济区资源共享、全面合作、统筹协调发展提供有力交通支持。2010年，初步建成以高速公路和一级公路为骨架，功能级配合理，与国家干线和环渤海经济区干线公路网有机衔接的公路运输网络。市域公路网总里程达到16,000公里，公路网密度由2003年的0.86公里/平方公里提高到0.95公里/平方公里。高速公路网总里程达到890公里。新城及平原区重要中心城镇均直接与高速公路走廊相连接，市域范围内公路网将覆盖全市所有村镇，实现村村通油路。

在公路衔接方面，除了干线公路外，已有两条高速通道以及一条联络线实现了京津之间的快速联系。其中京津塘高速与北京三、四、五、六环路，天津外环线，京沪、津蓟和唐津高速公路以及103国道、104国道互相连接，打通了北京直达天津港口的快速通道；京津高速公路则是交通部规划的连接京津两市南、北、中3条高速公路中的北通道；同时2008年6月通车的津蓟高速公路延长线，起点与津蓟高速公路相连接，并与北京—平谷的京平高速相接成为第三连接通道。另外由北京大兴出发至天津武清区汊沽港的第3条高速通道也已进入前期研究阶段。

**3. 轨道方面**

为适应环渤海京津冀地区旅客运输需求快速增长的需要，缓解区域交通运输紧张状况，推进城镇化和经济一体化的进程，2005年3月28日，国家发改委公布了经国务院常务会议通过的《环渤海京津冀地区、长江三角洲地区、珠江三角洲地区城际轨道交通网规划》，该规划提出：建设以北京为中心，以京津为主轴，以石家庄、秦皇岛为两翼的城际轨道交通网络，覆盖京津冀地区的主要城市，基本形成以北京、天津为中心的“两小时交通圈”。其中北京—天津—塘沽城际轨道交通线，自北京南站至天津站，并延伸至塘沽，全长160公里（2010年建成）；北京—石家庄城际轨道交通线，全长263公里；北京—唐山—秦皇岛城际轨道交通线，全长287公里（2020年建成）。同时，建设和改造枢纽内的货运编组站及货运作业站，提高货物吞吐能力。

2010年之前，配合京沪客运专线及京

津快线等新线建设，完成北京站及北京南站站区改造，同步完成市内交通及公用市政设施配套建设；修建北京站与北京西站之间的地下直径线；改善北京北站、北京西站、丰台站及北京东站地区的交通集散条件和地区环境。

**4. 交通枢纽方面**

对于长途客运方面，已建成首都国际机场、北京站、北京南站、北京西站，北京北站及六里桥客运站等大型综合客运枢纽；2010年之前，初步建成城市客运与城际客运一体化综合枢纽体系，改善城市与城际客运衔接与换乘条件。货运方面，在建设北京铁路东站的同时，“三环、五带、多中心”的物流节点布局已经形成。公路货运枢纽体系采用分级结构布局，规划建设6个一级货运枢纽和6个二级货运枢纽。2010年之前，重点建成马驹桥、阎村、天竺等货运枢纽。

**5. 港口方面**

在河北、天津640公里长的海岸线上分布着秦皇岛、京唐、天津、黄骅4个大港口。目前天津港已经是国际上著名的货运港口，2008年的吞吐量超过3亿吨，排在全球第六、国内第四，是一个集运输、仓储、加工为一体的综合性多功能港口。京唐港也是国家重点建设的港口。而深水良港曹妃甸港区，也正在紧张的建设中。

目前各大港口也注重了与其他运输方式的衔接。铁路方面，目前京唐港向南能同京九铁路、京沪铁路、京广铁路相连，向北能同京哈铁路、京承铁路、京包铁路相接。天津港也正加紧建设，与大秦、京秦线路沟通，争取2010年形成枢纽内铁路环线。公路方面，长80公里的唐港高速公路与津唐高速公路、京沈高速公路在唐山境内汇成“x＋o型”高速公路网，大大缩短了京唐港与北京、天津等市的距离。港口之间，由唐山经曹妃甸、到天津汉沽的沿海高速公路也正在修建，与滨海新区滨海大道贯通后，曹妃甸至天津港，或者京唐港只需要20余分钟的车程。这对于3大港口与经济开发区的合作与发展起到了纽带的作用。

### 2.1.2 管理一体化建设

在进行交通设施一体化建设的同时，促进交通一体化的政策、纲要等相继出台。

为进一步完善京津冀大交通体系建设，2009年5月，天津市与河北省公路主管部门将共同对衔接路网实行统一规划、同步实施。由于历史原因，两省市接口公路中存在着规划不统一、实施不协调等问题。两省市决定在路网规划统一对接的基础上，加快接口公路的同步建设。

2009年5月，京津冀三地共同签署交通一体化合作备忘录，推进一批具体项目有效对接。 三省市交通运输部门每年至少召开一次京津冀交通合作联席会议，就发展战略和合作领域、发展规划和重大项目实施、区域立体交通的合理配置、不同运输方式的有效衔接、津冀港口的有效竞合、区域交通信息共享以及需要争取的相关政策等重要问题进行研究和协调。

2009年6月，北京、天津、河北三地规划建设部门共同签署了《关于建立京津冀两市一省城乡规划协调机制框架协议》。三方明确表示将建立城乡规划领域的协商对话、协作交流、重要信息沟通反馈、规划编制单位合作和共同市场机制，实现区域规划“一张图”。

### 2.1.3　信息一体化建设

2008年，交通运输部在京津冀、长三角地区五省三市组织开展的跨省市区域联网不停车收费示范工程，已取得阶段性成果。其中，北京市共建设ETC车道87条，人工刷卡车道1206条。

在一卡通建设方面，北京与天津已于2008年8月整合了两地的出行卡，发行了新的区域一卡通（图1）。持该卡的用户除可以在北京市政交通一卡通已开通的领域消费外，还可以在天津城市一卡通已开通的领域消费，并享受两地的普通卡同等优惠；用户持本卡在北京乘坐城市公交享受四折、地铁全网2元（除机场线）等诸多优惠政策；用户持本卡在天津乘坐城市公交享受九五折、地铁九折、轻轨九五折等优惠政策。

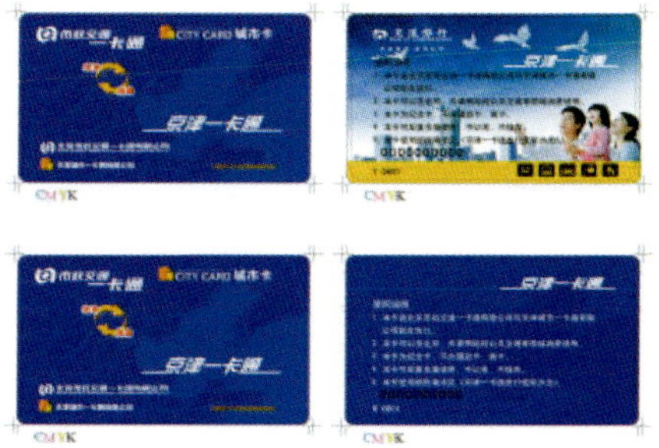

图1　京津一卡通（来源：http://gb.cri.cn）

### 2.1.4　存在问题

京津冀都市圈交通一体化建设虽然取得了一定的进展，但是仍存在如下问题。

**1. 运输通道能力不足，过境交通压力过大**

京津冀都市圈的区域经济一体化处于起步阶段，未来10~20年京津冀都市圈将实现工业化、工业转移和非工业化协调发展，河北省将承接京津地区的产业转移和知识辐射，实现产业的优化升级。随着京津地区充分发挥知识资源、产业资源与港口资源优势，大力发展以高新技术产业为主导的现代工业体系和以贸易、金融为主导的第三产业，未来都市圈内各城市间的分工与合作将日益紧密。目前，京津冀核心城市间交通压力不断增大，高速公路通道数量不足，京津冀都市圈出口高速公路通行能力不足的矛盾日益突出；区域内中心城市之间现有高速公路交通压力巨大，京津塘高速公路、京石高速公路的日交通量均已达4万辆小客车以上，最大日车流量已超过13万辆，已达到设计车流量的2.6倍，骨架路网通行能力严重不足，北京市70%以上的干线公路处于拥挤状态；目前公路环线建设基本上实现了过境交通和城市交通的分流，但实际上主要过境交通流是西北地区与渤海湾沿海地区之间以及冀中南地区与冀东地区之间的客货流，这两大交通流在通过北京境内普遍采取沿放射线—环线—放射线的进出线路，对北京环线局部路段构成较大交通压力；铁路方面，大多数高速铁路引入北京的市内枢纽而不设过境线，这将给北京市中心带来更为集聚的经停或中转交通客流。

2. 运输枢纽设计降低运输效率

乘客在枢纽换乘主要依靠步行，因此步行距离的长短和舒适程度直接对运输效率产生影响。长途旅客多带数量较多的行李，对扶梯、电梯、坡道等无障碍设施更加依赖。目前即使设计时考虑了这些设施，但是运行时，仍存在有设施闲置的情况。如果换乘的某个阶段只有楼梯时，将成为换乘的瓶颈，大大降低换乘效率。枢纽内部标识系统的不明确，换乘路径过长，都将影响到客流速度。如，北京南站，设计之初，设计人员并没有得到外部公交线路的确定信息，管理体制复杂造成各部门缺少交流。建成后，出站旅客看到的公交车站的标示很多，但是都没有明确车辆线路，对乘客来说仍然很难理解。乘客多对北京的交通信息不熟悉，如果没有足够明确的地图和文字表示，将延长滞留时间。标有车号的地图并没有放在乘客下车的地方，乘客一旦发现走错方向将拖着行李走很长路线返回。巨大的投资放在建筑本身上面，但往往服务效果不佳，运行效率低。在长途枢纽周边的交通设施更应注意名称的统一性，如公交线路在北京南站这一点的站名有的是按当地地名，有的是按重要建筑物（北京南站）。这就造成不经常出入的乘客的混乱，拎着行李在路上、在公交站台上转，给市内交通造成了问题。长途枢纽周边的标识和交通设施都应主要考虑到对北京不熟悉的乘客的需求，只有提高了这部分人的交通效率，才能缓解当地交通状况。

3. 港口的功能定位缺少分工协调

京津冀地区存在港口重复建设，恶性竞争，难以合理利用资源、优势互补的问题。这样既不利于该区域港口群整体实力的提高，也不利于各个港口的壮大。近年来，环渤海湾港口吞吐量在突飞猛进的增长，由此激发起了各港口的投资热潮，而且都是在各自港口的框架内进行，各地争当北方国际枢纽大港的构想纷纷写进各地的规划，这对于腹地共享、服务对象有限的区域港口体系的发展而言，无疑将是浪费。港口的投资热潮也必然加剧港口之间对货源、靠港船舶、货物出口的竞争。由于腹地相近、货源相近等，围绕北方航运中心、围绕集装箱、煤炭等的港口间的竞争较为激烈。河北省487公里海岸线上，分布着秦皇岛、唐山（含京唐港区和曹妃甸港区）、黄骅三大港，共有84个泊位，在煤炭方面，天津港、秦皇岛港、唐山港的竞争已经形成。关于津冀港口合作，河北省政协财经委有关负责人建议：“在合理协调各方利益的前提下，可以考虑建立由中央、北京、天津、河北共同参股，统一管理四大港口的渤海湾港口集团总公司。以资本为纽带，对四大港口的规划和建设进行统一协调。”

4. 信息一体化辐射范围仍需扩张

目前京津冀信息一体化建设主要集中在北京与天津，相比而言，区域内其他城市该方面的工作有所迟滞。另外对于信息一体化的另一重大方面——综合交通出行信息服务，各地的关注点也仅仅是其自身城市内部，对于区域综合还未有一个明确的框架。

# ③案例研究

## 3.1 国外案例

### 3.1.1 泛欧洲交通网（Trans-European Transport Networks（TEN-T））

1. 背景

欧洲运输市场，特别是货运，在过去几十年里发生了巨大变化。欧盟2001年交通政策白皮书[2]的数据表明，自1970年汽车和航空的客运量出现了惊人的增长，而铁路和公共汽车这两种相对环保的运输方式却出现了下滑（图2）。货运市场方面，公路和短途海运占据主导地位，而铁路和内陆水运只占很小份额（图3）。这种发展趋势造成了主要公路上的交通拥堵，对环境和公众健康造成损害，还导致了更多的交通事故（每年因事故造成4万人伤亡）。

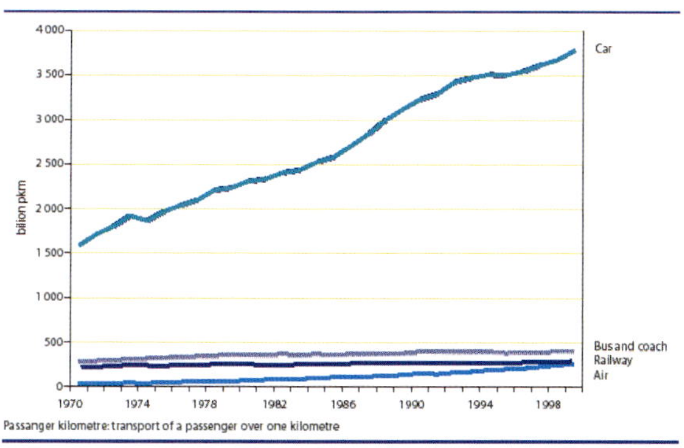


图2　各种客运方式的乘客公里数

（来源：White paper – European Transport Policy: Time to Decide, European Commission, 2001, pp. 22。）

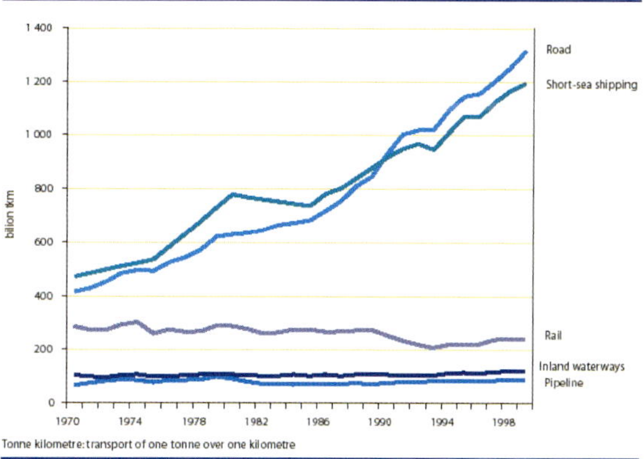


图3　各种货运方式的吨公里数

（来源：White paper – European Transport Policy: Time to Decide, European Commission, 2001, pp. 23。）

随着欧盟的扩大，德国和法国等发达国家担心新成员国，特别是未来东欧国家的廉价劳动力会大量涌入，从而加剧国内的失业。而新成员国也担心劳动力，尤其是人才的流失，以及本国企业会因竞争力不足而失去市场，经济不平衡进一步加剧。

为了解决上述问题，欧盟议会和欧洲理事会于1996年批准了欧盟委员会泛欧洲交通网发展指南（Community Guidelines for the development of the trans-European transport network）。这意味着欧盟历史上首次拥有了跨国的交通规划框架，为未来的交通网络确立了目标。

该指南经批准后经过了多次修改，最近的一次是在2004年。最新的指南包括两层面的规划：1个综合的网络（所有交通系统的总体规划）和30个优先项目。网络包括[3]：95,700公里的公路网、106,000公里的铁路网（包括32,000公里高速铁路）、411

[2] White paper – European Transport Policy: Time to Decide, European Commission, Luxembourg: Office for Official Publications of the European Communities, 2001.

[3] Green Paper – TEN-T: A Policy Review: Towards a better integrated Trans-European transport network at the service of the common transport policy, European Commission, 2009, pp.5.

个机场和404个海港。大部分设施已经存在，但仍有将近20,000公里的公路、20,000公里的铁路（绝大多数为高速铁路）、600公里的内陆航道需要建造或者改进，预计耗资5,000亿欧元。TENT的目标是确保可持续的交通运输，结合各种交通运输方式的优点加强之间的换乘联系，刺激经济发展，创造就业。

2. TENT指南

指南包括交通网主要的原则和目标、对不同运输模式项目的定义、不同运输方式的网络规划图等。最新的指南将网络延伸到了新成员国，确定了30个优先项目，并将整个网络的完成期限从2010年推迟到2020年。TENT的项目不止包括新建基础设施，还有对现有网络的优化、不同运输方式的衔接，以及采用先进的信息和导航技术。鼓励用短距离水运来代替部分公路运输，以缓解道路堵塞。海港、空港、内陆水港和其他综合交通枢纽的建设作为衔接不同运输方式的主要手段。

由于TENT遍布27个欧盟国家，数以百计的项目需要明确的目标和标准，以便设定不同的优先级别，从而更合理地利用欧盟的资金，实现更大的效果。项目的优先选择主要基于下面4个标准。

- 项目规划和融资的成熟性
- 跨国界项目
- 经济增长和创新
- 有利于环境保护

TENT的项目通常需要欧盟、其成员国，甚至私有企业的参与，因此不同参与方之间的协调和明确分工十分重要。欧盟委员会处于领导地位，其职责包括制订和修改网络规划图、确定优先项目。为了推动某些项目，尤其是跨国界项目，委员会可以委任一位对欧盟制度、项目融资、社会经济和环境评价方面经验丰富的专家作为“欧洲协调人”。虽然该协调人是由欧盟委任，但必须得到相关成员国的同意，这也使得其职责有了合法性，为未来与成员国的合作奠定了基础。成员国有义务为协调人提供与项目相关的数据资料。协调人的工作通常只负责一个项目，但必要时也可扩大到整条交通轴线。除了协调工作，协调人还可以对欧盟资金在项目的使用进行评价，这也赋予其更大的话语权，能够影响资金的投入。

成员国应为欧盟委员会提供国家规划和项目规划，申请欧盟凝聚与区域发展基金和TENT预算时应给与相关项目优先权。

欧盟委员会内部成立TENT委员会，其成员包括成员国代表，并由欧盟委员会的一名代表担任主席。TENT委员会就规划和项目的变更与成员国交换信息，并对TENT发展的相关问题进行研究。

欧盟委员会每两年向欧盟议会、欧盟理事会、欧盟经济和社会委员会，以及地区委员会就指南的实施情况进行汇报。TENT委员会应协助欧盟委员会撰写报告。报告应包含对指南进行修改的建议，以及优先项目的变更。

欧盟还通过招募专业人员建立了TENT执行局，负责项目的实施。该局主要负责[4]：管理和监督TENT的预算对项目的资助；通过欧盟其他制度更好地对优先项目进行协调；对项目融资和建立统一的评价体系提供技术支持；对欧盟委员会提供技术和行政支持。

**3. TENT融资**

TENT的资金主要来自：

- 欧盟TENT预算
- 凝聚基金和结构基金
- 大约20%来自私营企业
- 成员国预算

欧盟提供的资金主要有以下几种形式：

- 直接投资项目
- 共同凑资用于研究
- 对欧洲投资银行或其他金融机构提供的贷款利息进行补贴
- 对欧洲投资银行或其他金融机构提供的贷款进行担保
- 作为风险资本参与投资

**4.经验教训**

虽然资金的来源多种多样，成员国和欧盟的预算仍然不足。欧盟虽然负责对TENT进行规划，但并没有足够的财力保证其实施。2000~2006年，欧盟对TENT的投资，包括欧洲投资银行贷款，总计约200亿欧元，只占所需投资总额的一小部分[5]。

凝聚基金和结构基金虽然可达项目投资额的50%，但仅限于经济较落后地区。TENT的预算主要用于论证项目的可行性研究，或鼓励其他投资方或银行贷款。但由于该预算被限制在项目总投资的10%以内，因而无法对投资者产生足够的激励。在经济发展缓慢的情况下，各成员国更倾向把有限的财力投入别的用途，这就需要发掘更多的融资渠道。TENT的项目包括多种形式，越来越多的项目也存在实现自我融资的潜力。欧盟正在推动基础设施使用收费和外部社会成本内部化的立法工作，给予成员国更多交通管理的权利和对基础设施投资的渠道。同时为了吸引更多的私有资本，欧盟应完善对公私合营（PPP）相关制度上的完善，以保证投资者的利益。欧盟公私合营和共同体有关公共合同和特许经营法律绿皮书指出，公私合营应具备一下基本条件：

- 项目明确
- 长期的政治意愿
- 项目成本、特许经营条款以及运营条件的透明
- 稳定的法律条件
- 盈利能力

[4]Developing the trans−European transport network: Innovative funding solutions−Interoperability of electronic toll collection systems, European Commission, 2003, pp.9

[5]Green paper on public−private partnerships and community law on public contracts and concessions

● 利润分配机制和风险分担机制

为了更好地引进私有资本，欧盟在2008年设立了欧洲公私合营技术中心（European Public-Private Partnership Expertise Centre），以便更进一步总结相关经验，推广公私合营这种模式。

### 3.1.2 洛杉矶都市圈交通一体化

**1. 概况**

美国的行政区分为4级：联邦、州、郡、城市。都市圈不属于实际的行政区，而仅指人口和经济发展集中的区域。都市圈通常包括许多城市、郡，有时甚至包括一些州。大部分的联邦政府资金划拨给州政府，但联邦公共交通资金直接给当地的公交运营单位。这一现象是由历史原因造成的，也反映出都市圈问题的复杂性。 为了确保都市圈各行政区之间能合作协调制订区域的交通规划，联邦政府要求所有大都市圈都设立大都市规划组织（MPO）。MPO确保区域规划的"全面、协调、合作"，保证交通规划符合联邦法律规定，尤其是清洁空气法。一旦都市圈的交通规划没有满足法律要求的空气污染减少目标，就没法得到联邦政府的资金，这是为保证空气质量设置的激励措施。

虽然洛杉矶都市圈位于加州内，但十分复杂，面积为98,000平方公里，人口1,800万，包括6个郡、189个城市。洛杉矶郡拥有950万人，是最大的郡。洛杉矶市拥有600万人，为该地区最大的城市。美国的大部分都市圈的交通规划体系和洛杉矶相同。

**2. 交通规划**

该区域的MPO是南加州政府联盟（SCAG），其职责是研究并为交通、区域增长管理、危险废品管理和空气质量制订规划。该区域的郡和城市都有自己的规划，所以SCAG的承担更多是协调工作，形成完整的区域规划。6个郡中的5个有自己的交通委员会，这些机构由加州政府建立，来协调郡一级的交通政策和规划。以洛杉矶郡为例，其交通委员会（LACMTA）协调交通政策、规划和项目，也负责管理州政府和本地的交通资金，委员会的管理层包括13名该郡的政府官员。

SCAG负责运用该区域的交通规划模型来确定未来的公路和公交规划能否满足联邦政府对空气质量的要求。模型的数据不是来源于OD调查，而是来自10年一次的人口普查的问卷。模型计算结果需要通过公路车流量以及公交客流量进行校正。

但洛杉矶郡交通委员会使用自己的模型和技术人员对公交流量进行预测，并规划轨道交通。加州的公路，特别是高速路，由加州交通部负责修建和维护。该部门也通过自己的模型对公路系统进行计算。SCAG将洛杉矶郡交通委员会和加州交通部的结果整合进自己的模型。其他较小的郡依靠SCAG的模型来进行规划。

**3. 公交服务**

公交系统由不同的部门运营。洛杉矶郡的12个城市历史上都有自己的公交车公司，现在仍然在运营当地的公交车服务。洛杉矶郡交通委员会也运营郡之间的长途车服务，以及郡内所有的轻轨和地铁。所以交通委员会承担两种职能：政策制定者和运营者。这其中存在利益冲突：作为政策制定者，交通委员会在拨款时应该客观公正，但实际上时常更多地倾向自己运营的服务。

南加州区域铁路局负责运营区域铁路。加州法律规定跨郡的客运铁路都必须由各郡代表组成的董事会进行管理，包括来自5个郡交通委员会的11名代表。运营所需的补贴通过设定的方法计算，分配给5个交通委员会。

### 4. 融资模式

南加州区域铁路局的票款收入可以达到其运营成本的49%，对铁路货运的收费达运营成本的12%，剩余部分通过各地提供的补贴弥补。这些补贴来自5个郡的交通委员会，数额通过协商得出的一套公式确定。 公式主要考虑3个因素：每个郡的车站数量、每个郡的乘客英里数所占比例和运营的铁路里程数所占比例。基于该公式，大约60%的补贴来自洛杉矶郡。

各郡交通委员会通过郡内的消费税来获取补贴所需的资金。在洛杉矶，1.5%的消费税是用于公交的，在其他郡是0.5%。美国其他地区也是采取类似办法，这些资金也同样用于修建区域铁路。各郡负责支付修建各自区域内的铁路设施，还包括场站和商业配套设施。修建区域铁路的资金还可以经选民投票同意，发行债券获得。

### 5. 区域交通信息一体化

美国的大部分都市圈范围内都没有统一的交通智能卡，洛杉矶郡交通委员会目前在郡内开始建立这样的系统。

## 3.2 国内案例——长三角地区交通一体化

### 1. 概况

在华北地区的版图上，京津冀是紧紧连在一起的。早在十几年前，京津塘高速公路就已经将北京、廊坊、天津、塘沽、天津保税区和天津港联系起来了。但是，三地多年来一直缺少配合，没有一个稳定的合作机制，在基础设施、产业项目等方面无序竞争，这使环渤海经济圈的区域整合效益甚至落后于起步晚的长三角经济圈和珠三角经济圈。

在改革开放之初，珠江三角洲地区的经济实力根本无法与京津冀地区相比。但近期的统计显示，长三角城市群GDP已占全国总量的17%~19%，珠三角城市群占9%左右，而环渤海城市群仅占7%~8%。

长三角地区位于我国沿海经济带和沿长江经济带的交汇处，具有明显的区位优势，已经建立了雄厚的发展基础。依据2008年《国务院关于进一步推进长江三角洲地区改革开放和经济社会发展的指导意见》，正式确定将长三角扩大到两省一市，即江苏浙江全省，上海市（图4）。目前上海、江苏、浙江两省一市国土面积占全国的2.2%，人口占全国的1/10，范围扩大的同时，其经济增长潜力也得到了提升（图5）。创造了全国近1/4的国内生产总值，1/3以上的外贸进出口总额。

图4 长三角城市区域位置图

（来源：http://baike.baidu.com）

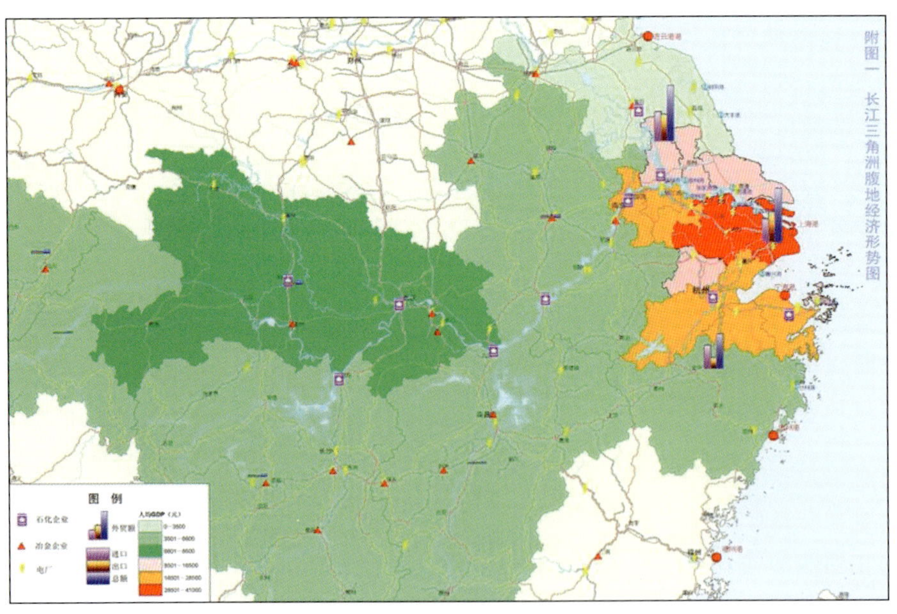


图5 长三角城市经济形势图

（来源：http://baike.baidu.com）

2. 长三角区域运输体系

形成公路、水运、铁路、航空、管道等多种运输方式共同发展的综合运输体系，其中公路水路交通在综合运输体系中居主导地位。目前长三角公路高速通道已有沪宁、宁杭、苏嘉杭、沪杭等23条；规划铁路运输通道10条，已建成京沪、宁启、沪杭、新长、陇海等6条；区域内的16个城市已建成11个不同等级的机场，港口千吨级以上泊位达1,100多座。2008年，长三角港口群实行市场监管联动，目的是解决各港口功能分工不清晰、市场要素配置不合理、同质化竞争明显等现象。目前全国近1/5的客运量和旅客周转量发生在长三角地区，货运量与货运周转量占全国的10%以上。长三角高速公路与港口规划市局如图6所示。

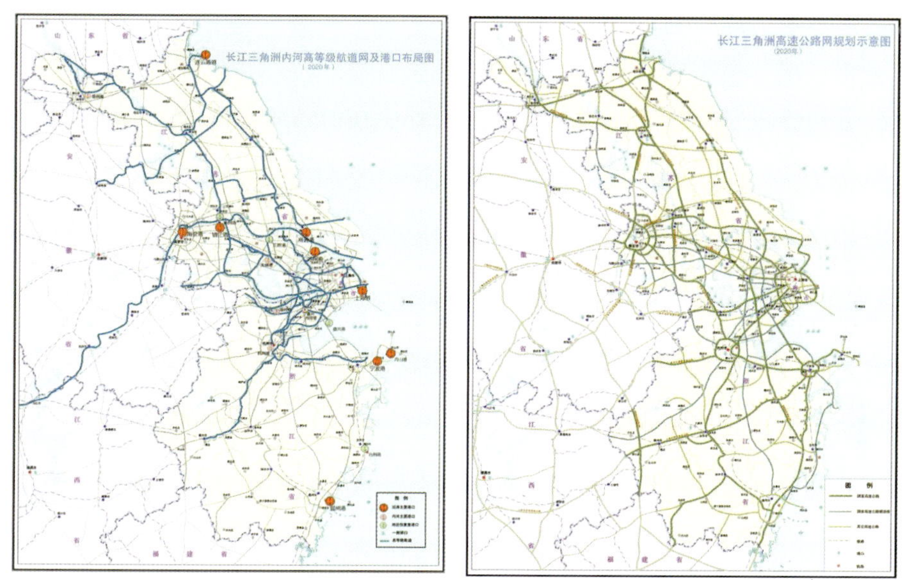


图6　长三角高速公路与港口规划布局图

（来源：http://baike.baidu.com）

### 3. 建立了区域协调机构与联席会议制度，分管区域经济与交通发展

在交通管理一体化方面，2004年举办的第五次城市经济协调会参与成员决定成立长三角城市经济协调办公室，驻地上海，负责协调、组织与实施长三角区域经济合作的日常事务。区域交通运输系统、航空、铁路交通由相应的区域性管理机构管理，公路、水运由各省市内的交通管理机构进行管理。各个机构之间关系如图7所示。

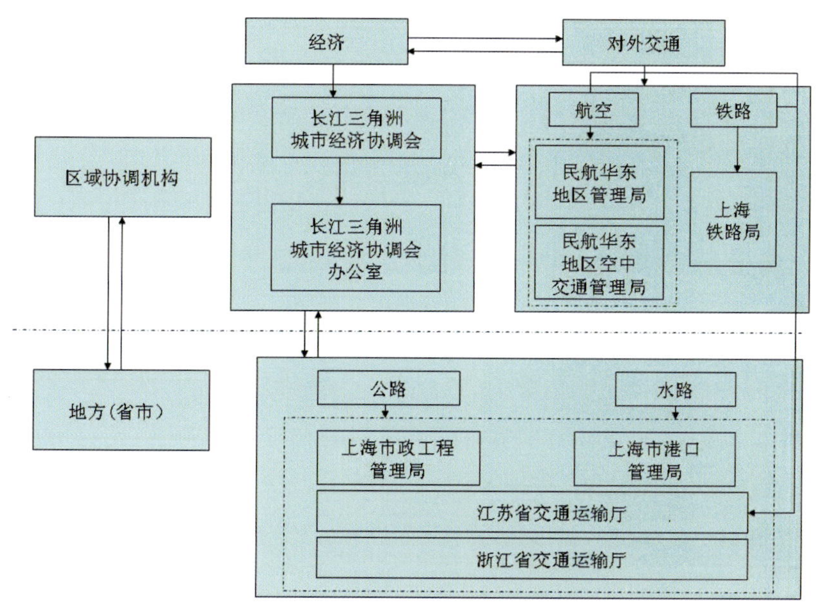


图7　长三角区域经济协调与对外交通管理机构

（来源：《交通运输与可持续发展》）

在区域运输一体化方面，2003年两省一市在市场执法、危险品监管、春运等方面建立协作，并在2006年5月17日的“长三角地区道路运输管理一体化联席会议”上，两省一市交通主管部门签署了《关于加快推进长三角地区道路运输管理一体化的备忘录》，正式建立两省一市交通主管部门每年一次的联席会议制度，统筹长三角地区道路运输管理的一体化发展（中国拟在建项目网，国务院研究发展中心信息网）。

**4. 交通信息一体化**

2004年由上海、南京、杭州、无锡4个城市联合发起的“长三角”地区一卡通城际互通研讨会召开之后，除扬州、南通、绍兴、舟山4个城市外，区域内的其他城市相继开始实施交通一卡通项目，并首先在公交、出租项目上得到应用。其中上海发卡1,000万张，采用了国际ISO14443中非type A型；南京200万张，采用type B型；杭州60万张。城市内部一卡通建设的同时，上海、江苏的无锡、安徽的阜阳小区域互通已经实现，并且上海的IC卡可以在苏州、杭州的出租车上使用。（智荟2333633.com）2009年正由交通运输部牵头江苏、上海、浙江三地交通部门联合进行科技攻关，使得长三角交通出行信息可以真正共享。

2009年1月，长三角高速公路电子不停车收费（ETC）系统在上海高速公路网中的9条高速公路、30个收费站与江苏14个高速公路收费站率先联合开通。2010年，浙江、安徽、江西开通系统，长三角四省一市高速公路网将真正实现ETC的互联互通。2011年，上海市域各个高速公路收费站，至少设有一条ETC车道，长三角地区跨省市电子不停车收费系统能实现联网运营，与苏、浙、皖、赣等省市高速公路实现“道口收费、统一结算”的联网模式（来源：www.shanghai.gov.cn）。

目前，由交通运输部牵头江苏、上海、浙江三地交通部门联合进行的“长三角区域综合交通出行信息共享服务工程”正在进行，江苏的信息平台已建好，在车辆运输违章方面已与浙江实现联网，而上海的信息平台也正在加紧建设当中，一旦平台搭建完成，通过网络、电视、电话、短信、广播查询手段即可实现长三角交通出行信息的真正共享（来源：www.xinhuanet.com）。

**5. 经验教训**

公路建设中采用经营性多元化融资模式，引进民营资本，既要防止资金挪用，又要防止逐利、暴利行为。

长三角区域公路建设正处于国家公路投融资体制发展的第二个阶段：自行贷款、自行建设、自行收费、自行还贷。鼓励社会资本进入基础建设、道路建设是长三角区域采取的主导政策，多元化BOT模式在同三国道、沪青平高速、嘉浏高速等得到应用。但是由于缺乏对民营资本控股权的政策限制，出现了利用控股权套取、挪用资金现象。另外，引进民营资本后，逐利行为驱使目前收费公路存在暴利。

区域内各省市在建立自己的交通信息平台时，要同步考虑并预留一体化接口。

目前，长三角区域在着手建设交通信息一体化的过程中，遇到的最大障碍就是区域各省市信息平台搭建使用标准不统一，尤其是交通一卡通项目，导致互通进度延滞。

# 4 结论及建议

（1）建立政府协调机制，加强省市间、行业间合作与协调，应建立包括在国务院相关部门的地区合作机构，或者区域性的协调主体，并通过立法赋予其在区域交通项目规划、建设、管理方面统筹的权力。

（2）进行统筹规划时，要明确各城市在交通体系中的功能定位（如要不要定义北京都市圈内的货运中心）。认真研究区域内现状和未来的客货流特征，使主要的物流港和客运枢纽的布局同区域内客货流向和流量匹配，同时避免各城市重复建设和恶性竞争。统一规划应注重充分利用现有资源，特别是相对环保的水路交通和区域铁路，海港规划应充分考虑合理布局，形成干线港、支线港、喂给港层次分明、布局合理的集装箱运输体系，集装箱远洋直达率进一步提高。加强对跨省市重要基础设施的衔接、督导和检查力度，实现跨省市重要交通基础设施的功能、通道资源、空间布局、建设时序、技术标准和运营系统等方面的统筹协调。

（3）扩展融资途径，充分发挥地方和企业的积极性，完善多元化投融资机制，充分发挥市场在资源配置中的基础性作用，积极运用市场机制建设高速公路、港口、运输站场等交通设施，继续鼓励多种渠道筹措资金，完善公私合营的投融资机制。

（4）积极推进交通智能化和信息化的行业标准制定。进一步开展高速公路联网收费系统、公路网交通信息采集和处理系统、气象环境信息采集和灾害性天气预报系统、信息发布和交通组织诱导系统、突发事件检测和应急指挥调度系统等的统一规划、研究和实施工作，实现区域交通信息资源共享，促使各种交通运输方式有效衔接，提高交通运输效率和效益。

# 第6篇

# 非机动车交通

## ——以北京市为例

丹麦，盖尔事务所

# Non Motorised Mobility
# 非机动车交通

## GEHL ARCHITECTS

魅力北京、宜居北京、可持续北京的规划原则。

Principles for a more Attractive, Liveable & Sustainable Beijing.

# Introduction to this document
# 手册简介

本手册介绍了**步行**、**自行车交通**和**公交网络**在营造**魅力北京**、**宜居北京**、**可持续北京**过程中的作用。

**愿景**
我们提出的愿景，旨在描绘出北京城市建设的整体目标，并得到北京政府与民众以及城市规划师们的理解与赞同。这一愿景有待北京市政府批准采纳，然后由规划师将它付诸实施，同时使它的重要性为广大北京人民所了解。

**策略**
策略是实现愿景的指南。我们的策略包括3种重要措施。

**1. 工具箱介绍**
工具箱讲述了策略的具体实施原则。这部分内容以实例对工具箱加以说明，但并没有举出工具箱的全部内容。具体内容仍有待与北京市一同研究。

**2. 最佳实践范例**
介绍全球各地的最佳实践范例。

**3. 北京实例**
北京实例将生动地展示“网络”这一首要策略如何在北京实施。

This document should be read as an **introduction** to the role of the **walk-**, **bike-** and **public transport network** in succeeding in the creation of a more **Attractive, Liveable** & **Sustainable Beijing**.

**Vision**
The visions aims to describe a goal that politicians, planners and the people of Beijing can understand and agree upon as a overall goal for the city of Beijing. The responsibility lays with the Mayors of Beijing to take ownership of this vision and allow for the planners to implement it and to educate the people of Beijing of its importance.

**Strategy**
A strategy is a guide to fulfil a vision. Three elements is introduced as important steps in reaching this goal.

**1. Toolbox Introduction**
A toolbox describes principals for the physical implementation of the strategy. This part of the document is a Toolbox introduction, it is not a full toolbox, but is gives examples of what you would find in a toolbox. A full toolbox is to be developed in collaboration with the city of Beijing.

**2. Best Practice**
And introduction to best practice examples from around the world.

**3. Beijing Cases**
The Beijing cases illustrate how the Network in the Strategy could be implemented in Beijing.

# 0 简介 Introduction

充满吸引力的公共空间。北京，中国
**An attractive and vibrant public space**, Beijing, China

# Make Beijing a more livable and Sustainable City!
# 最宜居、最可持续的城市——北京！

这一愿景生动地表明，致力于建设以人为本的世界级交通网络，集步行、自行车通行和公共交通网络于一体，其间穿插公共空间与绿化连接线，对于北京是何等重要。对于**将北京建设为最可持续、最有魅力、最宜居的城市**这一目标，这样的网络是至关重要的第一步。

**在城市的建设中，最重要的是以人为本。**

如今，评价**城市魅力**的标准，通常是它的**人居环境**。而集步行、自行车通行和公共交通以及公共空间和绿化连接线为一体的网络，是美好的人居环境的基石。建设全市范围的网络，并不只是基础设施和交通，还有为**更健康、更便捷、更可持续**的北京创造多样化的机会。

**公共空间与城市品质是现代城市的标志**，但是，只有将它们作为**以人为本**的一体化**网络**的一部分，才能发挥它们所有的潜力。

**北京能够成为最有魅力、最适宜居住、最可持续的城市。**

This vision illustrates how important it is for the political leadership of Beijing, to be committed to a world class people orientated network of integrated walk, bicycle and public transport networks, of public spaces and of green links. This is an important first step towards making **Beijing a World Class attractive liveable and sustainable city.**

**Making a city for people is the most important step a city can take.**

Today a **cities attractiveness** is often measured in its **liveability.** An integrated network for people, bicycles and public transport, of public spaces and of green links is a corner stone in building liveable city. Creating a citywide network is not just a matter of infrastructure and mobility, but a matter of creating a large variation of opportunities and invitation for a more **sustainable**, **healthy** and **accessible** Beijing.

**Public spaces** and **urban quality** is the **landmark of the modern city,** but can only reach its full potential when part of a **people orientated** integrated **network.**
**Beijing can become a World Class attractive liveable and sustainable city.**

# 0 愿景 Vision

2008年人居环境最佳城市（Monocle评选）。丹麦 哥本哈根
**Copenhagen - the most liveable city 2008 (Monocle)**, Copenhagen, Denmark

# Sustainability
# 可持续性

**可持续性愿景：更高效地建设环境、社会和经济均可持续发展的北京。**

以人为本的网络，集步行、自行车交通和公交路线为一体，并穿插公共空间和绿化连接线，将实现多个层面上的可持续性。

步行、自行车和公共交通结合的网络，不仅能够提高环境的可持续性，同时还关注以人为本的城市品质，是实现经济和社会可持续发展的一个关键因素。

**Sustainable vision: Make Beijing a more efficient and environmental, social and economical sustainable Beijing.**

People orientated network of integrated walk, bicycle and public transport routes, of public spaces and of green links is sustainable on more than one level.

Not only is a better integrated, pedestrian, bicycle and public transport network more enviromental sustainable, but focusing on making people oriented urban quality is a key elements in making a more social sustainable an enviromental sustainable city.

# 1 可持续性 Sustainability

市中心，有37%的工作和学习的通勤出行是依靠自行车。丹麦 哥本哈根

**37% of all people that work and study in city centre commute on bicycle**, Copenhagen, Denmark

## Inviting more cars is not a sustainable solution...

## 吸引更多的小汽车并非可持续的解决方案⋯⋯

挽救北京曾经丰富多彩的自行车文化，将是提高北京可持续性的一项重要措施。

Saving the last of the, once very rich, bicycle culture would be the important step towards a more sustainable Beijing.

### 二氧化碳

鼓励人们采用骑自行车和步行的交通方式，能够提高交通的可持续性。步行者和自行车几乎没有二氧化碳排放，只有公交系统能够提供接近于这种状况的可持续解决方案。

Bike or walking
骑自行车或步行
Person on existing public transport
现有公交车上的人
Average car (driver only)
一般车辆（仅计入驾驶员）
Large 4WD (driver only)
大型4轮驱动车辆（仅计入驾驶员）

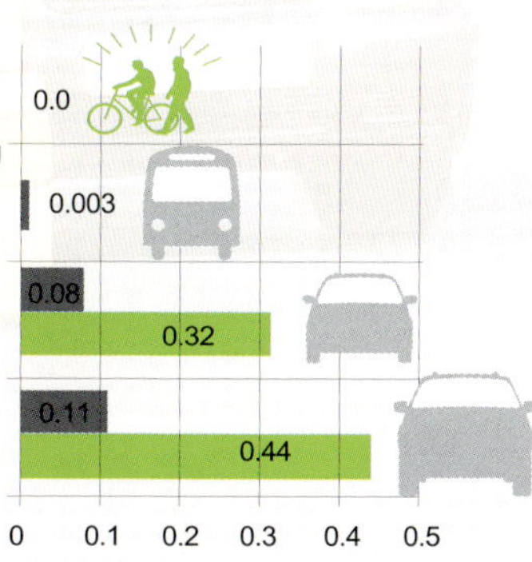


不同交通方式的温室气体排放，单位为每人每公里排放的公斤数。

Greenhouse gas emissions from different forms of transport, kg. per person per km.

### $CO_2$

Inviting for bike and pedestrian use in cities is a way of making a more sustainable modal split. $CO_2$ emission is close to none from pedestrians and bicycles only public transport comes close to providing a sustainable solution that is compatible.

## Inviting more people is a sustainable solution...

## 吸引更多的人才是可持续的解决方案⋯⋯

# Health 健康

**健康愿景：让北京成为更加健康的城市。**

步行和自行车交通构成的良好网络，可以供日常使用、锻炼和休闲，让城市更加富有活力！

用自行车做交通工具，或是用做消遣，是进行日常锻炼的有效方式。

使用自行车可以减少能耗，降低对油基燃料的需求，无污染，而且减少压力。

- **避免肥胖症和其他不良生活方式引发的疾病**
- **吸引人们步行和骑自行车**
- **巩固深厚的中国传统**

**Health Vision: Make Beijing a healthier city.**

A good pedestrian and bicycle network is for everyday use, exercise, and recreation in a livable city!

The use of a bicycle for transit or recreation is a highly efficient way of getting daily exercise.

The use of bicycles reduces energy consumption, lessens the demand for oil based fuel, does not pollute, and decreases stress.

- ***Avoid obesity and other lifestyle diseases***
- ***Invitation to walk and bicycle activities***
- ***Strengthen a strong chinese tradition***

# 2 健康 Health

## Strong tradition and growing problems...
## 深厚的传统与日渐严重的问题……

在中国有着体魄锻炼的深远传统。但是，如今参加锻炼的人群平均年龄却在不断上升，而肥胖症和其他与生活方式相关的疾病也在增多。

There is a strong tradition for exercising in China, but today the average ages of the participators is going up, and obesity and other lifestyle related diseases are growing.

### 健康

骑自行车为健康带来许多益处，使人们能够享受品质更高的生活：

- 减少冠心病和心血管疾病的危险。
- 减少肥胖症的危险。
- 长期骑自行车，可以使普通人年轻十岁。
- 节约一大笔医疗预算：2007年澳大利亚的一项调查显示，缺少活动的代价（医疗支出、住院治疗等）是149.44万澳元。长期骑自行车是预防长时间久坐致病的简单方法，同时将纳税者的钱省下来投入更好的用途。

公司2007年调查

### Health

Cycling has multiple health benefits, leading to greater quality of life:

- Reduced risk of coronary and cardiovascular diseases.
- Reduced risk of obesity.
- Regular cyclists are as fit as an average person 10 years younger.
- Large savings on health budgets: a 2007 survey from Australia showed that the cost (medical expenses, hospitalization etc.) of inactivity was AUD$ 1.494.4 million. Regular cycling is a simple way to be protected against sedentary lifestyle diseases, and save tax-payer's money for better purposes.

Econtech, 2007

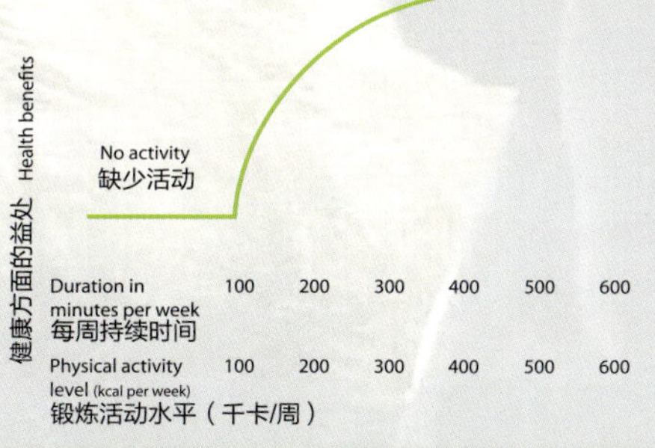


### 微粒吸入量

由于汽车通风进气口是接近地面的，因而汽车内部的人吸入颗粒和氮氧化合物的数量比街道上骑自行车的人平均高20%。如果骑自行车的人选择车辆通行较少的街道，还可以再减少10%~30%的颗粒吸入量。

*NERI——丹麦国际环境研究所。

### Particle inhalation

Because car-ventilation intakes are near the ground, the amount of micro-particles and NOx inside cars is up to 20% higher than street average which cyclists inhale. If cyclists choose streets with low amounts of car traffic, they can gain an additional 10%~30% decrease in particle inhalation.

*NERI - National Environmental Research Institute, Denmark.

# Accessibility
# 通行条件

**通行条件方面的愿景：使北京成为所有人都能方便通行的地方。**

通行便利的网络需要一体化的公共交通系统。它将步行、自行车通行和公共交通与其他汽车交通网络联结在一起，通过以人为本的交通路线、街道和广场，构成全市四通八达的网络。
使交通系统相互衔接，从而可以方便地从一种交通方式换到另外一种，保障公共交通网的效率，这是极为重要的。

如果忽略了这一点，那么对大型道路基础设施的要求就会不断提高，北京就无法从永无休止的交通堵塞中脱身出来，要解决这个问题需要更明智的办法。

**Accessibility vision: Make Beijing a place for everybody.**

A accessible network invites for an integrated public traffic system. It links, the pedestrian-, bicycle-, public transport- and auto network together and provides a fine grain city wide net of people oriented connections, streets and squares.
It is very important to have overlapping systems that allows to easily switch from one mode of transport to another. This secures an efficient public transport network.

If this is ignored the large road infrastructure- will keep growing. Beijing can not build its way out of the never-ending traffic jam - it has to be smarter.

# 3 通行条件 Accessibility

步行和自行车联系的城市中心。丹麦 哥本哈根
**Strong pedestrian and bicycle links connect the city centre,** Copenhagen, Denmark

## Poor conditions and congestion...

## 条件欠佳，交通拥堵……

过度使用私家车威胁了安全和秩序。

Intrusive car traffic create confusing and unsafe situations.

## 空间有效性

系指为在城市环境中1小时内以不同交通方式经过3.5米宽空间的人数。

## Space efficient

Number of people crossing a 3.5 meter wide space in an urban environment during a 1 hour period, using different modes of transport.

Botma & Papendrecht, TU Delft

## 纽约的有效性

通过优化更新城市设计，纽约第七大道的预计通行时间提高了17%，第六大道则提高了37%。

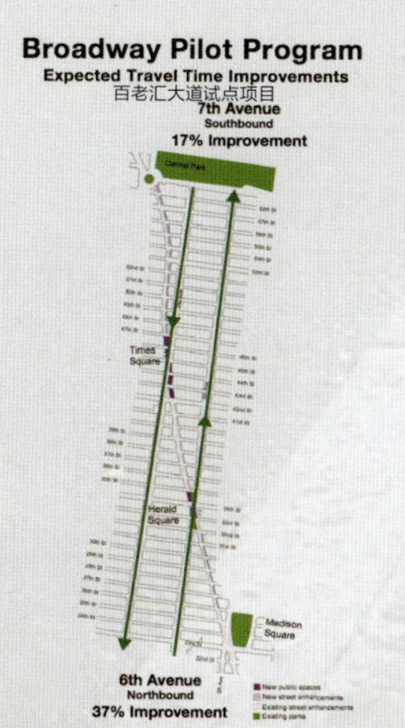


## New York efficient

By upgrading the urban design 7th Ave in New York the expected travel time was improved 17% og 6th Ave it was improved 37%.

# Make Beijing a more liveable city
# 建设北京成为更宜居住的城市

要建设**更宜居**的北京，重要的是建造大型的城市广场和供民众使用的空间。

丰富多彩的城市——**旅游、居住和工作**都让人愉快。要做到这一点，必须对街道进行优化改造，使它们成为步行者和自行车通行的**安全**路线，并且使沿途**赏心悦目、富有吸引力**，从而提高城市中心的“可辨识性”。

城市必须通过“**人行容量**”来考虑它的建设，而不是“车行容量”，在规划过程中必须将对人的考虑放在首要位置。只有街道和空间的布局能够接受这种思维方式，那么规划才可能取得成功。

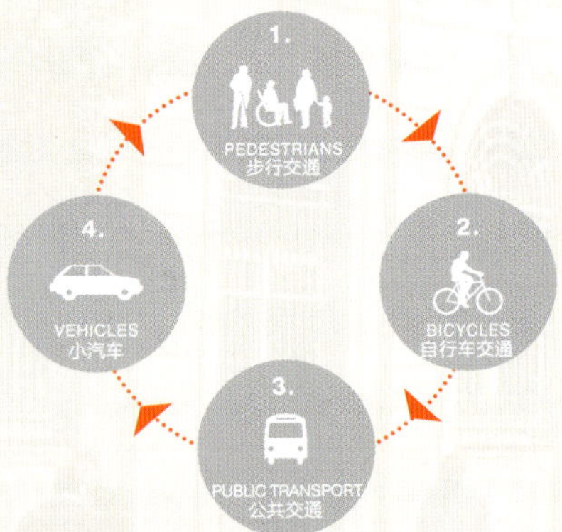


如果我们要建设**更有魅力、更宜居、更可持续**的北京，就必须要改进交通网络，改善公共空间和绿化连接线。

我们的策略是将**修建网络、公共空间和绿化连接线**作为达到目标的3项重要措施。

To create a **liveable city -** with great city squares and spaces for people there are important steps there must be taken in terms of agreeing on the path for a more liveable Beijing.

A city with **diversity** - great to **visit, live and work in -** must improve legibility in the city centre by upgrading streets into more **attractive, inviting and safe** routes for pedestrians and bicycles. The city must think in terms of **'people capacity'** instead of 'vehicular capacity' and put people first in the planning process. If it is possible to recognise this way of thinking in the final layout of streets and spaces, then the process has been successful.

If we want to create a more **Attractive, Liveable & Sustainable** Beijing - we have to improve the Network, the Public Spaces and the Green Links.

The strategy introduces this three elements **the Network, the Public Spaces** and **the Green Links**
as important steps in reaching the goal.

# 0 策略
# Strategy

合理分配路权的城市大道。法国 里昂
**A 'City Boulevard' with a good balance between road users,** Lyon, France

HSBC

# Create a World Class Pedestrian Network
# 建设世界级的步行交通网络

**走在北京的任何地方，人们都应当感受到行人优先，步行环境宜人。**

城市应当提供覆盖宽广的**步行道路网络**，使人们获得高品质的步行体验，比如等候时间较短，行人无法通行的地点很少，可达性好。
良好的步行交通网络应当包括**富有吸引力的步行路线**，禁止车辆通行和以步行者优先的街道，这些是城市建设成功的关键。在这样的城市中，步行是可与开车相媲美的交通方式。
为了建设具有“世界级”步行道路网络的城市，必须将步行道路网络**与公共交通网络衔接起来**，并提供方便通行的月台或车站，使等候地点舒适、怡人。

- 将舒适怡人的步行连接线**统一结合**为**连贯**的步行交通网络。
- 在公共交通和步行交通的网络之间建设**众多的连接线**。
- 建设一体化的步行道路网络，通过怡人的路线**连接到主要目的地**或大型休闲空间、园林和广场。
- 确保**高品质**步行连接线**舒适、怡人**。
- 提供**行人优先**的步道连接线，步道应当宽阔、怡人，行人过街要保证安全。
- 在步行道路沿线，应当着眼于提高步行的品质以及**可达性**。
- 在步行道路干线沿途，应当提供坐下休息的地方，为行人逗留提供方便，使街道成为**人们交往的场所**。

**Everywhere you go in Beijing you should feel prioritised and invited as a pedestrian.**

Introducing an extensive **pedestrian network** with high quality walking experiences such as short waiting times, few stops, and good accessibility.
A good pedestrian network consisting of **attractive walking routes**, car free streets and pedestrian priority streets is a key to a successful city where walking is a competitive transportation mode.
In order to make a 'world class' pedestrian city it is necessary that the pedestrian network is firmly **linked to the public transport network** offering attractive places for waiting and easily accessible platforms/stations.

- Develop a **unified** and **coherent** pedestrian network of attractive walking links.
- Create **strong connections** between public transport and the pedestrian network.
- Develop an integrated pedestrian network where attractive routes **link to key destinations** and major recreational spaces, parks and squares.
- Ensure **high quality** and **attractive** walking links.
- Provide walking links that have **high pedestrian priority** with broad and attractive footpaths and safe crossings.
- Raise the quality of experiences and the level of **accessibility** along pedestrian routes.
- Introduce the streets as **meeting places** with staying options by ensuring places to sit and rest along the main pedestrian routes.

# 1 网络
# Network

Stroget——北欧第一条步行街。丹麦 哥本哈根
**Stroget - the first pedestrian street in Northern Europe.** Copenhagen, Denmark

## Pedestrian network

Walking should be **simple** and **attractive**. A network that **connects destinations**, lovely promenades, good climatic conditions, interesting things to look at, safety throughout the day all **invite people** to walk. Moving activities need to be concentrated in a **network of lively, attractive** and **safe** main streets following the principle 'to concentrate' as opposed to 'spread out' to ensure an **active public realm**.

## 步行交通网络

步行应当**方便**而**怡人**。步行道路网络应当**将目的地连接起来**，使**人们**能够在良好的气候条件下愉快、安全地漫步，并能观赏各种有趣的事物。行走活动要集中在**富有生气和魅力而且安全**的主干街道上，遵循“集中”而不是“散布”的原则，以保持**公共区域的活跃与热闹**。

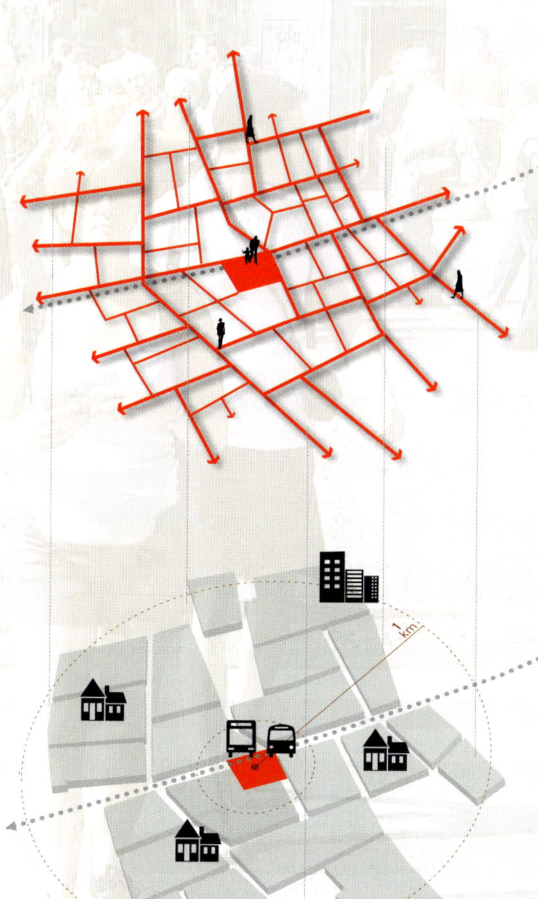


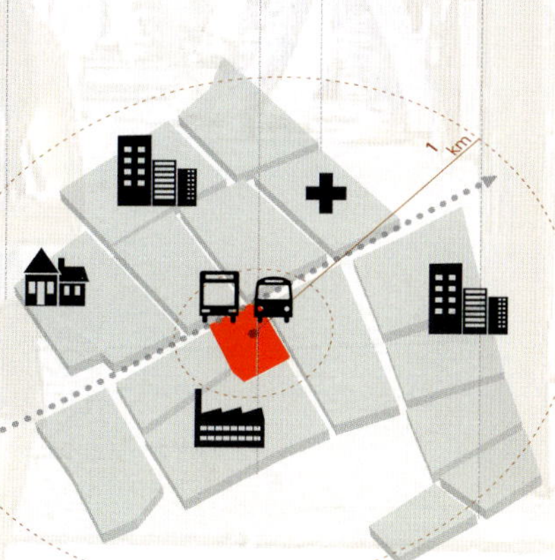

# Create a World Class Bicycle Network
# 建设世界级的自行车交通网络

**应当让骑自行车成为一种方便、安全、有魅力的交通方式，而且是体验城市的一种方式。**

建设一体化的、相互连接的**自行车道网络**，使骑自行车成为吸引人的一种交通方式，替代汽车交通。

自行车交通网络应当与步行交通网络交叠，让两者之间能够方便地进行必要的转换。自行车交通网络必须**与富有吸引力的步行路线**、空间和活动场所相连接。

良好的自行车交通网络应当能够吸引所有的使用者群体，包括儿童和老年人。因此，安全是至关重要的。在主要交汇路段上应当将自行车道标记为蓝色，让机动车驾驶者警惕，并应当将自行车与机动车辆通行的道路**隔离**开来。将自行车道路面抬高是一种非常安全且相当具有空间效率的方式。

- 开发简单、**易于辨识**的自行车道网络。
- 建造与公共交通**一体化**的网络。
- 提供自行车道连接线，**在交汇路段作出突出显示的标记**，以提高大家的警惕性。
- 设置**通行便利**、**安全**的自行车停车场。

**Bicycling should be an attractive, easy and safe way of transportation and way to experience the city.**

A consistent, connected **bicycle network** as an attractive alternative to vehicular traffic or public transport.

The bicycle network should overlap with the pedestrian network since it is easy (and necessary) to switch between the two. The bicycle network must **link up to attractive pedestrian routes**, spaces and activities.

A good bicycle network should **invite all user groups** - including children and elderly people. Therefore, safety is absolutely crucial. Cycle paths marked blue at major intersections raise awareness of motorists and bicycles should be **physically separated** from the vehicle carriage ways. Raised cycle tracks are a very safe and space efficient way of creating bicycle routes.

- Develop a simple and **easily read** bicycle network.
- Establish a network **integrated** with public transport.
- Provide bicycle links that are **highlighted in intersections** to raise awareness.
- Introduce **easily accessible** and **safe** parking facilities.

一个宽阔的自行车道网络。丹麦 哥本哈根

**A wide spread bicycle network,** Copenhagen, Denmark

## 自行车交通网络

建设**相互连接、贯通**的自行车交通网络是很关键的。自行车道的宽度应当允许两人骑车并行，这样才可能超车。**位置良好的高品质**自行车停车场也相当重要。自行车停车场设置要注意两点：一是方便，骑自行车的人需要在离自己行程终点不远的地方**安全地停放**自行车；二是美观，如果自行车凌乱地停放而影响步行者的活动，阻挡到建筑物的入口，则会对街道和广场产生严重的不良影响。

## Bicycle network

A **well connected network** of bicycle tracks is essential. The width of the cycle tracks should allow two people to ride next to each other - so it is possible to pass. **High quality** and **well placed** bicycle parking is also essential. Bicycle parking has two main issues. One relates to the cyclists need for a **safe way of parking** their bicycle at a desirable distance from the end point of the journey. Another relates to more aesthetic issues where uncoordinated cycle parking can have a serious downgrading effect on streets and squares when hamper pedestrian movement and block entrances to buildings.

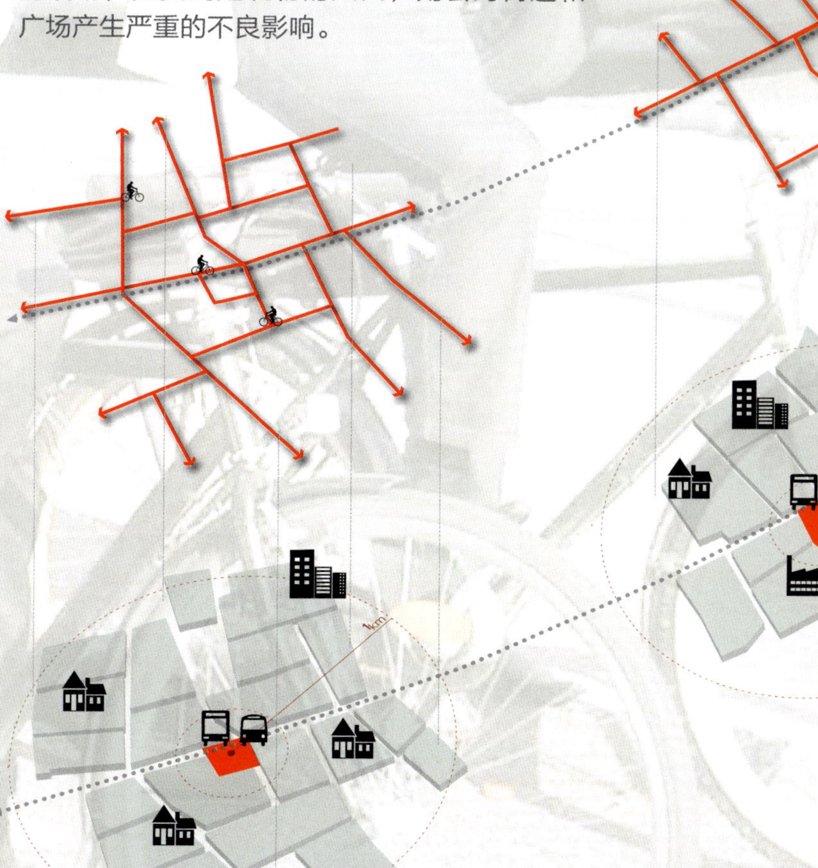

# Create a World Class Public Transport Network
# 建设世界级公共交通网络

**公共交通应当方便所有群体，成为一种有效、舒适的交通方式。**

交通网络建设中的根本性工作是在各种交通方式之间建立连接线。**可辨识性**和**可达性**是规划**良好的公共交通**首要的考虑因素。要确保所有城市中心都能得到公共交通的有效支持。

推出公交车专用道，确保**公共交通系统24小时**不间断运行，除高峰期外还应在夜间和周末提供较多的班次，支持公众活动。

人们在等候公车时的**安全舒适**是非常重要的。照明必须充足有效，以免让人们在黑暗中等车。

确保在城市中心除了公交活动外还有其他的活动。如果没有足够的底楼商业活动，则可以考虑开设报亭或售货亭。

- 开发**一体化、相互连接**的公交网络，提供可供替代汽车交通出行的其他模式。
- 在公交网络和步行道路网络之间建立**众多方便的连接线**。
- 进出公交站的路线需要有清楚的标志和照明，并提供舒适的步行道路，以**吸引人们**使用公交系统。
- 确保**公共交通系统24小时**不间断运行，除了高峰期外，夜间和周末应当提供较多的班次，以支持公众的活动。

**Public Transport should be an efficient and pleasant alternative mode of transportation accessible for all user groups.**

A strong connection between the various transport modes are essential. **Legibility and accessibility** are primary elements in planning **good public transport**. Make sure that all of the city centre is efficiently supported by public transport.

Introduce dedicated bus lanes, ensuring a frequent running **24 hour public transport system** with a high evening and weekend coverage to support public life activities outside peak periods.

It is important that waiting for public transport is a **safe and comfortable experience**. Street lighting must be efficient so you do not wait in a dark area.

Make sure that there are activities beside the public transport activity in the city centre. If there are no ground floors to open up consider allowing kiosks or street vendors to open booths.

- Develop a **well integrated** and **well connected** public transport network to provide an alternative to cars.
- Create **strong connections** between public transport and the pedestrian network.
- Routes to and from bus stations need to be clearly signed (and lit) and provide comfortable walking paths to **invite people** to use the public transport.
- Ensure a frequent running **24 hour public transport system** with a high evening and weekend coverage to support public life activities outside peak periods.

公共交通换乘。丹麦 哥本哈根
**Public transport Interchange,** Copenhagen, Denmark

## 公交网络

必须让等候公交车的人们**感觉舒适**。当到达某个交通枢纽时，能够进入具有清晰的**标示、富有吸引力**的环境，是非常重要的。公交站点在设计上必须提高人们上下车的安全。公交站点与自行车道之间必须有避让空间，以**降低**公车乘客与骑自行车的人**发生碰撞的危险**。

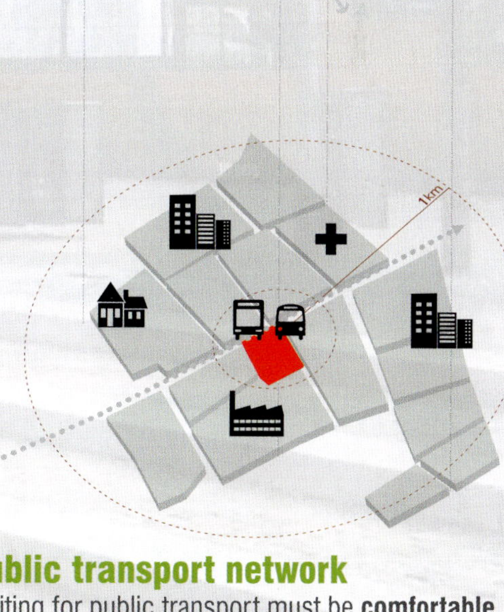


## Public transport network

Waiting for public transport must be **comfortable**. It is essential when arriving at a transit hub to enter a place with an **inviting environment** and a clear **sense of place**. Bus stops must be designed to promote safety for people boarding and alighting. A refuge should be placed between bus stop and bicycle lane to **reduce conflicts** between bus passengers and bicyclists.

# Create World Class Public Spaces
# 建设世界级的公共空间

**公共空间应当是非常适合人们休息、活动、会面和社交的地方。**

城市应当建造**众多的公共空间**，各方面均应体现出最佳的城市设计，并且具备**吸引不同使用者群体**的品质。
推出各种不同的公共空间，为**多种活动**提供场所。这些空间应当根据**相邻场所的特点**和需要，各具特色，并采用不同的识别标志。城市规划要注意使其在所有季节都能活跃热闹，并提供在夜间消遣的有趣事物。一座**许多人都在聚会和交流**的热闹城市，比只有少数人使用公共空间的城市，感觉上要安全得多。

- 修建公共空间，为人们提供**交往的空间和活动的去处**。
- 通过展现当地历史、特色和活力来创造**地方感**。
- 使公共空间提供驻足、开展休闲活动的可能性，**吸引所有市民和旅游者**在城市中心活动、驻足。
- 确保**公共空间网络**与步行者优先的路线有良好的连接，并与公交枢纽有**众多方便的连接**。
- 提供公共长椅，供人们就座。
- 通过热闹的底楼活动提供**富有吸引力的路边场所**，使底楼内部与外部之间有透明的视觉接触。
- **提供多种功能**和活动项目，鼓励在各个季节、每一天的24小时内开展各种各样的户外活动。

**Public Spaces should be great places for people to rest, act, meet and socialise.**

A city that has a **variety of spaces** which present the best of urban design in all its different aspects and which have different qualities **attracting different user groups.**
Introduce different kinds of public spaces to accommodate **various activities.** They should differ in character and identity according to the various **neighbourhood characteristics** and needs. Plan for a city that is active throughout all seasons, and a city that offers interesting things to do in the evening. An active city where many **people can meet and interact** feels much safer than a city where only a few people are using the public spaces.

- Create public spaces as destinations and **meeting places** for people.
- Create a **sense of place** by celebrating local history, characteristics and dynamics.
- Let the public spaces offer possibilities and activities for pausing and relaxing and **invite all citizens and visitors** to both move and linger in the city centre.
- Ensure a **network of public spaces** well connected to the pedestrian friendly routes and ensure a **strong connections** to public transport hubs.
- Provide public benches for formal seating.
- Provide **attractive edges** with active ground floor functions and transparency for visual contact between inside and outside life.
- Ensure **diverse functions** and programming to encourage various outdoor activities during all hours, days and seasons.

# 2 公共空间 Public Spaces

**A local meeting place with seating and greenery,** Lyon, France
设置了休息设施和绿化的交往空间。法国 里昂

## 公共空间

确保建设公共空间网络，使之与行人优先的路线有很好的连通性，与公交枢纽有众多的连接线。如果一座城市能够吸引众多不同的群体来使用公共空间，包括老年人、残疾人、儿童等，那么，无论是在活动的种类方面，还是在一天、一周和一年中活动的时间方面，都能使城市显得丰富多彩。

## Public Spaces

Ensure a network of public spaces well connected to pedestrian friendly routes and ensure strong connections to public transport hubs. When a city is able to invite many different groups to use the public spaces - the elderly, disabled, children, families, young people, working people etc. - a more varied use of the city can be obtained - both in terms of activities and time of day, week and year.

# Create World Class Green Links
# 建设世界级的绿色连廊

绿色连廊为城市网络增添新的休闲层次。

将园林、绿色广场和绿色街道连接为**青翠葱茏的网络**，为城市添加穿越城中心的另一条**吸引人的连接线**。
绿色连接线应当在绿色网络中连接怡人设施，这些连接线应当成为吸引人们的休闲路线，促进更多的活动，增添新的体验，将城市中心与周边相邻地区连接起来。
绿色连接线可以通过以**小型绿色空间装点的角落和公交站点**来加以强调，这样能够柔化建筑物的立面，在高耸的建筑物和街道上的人文尺度之间提供令人愉快的过渡，并为人们提供小坐的地方。此外，还可以用**草皮**和**可以挪动的植物**来为街道增添绿意。

- 让城市沿街**青翠葱茏**，以吸引更多的人在城市中步行和消遣时光。
- 在市内修建**绿化休闲路线**以及将市中心网络与周边大自然连接起来的绿荫步道。
- 修建绿荫人行道和自行车道将绿化空间连接起来。
- 修建吸引所有群体的绿化空间，并使其**安全**、**出入便利**。
- 修建供人们**放松**的绿化空间。
- 确保所有住宅区的人与园林和绿化空间都**相隔不远**。
- 增加**绿化植物的品种**，使用来自大自然和野外地区的植物和人工培植修剪得更为规范的城市绿化植物，创造丰富的绿荫体验。

**The green links should add a new recreational layer to the urban network.**

Creating a strong **green connected network** of parks, green squares and green streets. An **attractive alternative link** through the city centre.
The green links should connect the **amenities in a green network**. The green links should be attractive **recreational** routes to promote alternative movements and add new experiences connecting the city centre with surrounding neighbourhoods.
Green links can be accentuated by **corners and bus stops featuring small-scale green spaces** which soften the building facades, providing an enjoyable transition between high rise buildings and the human scale of the street, and offer places to sit down. **Grass** and **movable greenery** can also be used to define a green character of the streets.

- Invite more people to walk and spend time in the city by offering **green experiences** along city streets.
- Establish **green leisure routes** within the city and green trails that **link** the city centre network with the surrounding nature.
- Create green walking and bicycle routes links to connect the green spaces.
- Create **safe** and **accessible** green spaces inviting all usergroups.
- Create green spaces as places for **stress release**.
- Ensure **proximity** to parks and green spaces for everyone in all neighbourhoods.
- Create **green diversity**; a variety of green experiences with different green typologies from natural and wild to more structured urban green.

# 3 绿色连廊 Green Links

为步行者和骑车人准备的绿色线路。丹麦 哥本哈根

**A green route for pedestrians and bicyclists,** Copenhagen, Denmark

## 绿色连廊

建设**连接**公共空间和步道网络的**绿化**网络，从而将各种绿化的怡人设施**连接**起来，**吸引**更多的人们步行并在城中消遣时光，让市内沿街**青葱可人**。规划人行道旁树的种植，能够突显独特的城市身份，并改善步行者的环境。

## Green Links

**Connect** the **green amenities** by developing a network of green routes **linking** to the public spaces and the pedestrian network. **Invite** more people to walk and spend time in the city by offering **green experiences** along city streets. A street tree planting programme can enhance a unique identity and improve the pedestrian environment.

# Introduction to Toolbox
# 工具箱介绍

工具箱包括**一体化、保护性、舒适性**与**愉悦性**这4项主要课题之间的连贯性和高质量的**整体原则**。
这些工具箱只是预先的构想，将在今年下半年开发成型。

- 步行交通工具箱
- 自行车交通工具箱
- 公共交通工具箱

The toolbox includes **overall principles** to promote good quality and coherence within four major topics: **Integration, Protection, Comfort** and **Enjoyment.**
These Toolboxes are preview, they will be developed to the full extend later this year.

- **Toolbox Pedestrians**
- **Toolbox Bicycles**
- **Toolbox Public Transport**

# 0 工具箱介绍 Toolbox

高品质共享空间成为一种新的街道模式。英国 布莱顿
**New Road - a high class shared space,** Brighton, United Kingdom

## 愉悦性

步道、自行车道和公交基础设施不仅应当**具备效率**，还应当**令人愉快**。交通不仅是从某个地方到达另一个地方的问题，其中的步行、骑自行车和乘公交车还应当是一种**有趣的活动**，应当是一种观赏城市风光、体验都市生活的令人愉快的方式。按照**人文尺度、以人为本的设计**，细节搭配、使用质量上好的材料，可以丰富街景。街道和公交枢纽，应当视作人们全年里无论白天还是夜晚都能够相互会面、驻足和逗留并参与都市生活的地方。交通枢纽应当被视作是主要目的地，并设计醒目的标志和具有一定特色，以加强到达时的**地方感**和便利的方位指示，并突显城市的多元化。

## Enjoyment

The pedestrian, bicycle and public transport infrastructures should be **efficient** but also **pleasant**. It is not only a question of getting from one place to another - walking, bicycling and commuting should be an **attractive and interesting act**. It should be a pleasant way to experience the city and the city life. **People friendly design** in **human scale** with fine detailing and high quality materials should enrich the streetscape. Streets and transits hubs should be treated as meeting places with invitations to stop and stay and take part in the city life day and night all year round. Transit hubs should be treated as key destinations and designed with a strong identity and characteristics to enhance a **sense of place** when arriving, ease orientation and underline the diversity of the city.

## 一体化

步道、自行车道和公交设施应当良好地整合在城市建设中，构成连贯的网络。各种**基础设施应当一体化**，并保证相互间的连接，提高不同交通方式之间**转换的便利**。应当通过鲜明的特点和不同的标志来区分步道和自行车道连接线的**层次**，从而强化城市交通网络的可辨识性。步道、自行车道和公交网络应当**直接**与公共空间网络**连接**，并连接到城市和地方层级中的主要目的地，正如城市的各个部分应当连接在一起一样。

## Integration

The pedestrian, bicycle and public transport infrastructures should be well integrated in the city network and form coherent network of motion. The various **infrastructures should be integrated**, and strong mutual connections should ensure and promote easy and **convenient change** between the different mode of transportation. A **hierarchy** of pedestrian and bicycle connections with strong characters and different identities should be identified to strength the legibility in the city network. The pedestrian, bicycle and public transport network should **link directly** to the public space network and connect to key destinations at both city and local level just like the different parts of the city should be linked together.

## 舒适性

为步行者、骑自行车的人和公交车乘客提供的条件，应当具备**舒适性**。基础设施和场所应当简单、直接，布局和设计一致，使人**易于理解和使用**。不同的交通方式应当能够按照各自的步调来连续行动，**不会遭遇障碍**或是**不必要的中断**。要吸引各种群体，应当提高通行的便利性和愉悦性，并配备**高质量的路面**，以及**步行**和骑自行车的**充足空间**。此外，还有遮阴的地方供人们步行、骑自行车和休息，应当从而创造愉悦的街景。

## Comfort

The conditions for pedestrians, bicyclists and commuters need to provide a **sense of comfort**. The infrastructure and facilities should be simple and straightforward, **easy to understand and use** with a consistent layout and design. The different traffic modes should be able to move at their own pace continuously and **without obstacles** or **unnecessary interruptions**. To invite all usergroups easy and pleasant access should be promoted with **high quality surfaces** and **sufficient room for walking** and bicycling. A pleasant streetscape should be created with shady places for walking, bicycling and resting.

## 保护性

步行者、骑自行车的人以及公交车乘客在城市中穿行时应当有**安全感**。基础设施以及场所的设计和布局，应当都有**针对交通意外事故的防护措施**。此外还应照顾到“对犯罪的恐惧”问题。步行路线与自行车路线以及公交站点和枢纽，应当分布在有人而且人们也希望前往的地方。基础设施和场所应当分布在街面上，照明充足，能使人良好地观察周边环境并与之进行视觉接触。在夜间应当提供邻近活动功能场所和公共生活的步行道和自行车路线。公交枢纽和公交站点也应当与这些路线平行，分布在热闹和人群密集的地方，以**提供被动监视**。

应当避免气候和交通等因素引起的不舒服的**感官经历**。

## Protection

Pedestrians, bicyclists and people using public transport should have a general **feeling of safety** when travelling in the city. The design and layout of infrastructure and facilities should support **protection against traffic accidents** in general.

The issue of 'fear of crime' should also be addressed. Pedestrian and bicycle routes and public transport nodes and hubs should be located where people are and want to go. Infrastructure and facilities should be located at street level, be well lit and with good overview and visual contact to surroundings. Alternative pedestrian and bicycle routes with adjoining active functions and public life should be offered at night time. As a parallel to this transit hubs and bus stops should be placed in active and populated locations to **provide passive surveillance**.

Unpleasant **sensory experiences** from climate and traffic etc. should be dealt with and avoided.

# Pedestrian Toolbox
# 步行交通建设工具箱

## 中间带或避让台使穿越道路更方便容易。

双行道上设置安全岛或是避让台，使得横穿更方便、容易。中间的等候区提高步行者的安全和舒适感。

## Median or refuge for better crossing possibilities.

Two way streets with a median or refuges give better crossing possibilities. The waiting area in the middle improves safety and comfort for pedestrians.

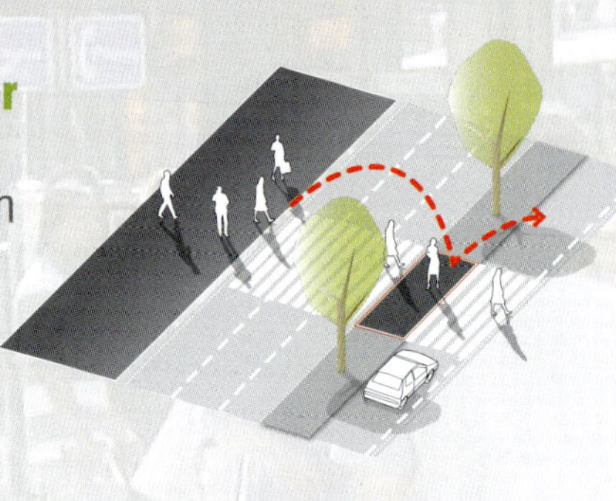

## 所有群体都能方便通行。

最大程度减少障碍，使所有人都能方便通行。提供斜坡来连接不同的高度。将斜坡、横道按照行人期望的线路来排列。

## Accessibility for all usergroups.

Ensure accessibility for all by minimising barriers and obstacles. Provide rams to equalise levels. Align ramps and crossings with the direction of movement - desireline.

## 连续的步道，减少不必要的中断或障碍。

通过步道来横穿较小的街道和运输道等，应避免不必要的步道中断。建立专用的步行地带，以方便通行，提高可达性和通行性。

## Continuous footpaths without unnecessary interruptions or obstacles.

Take footpaths across minor streets and delivery lanes etc. to avoid unnecessary footpath interruptions. Introduce a dedicated walking zone to ease accessability and passability.

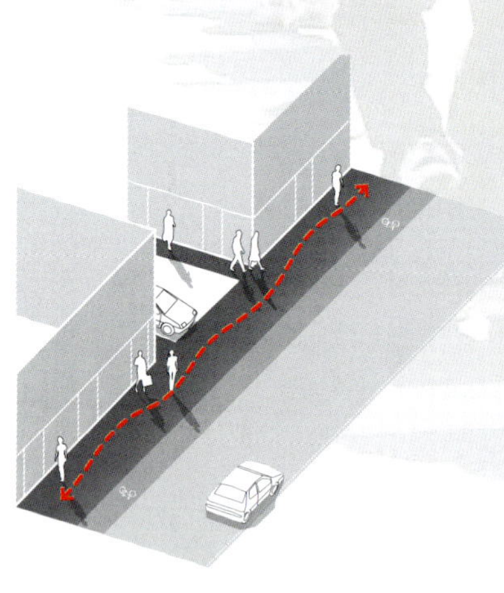

# 1 步行交通 Pedestrian

斑马线标示清晰的行人过街空间。中国

**Clearly marked crossings to support pedestrian movement**, China

## 保护性

- 针对交通和意外事故的保护——提高安全感。
- 日间和晚间的安全步行路线。
- 安全的步行横道。
- 安全岛或避让台。
- 为步行连接线提供充足的照明。
- 在街道层面上提供步道，避免地下隧道和高架桥。
- 提供针对恶劣环境的保护——如烈日、雨、风、污染和灰尘。
- 开展着眼于安全、步行行为模式、机动车驾驶者警惕性、健康与可持续概念的宣传活动。

## Protection

- Protection against traffic and accidents - provide feeling of safety.
- Safe walking routes at day and at night time.
- Safe pedestrian crossings.
- Median or refuges for better crossing possibilities.
- Well lit walking links.
- Pedestrians at street level - no tunnels and bridges.
- Protections against unpleasant experiences - sun, rain, wind, pollution and dust.
- Info-campaigns focus at: safety, pedestrian behaviour, motorist awareness, health and sustainability.

## 一体化

- 提供连贯的步行道路网络。
- 通过不同的标志和特征，对街道进行区分。
- 提供替换路线或休闲路线的“细格式”网络。
- 提供到公交系统的众多连接线。
- 提供到主要目的地的连接线。
- 提供从城市中心到周边环境的连接线。

## Integration

- A coherent pedestrian network.
- A distinct street hierarchy with different identity and character.
- A fine grained network of alternative or recreational routes.
- Strong connections to public transport.
- Links to key destinations.
- Links to surroundings from the city centre.

## 舒适性

- 为各种群体的使用者提供通行的便利。
- 提供专门的步行地带。
- 提供连续的步道，消除不必要的中断或障碍。
- 提供直接的路线——避免迂回绕行！
- 让底楼临街面具有吸引力，并提供“柔化”的立面。
- 保证步道表面质量优良。
- 提供良好的方向指示，使人们易于寻路。
- 在交汇路段等待通行的时间要短。
- 提供定时的人行信号。
- 在步行道路网络沿途提供小坐的地方。
- 修建良好的排水系统。
- 步道沿途提供遮荫。
- 路线沿途上有供人饮水的地方。

## Comfort

- Accessibility for all usergroups.
- Dedicated zones for walking.
- Continous footpaths without unnecessary interruptions or obstacles.
- Direct routes - avoid detours!
- Attractive ground floor frontages and soft edges.
- Good quality surface on footpaths.
- Good orientation and easy wayfinding.
- Short waiting time at intersections.
- Timed pedestrian signals.
- Sitting possibilities along the pedestrian network.
- Good water drainage.
- Shade along footpaths.
- Drinking opportunities along route.

## 愉悦性

- 创造按照人文尺度来设计的以人为本的街景。
- 在道路沿线提供植物、艺术品、水景和装饰照明这类怡人设施。
- 采用高品质的设计，充分考虑细节，使用坚固耐用的材料。
- 设立无车日。

## Enjoyment

- People friendly streetscape and design in human scale.
- Amenities as greenery, art, water and delicate lighting along route.
- High quality design, fine detailing, robust materials.
- Car free days.

**直接路线。**
横道设计以人为本。根据步行者期望的路线来分布步行横道。
（丹麦，哥本哈根）

**高质量的步道。**
步道可以包括多种要素，但无论如何，应当保持充裕的步行宽度。路面的铺设可以讲究审美愉悦，显示步行优先。
（俄勒冈州，波特兰市）

**穿越支路的步道。**
连续的步道提升步行和骑自行车的优先程度。
（丹麦，哥本哈根）

**通行的便利性。**
通过减少障碍来为所有人提供通行的便利性。例如，在交汇路段，所有的斜坡分布应当与移动的方向一致。
（丹麦，哥本哈根）

**定时步行指示信号。**
提供定时的步行指示信号，以便告诉步行者等候和穿越的时间。
（丹麦，哥本哈根）

**与公交系统众多的连接线。**
步行交通网络与公交网络之间应当具有众多的连接线，并提供方便通行的平台。
（瑞典，哥德堡）

**底层临街面（富有吸引力）。**
生动、富于变化的底层临街面丰富了步行的体验，为行人提供有趣的景观增加了周边环境的互动。
（加拿大，温哥华）

**小坐的地点。**
公共坐椅吸引路过的人坐下小憩，为老年人和带小孩的家庭提供帮助。
（澳大利亚，墨尔本）

**体验的品质。**
在步行道沿途不时提供艺术品、优美的城市空间和广场，为步行提供品质优异的体验。
（英国，伦敦）

**Direct routes.**
Crossings designed for people. Place pedestrian crossings according to pedestrian desirelines.
*Copenhagen, Denmark*

**High quality footpaths.**
Footpaths may include various elements but a good walking width must be kept clear. Paving can be aesthetically pleasing indicating high pedestrian priority.
*Portland, Oregon*

**Footpaths across side streets.**
Continuous foothpath provide high pedestrian and bicycle priority.
*Copenhagen, Denmark*

**Accessibility.**
Accessibility for all by minimising barriers. For instance at intersections all ramps should be placed aligned with the direction of movement.
*Copenhagen,Denmark*

**Timed pedestrian signals.**
Timed pedestrian signals to inform pedestrians about waiting and crossing time.
*Copenhagen, Denmark*

**Strong connections to public transport.**
The pedestrian network should be firmly linked to the public transport network offering easily accessible platforms.
*Göteborg, Sweden*

**Attractive ground floor frontages.**
A lively, varied procession of ground floor facades improves the pedestrian experience and offer interesting views and interaction with surroundings.
*Vancouver, Canada*

**Sitting possibilities.**
Public seating invite passers-by to rest and help the elderly and families with children.
*Melbourne, Australia*

**Quality of experiences.**
At intervals the walking experience can be enriched by artwork, beautiful urban spaces and squares which add extra quality to the walking experience.
*London, UK*

# Bicycle Toolbox
# 自行车交通建设工具箱

## 边界清楚、保护良好的自行车道。

要避免车辆与自行车在横道上相撞的严重事故，自行车道必须始终设置在街道的右侧。由于步行者的通行速度最慢，将自行车道设置在步道旁边、而不是在快速穿行的车辆交通道旁边，骑自行车的人就能够得到最大的安全。

## Clearly defined and protected bicycle lanes.

To avoid serious accidents between cars and bicyclists at crossings, the bicycle lane must always be placed on the right side of the street. Since pedestrians are the slowest traffic, bicyclists are most safe if placed next to the footpath instead of next to fast moving traffic.

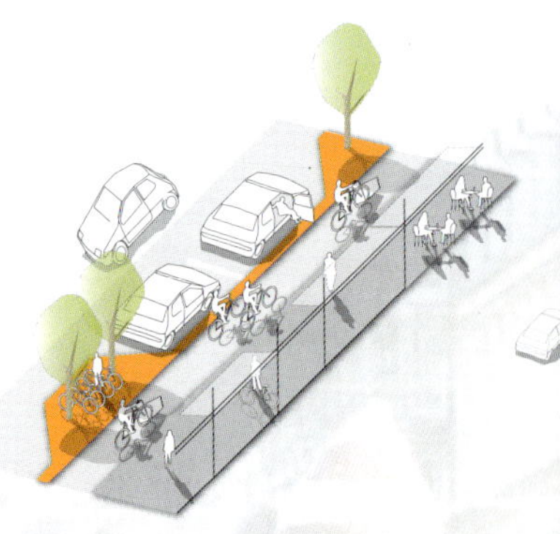

## 交汇路段处的可视性。

要保护骑自行车人的安全，良好的通视条件是极为重要的。要减少在交汇路段处的危险形势，可以采取好几种措施。比如,为自行车道标记鲜明的颜色，就可以提高自行车道的安全性，使车辆驾驶者更能容易看见骑自行车的人。

## Visibility at intersections.

Clear visibility is extremely important for the safety of bicyclists. To reduce dangerous situations at intersections, several initiatives can be taken. Safety is increased at crossings which have bright coloured bicycle lanes, making bicyclists more visible to cars.

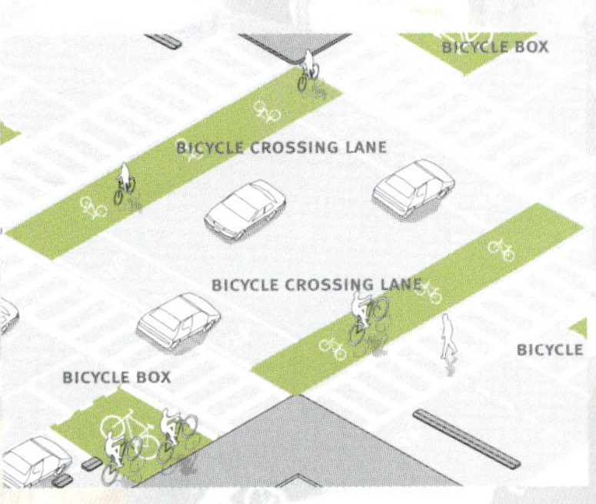


## 横道上的安全性。

应当为自行车提供专用交通指示信号，放行时间比车辆的早4~6s，这样车辆驾驶者就能看见交汇路段处骑自行车的人。

## Safety at crossings.

Dedicated traffic signals for bicyclists with a start 4-6 seconds before cars to allow them to be visible at an intersection.

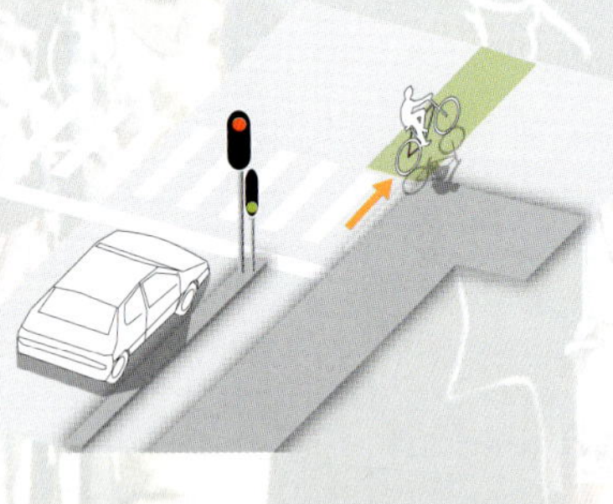

# 2 自行车交通 Bicycle

机非分隔。丹麦 哥本哈根
**Bicycle lane separated from the car traffic,** Copenhagen, Denmark

## 保护性

- 在横道上的安全性。
- 边界清楚、保护良好的自行车道。
- 预防车辆闯入自行车道的措施。
- 交汇路段处的通视条件。
- 安全的日间和夜间自行车行车路线。
- 照明充足的车道、横道和自行车停车场。
- 与街道齐平的自行车路线，避免地下通道和高架桥。
- 恶劣环境的保护，如烈日、风、污染和灰尘。
- 着眼于安全、骑自行车的人的行为、机动车辆驾驶者的警惕性、健康与可持续性等方面的信息宣传，如使用自行车灯、骑自行车时戴的头盔。

## Protection

- Safety at crossings.
- Clearly defined and protected bicycle lanes.
- Preventions against cars intruding at the bicycle lane.
- Visibility at intersections.
- Safe bicycle routes at day and at night time.
- Well lit lanes, crossings and bicycle parking.
- Bicycle routes at street level - no tunnels and bridges.
- Protections against unpleasant experiences - sun, wind, pollution and dust.
- Info campaigns focus at: safety, cyclist behaviour, motorist awareness, health and sustainability - e.g. use of light on the bicycle and bicycle helmets.

## 愉悦性

- 创造以人为本按照人文尺度来设计的街景。
- 采用高质量的设计，充分考虑细节，使用坚固耐用的材料。
- 沿着自行车行车路线设置植物、艺术品、水景和装饰照明等怡人设施。
- 为骑自行车的人提供绿波带。

## Enjoyment

- People friendly streetscape and design in human scale.
- High quality design, fine detailing, robust materials.
- Amenities along bicycle routes - greenery, art, water and delicate lighting.
- Green waves for cyclists.

## 舒适性

- 在自行车路线沿途为各种群体的使用者提供通行的便利。
- 自行车道需要保持连续性，没有不必要的中断或障碍。
- 物理布局需要一致性——车道、横道和信号指示。
- 车道路面质量优良。
- 良好的方向指示，寻路方便。
- 提供靠近目的地的自行车停车场。
- 在横道上提供专用的自行车指示灯。
- 修建良好的排水系统。
- 在自行车道和行车路线沿途提供遮荫。
- 在自行车行车沿线提供休息和饮水的地方。
- 提供免费或出租的公共自行车交通系统。

## Comfort

- Accessibility for all usergroups along bicycle routes.
- Continuous bicycle lanes without unnecessary interruptions or obstacles.
- Connsistent physical layout - lanes, crossings and signage.
- Good quality surface on lanes.
- Good orientation and easy way-finding.
- Bicycle parking located close to destinations.
- Dedictated bicycle lights at crossings.
- Good water drainage.
- Shade along bicycle lanes and routes.
- Resting and drinking opportunities along bicycle routes.
- Public bicycle system/free or for let.

## 一体化

- 修建连贯的自行车道路网络。
- 提供到步行道路网络和公交网络的连接线。
- 提供到主要目的地的连接线。
- 提供休闲性的绿色或蓝色路线。

## Integration

- A coherent bicycle network.
- Links to pedestrian network and public transport network.
- Links to key destinations.
- Recreational green/blue routes.

### 连贯的自行车交通网络。

在令人赏心悦目的街道上提供专用的自行车道，构成遍布全市的自行车交通网络。（丹麦，哥本哈根）

### 适宜、安全的自行车道。

自行车道作出了清楚的标记，并设置在停靠的车辆与步道之间。（澳大利亚，墨尔本）

### 为骑自行车的人提供明确界定、保护良好的空间。

建立自行车行车路线的一种安全方法，便是将车道抬高，与汽车车道分隔开来。（丹麦，哥本哈根）

### 直接路线。

为骑自行车的人和步行者提供方便通行的桥梁。（瑞典，斯德哥尔摩）

### 自行车的绿色行车路线。

绿色行车路线将城市中心与周边地区和大自然连接起来。（奥地利）

### 自行车专用信号。

自行车信号比汽车提前4~6秒，方便汽车驾驶者看到交叉口的自行车。（丹麦，哥本哈根）

### 交叉口自行车的视野良好。

自行车道在主要交叉口被标为蓝色，以提醒小汽车注意。（丹麦，哥本哈根）

### 易识别。

主要目的地的方向和距离被标注在地面上。（法国，里昂）

### 公共城市自行车。

很容易获取一辆公共自行车作为替代出行方式。（英国，伦敦）

**A coherent bicycle network.**
A network with dedicated bicycle lanes in desirable streets.
*Copenhagen, Denmark*

**Proper and secure bicycle lanes.**
Bicycle lanes are clearly marked and placed between parked cars and the footpath.
*Melbourne, Australia*

**Clearly defined protected space for cyclists.**
A safe way to create a bicycle route is with raised lanes that are separate from car lanes.
*Copenhagen, Denmark*

**Direct routes.**
Easily accessible bridge for bicyclists as well as pedestrians.
*Stockholm, Sweden*

**Green bicycling routes.**
Green routes connecting the city centre with surrounding neighbourhoods and nature.
*Austria*

**Dedicated bicycle lights.**
Bicyclists start 4~6 seconds before cars to allow them to be seen at an intersection.
*Copenhagen, Denmark*

**Bicycle visibility at intersections.**
Bicycle lanes marked blue at major intersections raise awareness of motorists.
*Copenhagen, Denmark*

**Way-finding.**
Directions and distances to main destinations marked in paving.
*Lyon, France*

**Citybikes.**
Easy accessible public bicycle system provide a viable alternative mode of transport.
*Paris, France*

# Public Transport Toolbox
# 公交建设工具箱

## 到达富有吸引力的地方。

在交通枢纽提供富有吸引力和容易辨别的环境是极为重要的。交通枢纽应当通达公共空间网络以及具有能连接到主要目的地的步道、自行车道。

## 上下车专用区域。

公交站点在设计上必须注意提高人们上下车的安全性。在公交站点与自行车道之间，应当设置避让台，以减少公交车乘客与骑自行车的人相撞的危险。避让台的宽度必须与乘客的数量相协调，应根据乘客的数量来决定，并且符合具体街道的实际情况。

## 可达性——直接通达，方便所有群体的使用者通行。

要为城市提供真正的替代小汽车的交通方式，公交系统就必须让各种群体使用者都方便到达。应当在街道平面上或是从抬高的月台上就能上车，上车的地方应与巴士上下车门的踏板平齐。

## Arriving in inviting and attractive places.

It is essential when arriving at a transit hub to enter a place with an inviting environment and a clear sense of place. Transit hubs should be well connected to the public space network and the pedestrian and bike links connecting to key destinations.

## Dedicated areas for boarding and alighting.

Bus stops must be designed to promote safety for people boarding and alighting. A refuge should be placed between bus stop and bicycle lane to reduce conflicts between bus passengers and bicyclists. The width of refuge must meet the amount of passengers and relate to the specific street.

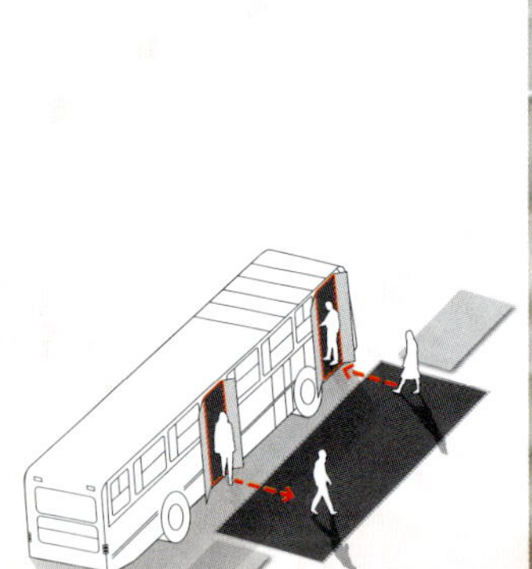

## Accessibility - direct and easy access for all udergroups.

To provide a true transport alternative for city commuting public transport must be easy accessible for all user groups. Boarding should be possible from street level or from raised platforms aligned to level of bus entries and exits.

# 3 公共交通 Public Transport

与步行网络结合的地铁站设计。丹麦 哥本哈根

**Metro station integrated in the pedestrian metwork,** Copenhagen, Denmark

## 保护性

- 专用的上下车区域。
- 公交站要视觉通透，与周边环境有良好的视觉接触。
- 公交站和交通枢纽在夜间照明充足。
- 主要通道街道，避免隧道和桥梁。
- 提供针对阳光、雨、风、污染和灰尘等气候和交通影响的保护。
- 公交站应当对周边环境有良好的通视条件并能与之进行交流。
- 提供热闹的周边环境，如住宅和公共生活区，以便为候车的人们提供被动监视。

## Protection

- Dedicated areas for boarding and alighting.
- Transparent bus stands with good visual contact to surroundings.
- Bus stops and transit hubs are well lit at night.
- Access primary from street level - avoid tunnels and bridges.
- Protection against climatic and traffic effects - sun, rain and wind, pollution and dust.
- Good overview to surroundings from bus stops and interchanges.
- Surroundings with active functions,housing and public life to create passive surveillance of people waiting.

## 愉悦性

- 到达富有吸引力的地方。
- 特色鲜明、具有地方感的交通枢纽。
- 按照人文尺度，以人为本的设计。
- 交通枢纽能够作为公共交往的地方。
- 高品质的设计和材料。
- 提供植物、艺术品和装饰照明等怡人设施。

## Enjoyment

- Arriving in inviting and attractive places.
- Transit hubs with a strong character and sense of place.
- People friendly design in human scale.
- Transit hubs as meeting places.
- High quality design and materials.
- Amenities as greenery, art and delicate lighting.

## 舒适性

- 通行的便利性——所有群体的使用者都能直接、方便地到达公交地点。
- 方便更换交通方式，如步行、骑自行车和公交之间的转换。
- 保证服务的充足性和有效性，以满足需求（迅速、频繁的运行），如专用的公车道和24小时运行的公共交通系统。
- 良好的方向指示，便于寻路。
- 易于获取到站时间、发车时间和公车线路方面的信息。
- 舒适的候车场所，提供坐椅。
- 公交站与街景良好地融为一体。
- 在交通枢纽和站点，应能方便到达附近合适、安全的自行车停车场。
- 免费的公共交通。

## Comfort

- Accessibility - direct and easy access to public transport for all usergroups.
- Easy and convenient to change mode of transportation - walking, bicycling, public transport.
- Efficient and sufficient to accommodate needs (rapid and frequent running) - e.g. dedicated bus lanes and 24 hour public transport.
- Good orientation and easy wayfinding.
- Easy access to informations regarding arrivals/departures/bus lines.
- Inviting waiting facilities - sitting possibilities.
- Bus stands well integrated in the streetscape.
- Easy access to adequate and safe bike parking close to transit hubs and stops.
- Free public transport.

## 一体化

- 连贯的公交网络。
- 与公共空间网络的连接线。
- 通达主要步道和自行车的连接线。
- 与城市和地方上主要目的地的连接线。
- 方便、愉悦的连接。

## Integration

- Coherent public transport network.
- Links to the public space network.
- Connections to key pedestrian and bicycle links.
- Links to key destinations on both city and local level.
- Convenient and pleasant connections.

### 公交系统之间的转换

在各种交通方式之间建立众多的连接线是成功的重要标志。
（法国，里昂）

### 将交通枢纽作为交往空间来设计

将交通枢纽作为交往空间来设计，使之与公共区域良好地融为一体。
（法国，斯特拉斯堡）

### 考虑周全的候车场所

将公交候车坐椅与公共坐椅结合在一起，使步行者和公交候车者都能使用。
（瑞典，斯德哥尔摩）

### 良好的信号指示

提供信息张贴柱，提示公交路线、班次以及到下一班公交车还有多少分钟，这是城市中心的普遍特色。
（丹麦，哥本哈根）

### 公交站与街景良好地融为一体

让公交站成为普通街道设施的一部分，在设计时让所有的要素都关联起来。
（丹麦，哥本哈根）

### 专用区域

宽阔的站台提供了候车区域，减少与乘客及骑自行车的人之间的冲撞。公交乘客需要等待并为骑自行车的人让道。
（丹麦，哥本哈根）

### Public transport interchange

Strong connections between the various transport modes are an important success criteria.
*Lyon, France*

### Transit hubs as meeting places

A transit hub well integrated in the public realm designed to act as a meeting place.
*Strasbourg, France*

### Inviting waiting facilities Combine'public

Transport seating' with public seating that invites both pedestrians and public transport users.
*Stockholm, Sweden*

### Good signage

Information pillars show bus routes, schedules as well as how many minutes to the next bus - as a general feature in the city centre.
*Copenhagen, Denmark*

### Bus stands well integrated in street scape

Let the bus stops be a part of the general street furniture, so all things are related in terms of design.
*Copenhagen, Denmark*

### Dedicated areas

A wider refuge provide a waiting area and reduce conflicts between passengers and bicyclists. The bus passengers have to wait and give way for the bicyclists.
*Copenhagen, Denmark*

# 0 最佳实践范例

# Best Practice

步行化的路面空间。美国 纽约
**Road space turned to people space,** New York, United States

DAFFY'S

# Copenhagen
# 哥本哈根

**越来越美好的城市——逐步改善。**
丹麦首都哥本哈根有130万居民。

哥本哈根的**逐步改善政策**包括对市中心一带的改建。这里采取了一系列措施，为“软交通”，也就是为步行交通和自行车交通创造更好的条件。

**A better city - step by step.**
Copenhagen, Denmark / 1.3 million inhabitants.

Copenhagen's **step-by-step policy** covers a zone in the city centre where a series of policies are applied to create better conditions for soft traffic - people on foot and bicyclists.

# 1 哥本哈根 Copenhagen

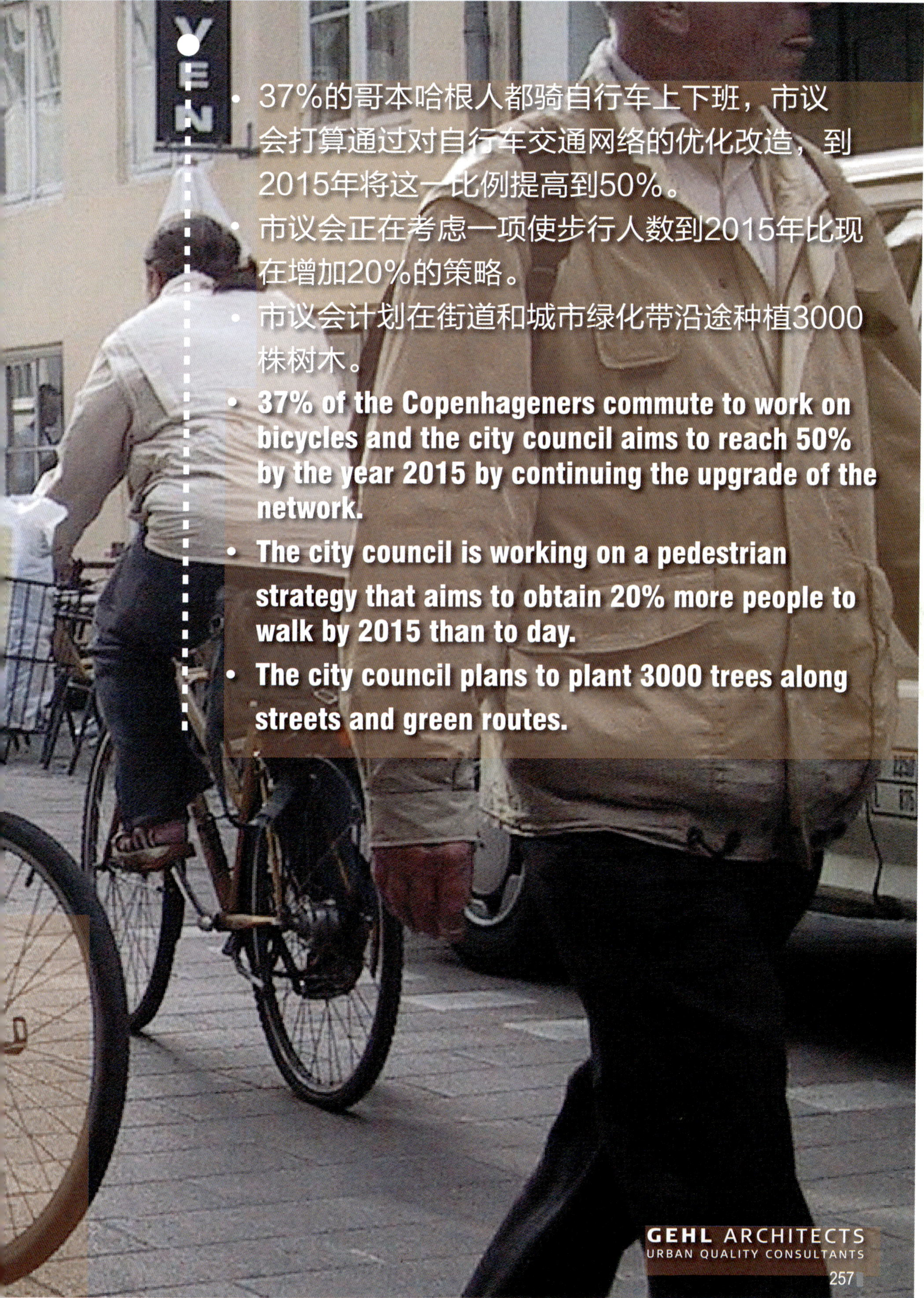


- 37%的哥本哈根人都骑自行车上下班，市议会打算通过对自行车交通网络的优化改造，到2015年将这一比例提高到50%。
- 市议会正在考虑一项使步行人数到2015年比现在增加20%的策略。
- 市议会计划在街道和城市绿化带沿途种植3000株树木。

- **37% of the Copenhageners commute to work on bicycles and the city council aims to reach 50% by the year 2015 by continuing the upgrade of the network.**
- **The city council is working on a pedestrian strategy that aims to obtain 20% more people to walk by 2015 than to day.**
- **The city council plans to plant 3000 trees along streets and green routes.**

## 连贯的网络

- 一套**“细格式”的步行道路网络**将城市中心连接在一起，使大家能够通达主要目的地和公共交通枢纽。
- 这套网络中包括全步行的中心路线，它们构成了共享的空间，此外还包括带有连续步道的街道。
- 一个**四通八达的自行车交通网络**（有自行车专用道的）。
- **自行车专用交通信号**和**带有标记的横道**，使骑自行车成为高效的交通方式。
- 一套公共交通系统，包括公交车、城铁和地铁，构成**全面通达的系统**，覆盖整个城市中心。交通枢纽与步行道和公共空间网络之间都有**很方便的连接**，使得不同交通方式之间的转换非常便捷。

## Coherent network

- A **fine grained pedestrian network** links the city centre together, connects major destinations and links to the public transit hubs.
- The network consists of central 100% pedestrianised routes formed as shared space and streets with continuous footpath.
- A **widespread bicycle network** with dedicated bicycle lanes.
- **Dedicated cycle signals** and **marked crossings** make bicycling an efficient mode of transportation.
- A public transport system including bus, train and metro form **a comprehensive network** covering the city centre. The transit hubs are **well connected** to the pedestrian and public space network and enable easy interchange between the different traffic modes.

## 公共空间层次

- 城市中心建有许多公共空间，使大小广场和露天市场组成**丰富的、多层次**的活动空间。
- 公共空间在布局和特色上富于变化，使人们在穿越城市中心时能够获得**各种不同的体验**。
- 公共空间被视作是**目的地**和**社交聚会的场所**，它们提供种类繁多的活动，包括商业的、文化的和休闲的，并设有**各式各样**的坐椅，让人们驻足小坐，享受都市生活。
- 公共空间与步行道路网之间有着**良好的连接**。

## Public space hierarchy

- A large number of public spaces in the city centre form **a hierarchy** of large and small squares and piazzas.
- The public spaces vary in layout and character and offer **diverse experiences** through the city centre.
- The public spaces act as **destinations** and **social meeting places** and provide a wide range of different staying activities - commercial as well as cultural and recreational with **various invitations** to sit and enjoy the city life.
- The public spaces are **well linked** to the pedestrian network.

## 绿化空间与连接线

- 一系列的园林和城市绿化空间增添了城市中心**休闲娱乐的气氛**。
- 一座港口公园让人们能够**亲近**海水，并开展各种水上活动。
- 一条**休闲的绿色自行车路线**为自行车交通网络增添了一个新的层次，构成穿越市中心另外一条**富有吸引力的连接线**。

## Green spaces and links

- A series of parks and green urban spaces strengthen the **recreational dimension** in the city centre.
- A Harbour Park offer a **close relation** to the water and water activities
- A **recreational green bicycle route** add a new layer to the bicycle network and form an **attractive alternative link** through the city centre.

步行街道

The pedestrian street Strøget

四通八达的自行车交通网

A widespread bicycle network

国王新地铁广场的公交枢纽站

Public transport hub at Kgs.Nytorv metro Square

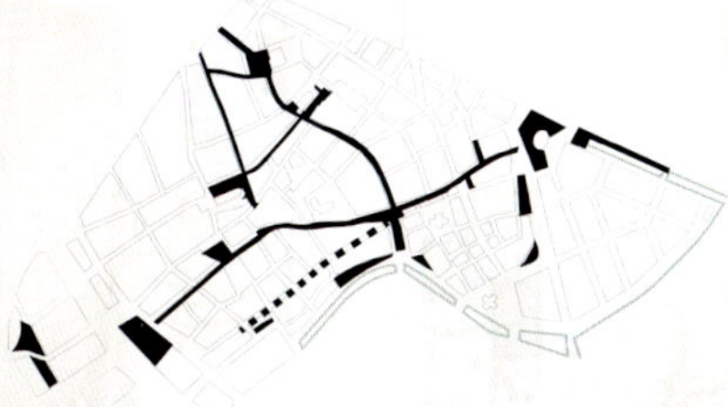
哥本哈根的无车街道和广场网络面积达100,000平方米（2005年）

The network of car-free streets and squares in Copenhagen comprises 100.000 $m^2$ (2005)

圣汉斯广场上的露天茶座

Outdoor serving on Sankt Hans Square

在市政厅广场的长椅上小坐，享受都市生活

Enjoying city life on City Hall Square

仅供自行车专用的绿色交通路线

Green routes - for bicycles only

自行车绿色交通路线

The Green Bicycle Route

享受布里格岛上港口公园的闲适

Enjoying the Harbour Park on Islands Brygge

GEHL ARCHITECTS
URBAN QUALITY CONSULTANTS

# Melbourne
# 墨尔本

**将城市转化为供人使用的地方。**
澳大利亚墨尔本，人口360万（“大墨尔本”）。

墨尔本的城市设计规划项目，意在鼓励、引导并加速使墨尔本重新恢复活力。该市采用的方法，是**逐步**将**大街小巷和其他空间转换**为多元化的、供人们交往的公共场所。

**Urban transformation into a place for people.**
Melbourne, Australia / 3.6 million inhabitants (Greater Melbourne).

Melbourne's urban design program has been instrumental in inspiring, directing and accelerating the process of revitalising Melbourne through a **gradual** but consistent **transformation of streets, lanes** and **other spaces** into public places that are engaging and diverse.

# 2 墨尔本 Melbourne

电车站与街道的一体化设计。澳大利亚　墨尔本
**Tram stop integrated in street lay - out - 'superstop',** Melbourne, Australia

墨尔本扭转了城市面貌，取得了显著的成果：

- 墨尔本改善了公共区域的品质，从1994~2004年间，增建了71%的高品质、以人为本的城市公共空间。
- 自1994年起，日间步行交通增加了40%。
- 定点活动自1994年起提高了300%。
- 夜间步行交通比1994年增加了100%。

**Melbourne turned their city around and the results are clear:**

- **Melbourne has improved the quality of the public realm and has introduced 71% more people-oriented high quality urban spaces from 1994 to 2004.**
- **Daytime pedestrian traffic has increased 40% since 1994.**
- **Stationary activity have increased 300% since 1994.**
- **Night time pedestrian traffic has increased 100% since 1994.**

## 连贯的网络

- 改善并**扩大的步行道路**网络，与城市中心和主要目的地**连接**起来。
- 优化改造过的巷道为主干网络，增添了新的层次，并创造了一套**富有吸引力的交通网络**。中午时间道路的临时封闭补充完善了这套网络。
- 在城市中心创建自行车交通网络的第一步，是沿着选定的主要街道**修建自行车道**。
- 当前正在准备实施一套改进自行车交通的方案。
- 一套城铁、有轨电车和公交车交通线组成的网络，为城市中心提供高效、富有**吸引力**的公交服务。新的有轨电车“超级站台”改进了有轨电车的交通状况。

## Coherent network

- An improved and increased pedestrian network with **footpath extensions** link the city centre and **connects** to major destinations.
- Upgraded and revitalized laneways add a new layer to the primary network and create a network of **attractive alternative routes.** Temporary lunchtime road closures supplement the network.
- The first step towards a bicycle network in the city centre is taken by **establishing bicycle paths** along selected major streets.
- A Bicycle Plan is under preparation as well as a Bicycle account.
- A network of train, tram and bus lines provide an efficient and **attractive** public transport service of the city centre. New tram 'superstops' have improved the tram travels.

## 层次丰富的公共空间

- 该市修建了一系列大小广场，完善了城市中心的**公共空间层次**。
- 公共空间极其注重高**品质的设计**、材料和**以人为本的理**念。
- 在主干街道沿途设置**更多的公共坐椅**，以更多地展现街道的公共生活空间属性。此外还通过推出小憩点园景，使其成为“**交谈风景**”。

## Public space hierarchy

- A series of smaller and large squares have been developed to supplement the **public space hierarchy** in the city centre.
- The public spaces have a strong emphasis on **high quality design**, materials and **people-oriented focus**.
- The public life dimension of the streets have been developed by e.g. introducing **more public seating** along major streets. The social aspect is strengthen by introducing sitting landscapes as "**talkscapes**".

## 绿化空间与连接线

- 在河畔和港口附近开发公园和步道。
- 通过一项全面的树木种植计划，营造**更加葱翠的城市中心**，突出强调了休闲的气氛。城市中心种有3,000株树（整个城市每年种植2,000株树）。

## Green spaces and links

- Parks and promenades are developed in close relation to the river and the harbour side.
- A comprehensive tree planting programme have created a **greener** and **more lush city centre** underlining the recreational dimension - 3.000 trees in the city centre (2.000 trees are planted per year throughout the municipality).

斯万斯顿街上的专用自行车道
Dedicated bicycle lanes on Swanston Street

改建后的巷道成为富有吸引力的交通路线
Attractive routes at the revitalized laneways

新建的有轨电车“超级站台”
New tram ‘superstops’

斯万斯顿街上配置的坐椅，使街道成为人们交往的地方
Streets as meetingplaces with sitting possibilities on Swanston Street

新建的联邦广场上交谈的人们
Meeting people on Federation Square a new city square

柏克街上休息点为一种“交谈风景”
Sitting landscapes as ‘talkscapes’ on Bourke Street

亚拉河畔的步行道
River promenade along Yarra River

沿亚拉河畔的王妃步行道上的游乐场
Playground at Princess Walk along Yarra River

海港步道上的装饰艺术品
Art installation at the Harbour Promenade

# New York
# 纽约

**起步的过程。**
美国纽约，830万居民（“大纽约城”）

纽约市长的“规划纽约”计划提出建设“更加绿色、更杰出的纽约”的20年愿景。它旨在改进步行的条件，提高各种交通方式之间的平衡、（包括新建多处公共空间，并建成四通八达的自行车交通网络）。“规划纽约”为市政机构带来的挑战之一是，“重新构想城市的公共区域”，以建设一种新的城市环境。这个构想的目标是使街道和广场转换为更加适于人们活动的场所。为了达到这一目标，纽约市采取了一系列新的措施，如修建世界级的林荫大道和公共广场，提供配套的街道设施、周末步行街和自行车道，建成3,000公里的全城自行车交通网络，以及在公共空间提供公共艺术品装饰。

**The process of getting started.**
New York, US / 8.3 Million Inhabitants (Greater New York City)

New York's Mayors PlaNYC Initiative is a 20 year vision for a 'greener, greater NYC'. The aim is to improve conditions for pedestrians and promote a balance between modes of trans- portation including the implementation of several new public spaces and the completion of a comprehensive bicycle lane network. One of the challenges PlaNYC poses to city agencies is to 're-imagine the City's public realm' -to develop an urban environment that transforms the streets and squares into more people-friendly places. This is to be done through new initiatives such as; World class boulevards, Public Plaza Program, Coordinated Street Furniture, Weekend pedestrian and cycling streets,1.864 miles (3.000 km) city-wide bicycle network and a Public art program.

# 3 纽约 New York

新的公共广场。美国 纽约
**New public plaza,** New York, United States

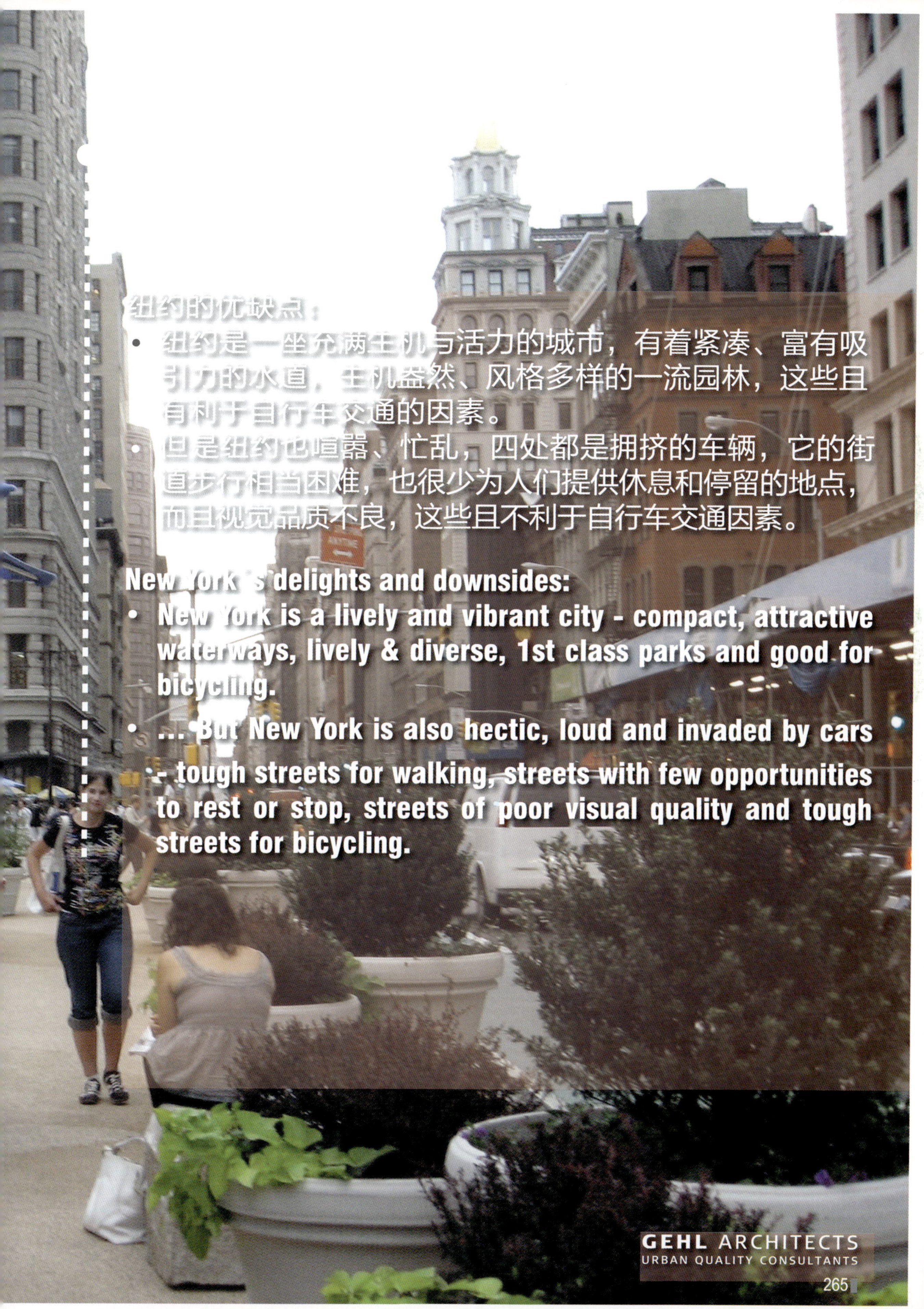

纽约的优缺点：

- 纽约是一座充满生机与活力的城市，有着紧凑、富有吸引力的水道，生机盎然、风格多样的一流园林，这些且有利于自行车交通的因素。
- 但是纽约也喧嚣、忙乱，四处都是拥挤的车辆，它的街道步行相当困难，也很少为人们提供休息和停留的地点，而且视觉品质不良，这些且不利于自行车交通因素。

**New York's delights and downsides:**

- **New York is a lively and vibrant city - compact, attractive waterways, lively & diverse, 1st class parks and good for bicycling.**
- **... But New York is also hectic, loud and invaded by cars - tough streets for walking, streets with few opportunities to rest or stop, streets of poor visual quality and tough streets for bicycling.**

## 世界级街道建设计划

- 纽约正在**重新建设**城市的公共区域。根据“规划纽约”中推出的规定，在多个街道修建项目中已经实施了新的设计标准。

## World Class Streets Program

- New York is in the midst of an effort to **redevelop** the City´s public realm. Following the mandates set forth in PlaNYC new design standards have been implemented in different street projects.

## 层次丰富的公共空间

- 2008年，纽约城完成了一系列的试点项目。
- 这些项目着眼于修建公共广场并建设覆盖全城的自行车交通网络，从而优化和改善公共空间。
- 纽约改造的进程是逐步的：首先，尽力从供汽车使用的地方中挪出公共空间。它的方法很简单，就是铺上彩色的沥青，在这些空间中提供坐椅、桌子和伞，并布置茂密厚实的绿色植物来阻挡过往车辆的影响。

## Public space hierarchy

- In 2008 a number of pilot projects have been realised throughout New York City.
- The projects focus on upgrading and improving the public realm by creating public plazas as well as introducing a city-wide bicycle network.
- The process in New York has been gradual: first reclaiming the space from automobile use whatever possible, simply by laying out colored asphalt and furnishing the space with chairs, tables and umbrellas and creating protection from passing cars by introducing a heavy green planter.

## 绿化空间与连接线

- 纽约市拟订了一本《街道设计手册》，确保城市街道工程以安全、宜居为首要目标。
- 这本手册的设计导则还提出促进种植更多的草木，使街道更加绿色的目的，这样不仅会使城市更加美丽、清凉，并且也能更好地处理雨水。

## Green spaces and links

- A Street Design Manual ensures that work on city streets prioritize safety and livability.
- The manual's guidelines will also promote greener streets with more trees and vegetation, which will not only beautify and cool the city but also help manage stormwater.

街道上新提供的休息点

New resting opportunities in the streets

供步行和自行车通行的Summer大道

Summer Streets for bicycles and pedestrians

布鲁克林区珍珠街三角广场从前的景象

Pearl Street Triangle Plaza, Brooklyn - Before

改造后的面貌

... and after

百老汇大道

Broadway Boulevard

百老汇大道

Broadway Boulevard

布鲁克林区卡顿大道从前的景象

Carlton Avenue, Brooklyn - Before

改造后的面貌

... and after

蒙塔古街——一条夏季周末步行的绿荫街道

Montaque Street - a green summer weekend pedestrian street

# Beijing Cases

**Beijing Cases:**
The Beijing Cases are chosen to illustrate three examples of an integrated people oriented network on three common Beijing situation. All three exemplifies the first strategy network.

北京三个案例反映了步行网络的三种实际应用情况。

Linglong Road
玲珑路

Nanlishi Road
南礼士路

# 0 北京实例 Beijing Cases

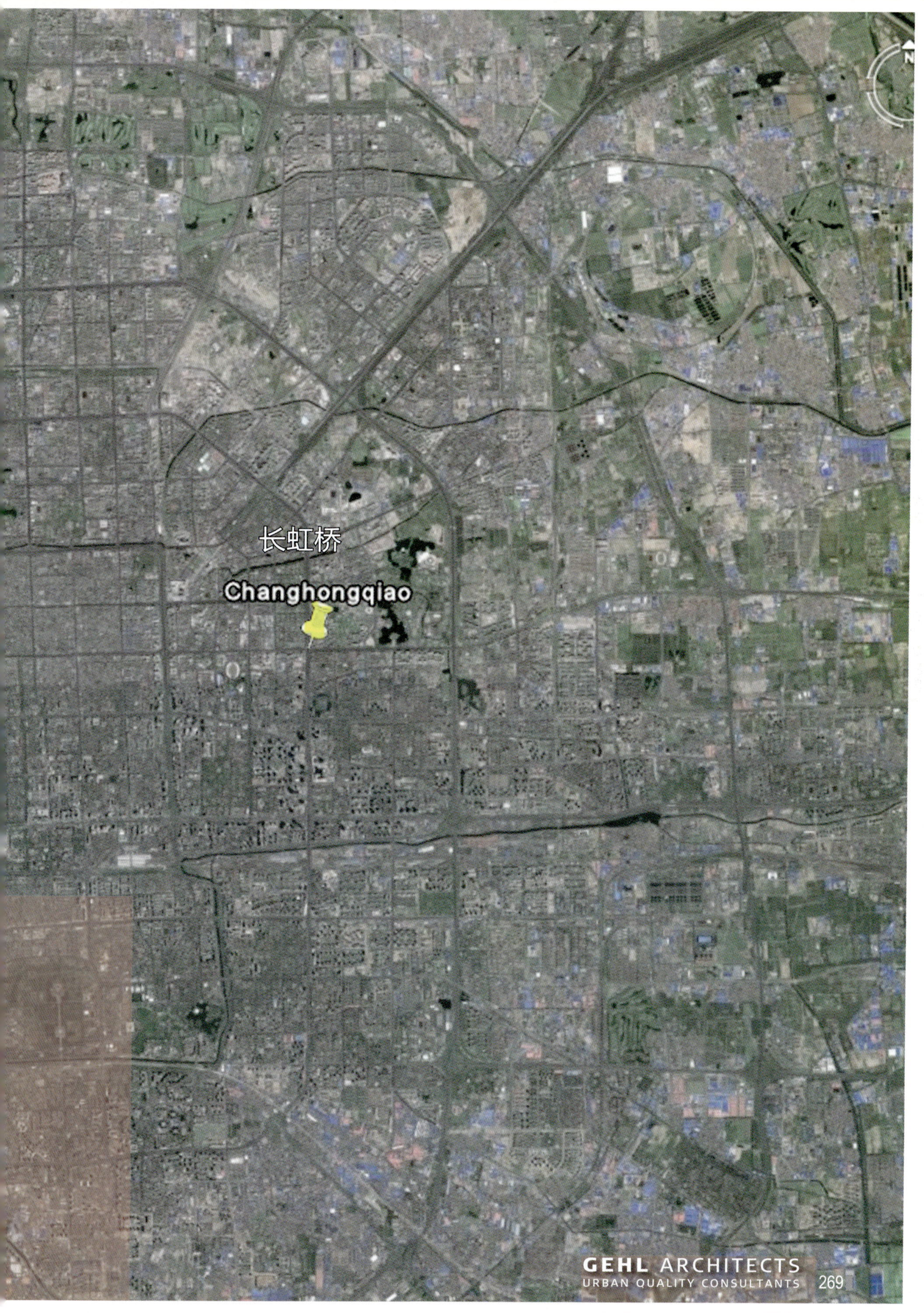
长虹桥
Changhongqiao

## Nanlishi Road
## 南礼士路

就尺度、小气候及活力等方面而言，南礼士路是预先经过周密考虑的典范街道，只要提供一些简单的改造，便能够优化街道，使其成为步行和自行车交通优先的道路。

Nanlishi Road is a good example of a street with good precondition in terms of scale, microclimate and activities. Simple alternations will upgrade the street to a pedestrian and bike prioritised street.

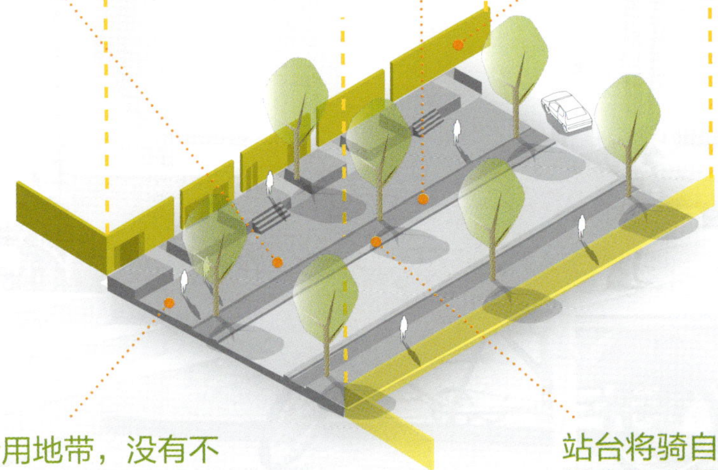

提供公共坐椅的地带，其间布置植物和街道附属设施，并设自行车停车场等。

**Zone for public seating, planting, street furniture, bicycles parking etc.**

自行车专用道

**Dedicated bicycle lane**

透明的底层临街面，带夜间照明

**Transparent ground floors with light at night**

步行专用地带，没有不必要的障碍

**Dedicated walking zone free of unnecessary obstacles**

站台将骑自行车的人与车辆交通分隔开来

**Refuge separate bicyclists from car traffic**

# 1 南礼士路 Nanlishi Road

## 步行条件

原有问题：

- 步道的中断降低了步行的品质。①
- 高度的变化降低了通行的便利，对于残疾人和推婴儿车的父母尤其如此。②
- 没有公共坐椅，因而也无法供人休息。③
- 停靠在步道上的车辆占用了供人们活动的空间，显示出步行没有得到优先。④

改造建议：

- 步道应当贯穿小型的支路和小道，以便使步行者获得最高的优先权。
- 修建步行专用道，并设置街道配套设施，确保通行更加便利。
- 在街道沿线提供公共坐椅，供人们休息、逗留。
- 建筑物立面前的街沿带应当改造为“软街沿”，以支持公共设施、建筑物与街道之间私人或公共的交互。
- 底楼临街面应当高度透明，使其室内的活动能够与街道上正在发生的活动交互作用，夜间照明也能带来热闹的气氛和安全感。

## Pedestrian conditions

PROBLEMS:

- The footpath interruption reduces the walking quality. ①
- Changes of level affect accessibility for especially disabled and parents with prams etc. ②
- No public seating and as such no resting options. ③
- Parked cars on the footpath take up space for more people friendly and signals low pedestrian priority. ④

RECOMMENDATIONS:

- Footpath should be taken across minor side streets and delivery lanes to give high priority to pedestrians.
- Dedicated zones for walking and placement of street furniture should be introduced to ensure better accessibility.
- Public seating should be introduced along the street to invite people to rest and stay.
- The edge zone in front of the facade should developed in to a 'soft edge' in order to support interaction between function, building and the street - private and public.
- Ground floor frontages should have a high degree of transparency to enable interaction between inside activities and those occurring on the street. Light at night to create a sense of activity and a feeling of safety.

## 自行车交通条件

原有问题：

- 没有专用的自行车道，使骑自行车的人往往困窘而缺少安全感。⑤

改造建议：

- 修建一条专用的自行车道，与汽车交通分隔开来。
- 自行车道始终设置在步道和街道的地上室内停车场旁边，以提高安全性。
- 在自行车道和汽车交通之间修建狭长的避让台作为实体隔离带。

## Bicycle conditions

PROBLEMS:

- No dedicated bicycle lane cause a confusing and insecure situation for bicyclists. ⑤

RECOMMENDATIONS:

- A dedicated bicycle lane physically separated from the car traffic should be created.
- Bicycle lanes must always be placed next to the footpath and inside on-street parking to increase safety.
- A narrow refuge between bicyclists and vehicular traffic should be introduced as a physical barrier.

穿越支路的连续步道显示出步行者具备相当高的优先性。
同样高度的统一路面提供了顺利平稳的步行节奏，并形成愉快、诱人的街景。

**A continuous footpath taken over minor side street signals high pedestrian priority.**
**A unified paving in one level provide a smooth walking rhythm and support a pleasant and inviting streetscape.**

避让台不仅能够为公车乘客提供候车区，也为乘客上下车提供缓冲地带，而且还保护骑自行车的人的安全，使汽车的门在打开时不会妨碍自行车道，并为汽车乘客提供到站平台。

A refuges buffer zone can provide a waiting area for bus passengers and a buffer zone for aligning and bordering passengers. The buffer zone also secures cyclists against car doors opening into the cycle lane and provides car passengers with an arrival platform.

设置街道附属设施并提供公共坐椅、树木和自行车停车场的专用空间。它使人们能够停留、进行社交活动，保持步行地带的连续，使其不被中断、免遭障碍。

A dedicated zone for street furniture, public seating, trees and bicycle parking. The zone allows for stops and social interactions and keep the walking zone clear, uninterrupted and free of obstacles.

# LingLong Road
# 玲珑路

玲珑路是北京城市状况的一个典型例子。这里原先的自行车道被改建为支路。要改建转弯车道、停车场和自行车道，面临着不少的挑战。但采用一些简单的方法，也能使这里成为更有效、更令人愉悦的地方。

LingLong Road is an example of a typical Beijing situation, where the original bike lane has been turned in to a side street, turning lane, parking and bike lane causing a number of challenges. Simple measures can make this a more effecient and pleasent place.

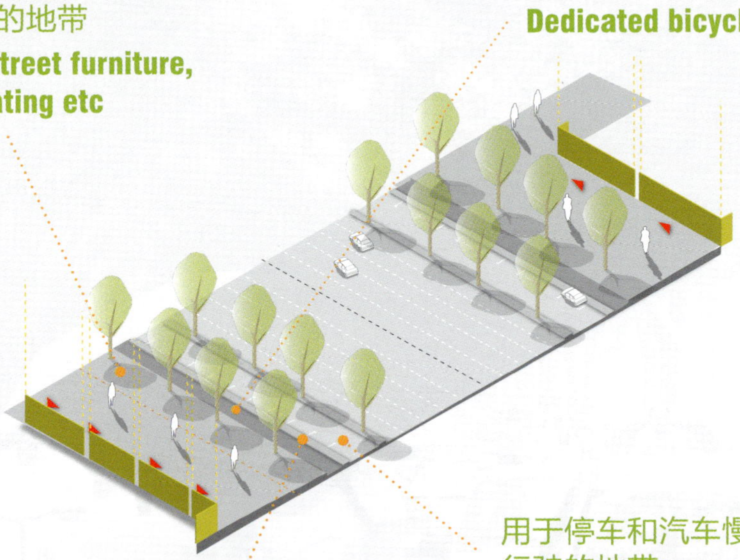

提供街道设施、公共坐椅等设施的地带

**Zone for street furniture, public seating etc**

自行车专用道

**Dedicated bicycle lane**

修建隔离台，可以作为将骑自行车的人与汽车交通分开来的实体隔离带

**Refuge as a physical barrier, separating bicyclists from car traffic**

用于停车和汽车慢速行驶的地带

**Zone for parking and slow driving cars**

# 2 玲珑路 LingLong Road

## 步行条件

原有问题：

- 步道上的自行车给步行者造成不安全的因素。①
- 没有提供公共坐椅，无法供人休息。②

改造建议：

- 沿街提供公共坐椅，供人们休息、逗留。

## Pedestrian conditions

PROBLEMS:

- Bicycles on the footpath cause an insecure situation for pedestrians. ①
- No public seating and as such no resting options. ②

RECOMMENDATIONS:

- Public seating should be introduced along the street to invite people to rest and stay.

## 自行车交通条件

原有问题：

- 停靠的车辆以及寻找停车地点的车辆，造成混乱并给骑自行车的人造成危险。③

改造建议：

- 修建一条自行车专用道，并采用实体隔离将其与汽车交通分开。
- 自行车道必须始终设置在步道和街面室内停车位的旁边，以提高安全性。
- 汽车停车位应当安排在自行车道的左边，以使区分更加明显。
- 在自行车道与汽车停车场之间修建一条狭长的隔离台，作为实体隔离带。

## Bicycle conditions

PROBLEMS:

- Parked cars and cars searching for parking create a dangerous and confusing situation for bicyclists. ③

RECOMMENDATIONS:

- A dedicated bicycle lane physically separated from the car traffic should be created.
- Bicycle lanes must always be placed next to the footpath and inside on-street parking to increase safety.
- Car parking should be organised left of the bicycle lane to provide more clarity.
- A narrow refuge between bicyclists and parked cars should be introduced as a physical barrier.

专用自行车道设有狭长的隔离台，作为汽车与自行车之间的实体隔离带，这样便创造了更易辨识、安全的自行车交通环境。

**Dedicated bicycle lane with a narrow refuge as a physical barrier between cars and cyclists create a more legible and safe bicycle environment.**

公共长椅使街道成为人们逗留和来往的地方。树木提供怡人的荫凉，适于步行和休息。

**Public benches support the street as a place for staying and meeting. The trees provide an attractive shady place for walking and resting.**

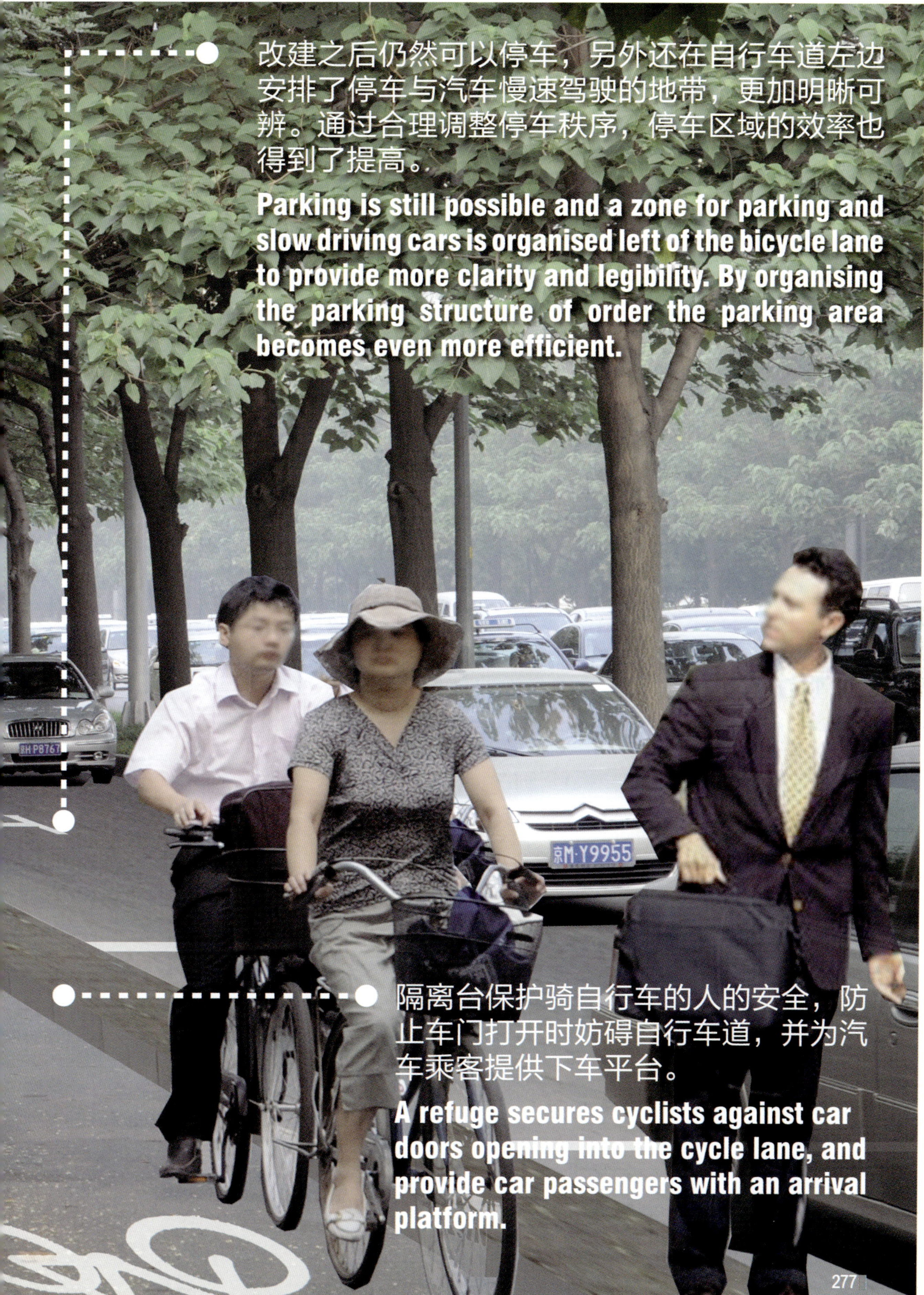


改建之后仍然可以停车，另外还在自行车道左边安排了停车与汽车慢速驾驶的地带，更加明晰可辨。通过合理调整停车秩序，停车区域的效率也得到了提高。

**Parking is still possible and a zone for parking and slow driving cars is organised left of the bicycle lane to provide more clarity and legibility. By organising the parking structure of order the parking area becomes even more efficient.**

隔离台保护骑自行车的人的安全，防止车门打开时妨碍自行车道，并为汽车乘客提供下车平台。

**A refuge secures cyclists against car doors opening into the cycle lane, and provide car passengers with an arrival platform.**

## Changhongqiao
## 长虹桥

北京环城路的建设规模，已经对人文尺度形成了挑战。人与自行车被困在交通中，处在非常不安全、不舒服的状况中。但只要减小小汽车交通的规模，便可以改善这样的状况。

The ring roads in Beijing as reached a scale that challenges that of the human body. People and bicycles are caught in the traffic and left in very unsafe and uncomfortable situations. These situation can be improved by taking down the scale.

标记清楚、宽阔的人行横道

**Wide and clearly marked pedestrian crossings**

街道树木体现出人文尺度，柔化了生硬的交通环境

**Street trees to introduce human scale and soften the harsh traffic environment**

中间带缓和了非正式的人行横道

**Median to ease informal pedestrian crossing**

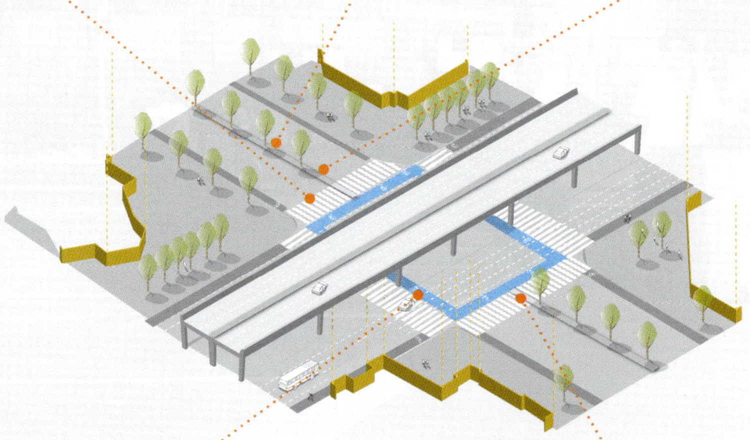

穿越交汇路段的自行车道

**Clearly marked bicycle lane taken across the intersection**

为等候穿越街道的人们提供的避车台

**Refuge for people waiting to cross**

# 3 长虹桥 Changhongqiao

## 步行条件

原有问题：

- 街道的宽度使得横穿比较困难，使步行者处在不安全的状况中。1
- 街道的布局和极大的交通流量，使得街景令人不快。2

改造建议：

- 修建安全岛来缩短距离，并使横穿街道更加方便、安全。
- 确保站台上候车的人们有足够的空间。
- 设置定时的步行交通指示信号，以最大限度地提供轻松感。
- 步行交通指示信号需要显示等待时间。
- 在宽阔的街道上提供中间带，提供更多步行横穿街道的机会。
- 中间带可以种植行道树，以减少车辆的影响，使街道更具有人文气息，并能改善气候条件。

## Pedestrian conditions

PROBLEMS:

- The wide street dimension makes crossing difficult and leave pedestrians in an unsafe situation. 1
- The street layout and the heavy traffic volumes create an unpleasant street scape. 2

RECOMMENDATIONS:

- Introduce a refuge to shorten the distance and make crossing more easy and safe.
- Ensure enough room for people waiting at the refuge.
- Pedestrian traffic signals should be timed for maximum ease.
- Pedestrian traffic signals could communicate expected waiting times as a guiding feature.
- Wide streets should be provided with a median to create more informal pedestrian crossing possibilities.
- Medians could be provided with street trees to reduce the car dominance, introduce a more human scale and improve the climatic conditions.

## 自行车交通条件

问题：

- 宽阔的街道使得横穿比较困难，使骑自行车的人处在不安全的状况中。3

建议：

- 修建标记清楚的自行车专用道。
- 采用定时交通指示信号，最大限度地提供轻松感。
- 采用自行车专用交通指示信号，使骑自行车的人更容易被看见，从而提高他们的安全感。

## Bicycle conditions

PROBLEMS:

- The wide street dimension makes crossing difficult and leave bicyclists in an unsafe situation. 3

RECOMMENDATIONS:

- A dedicated and clearly marked bicycle lane should be created.
- Traffic signals should be timed for maximum ease.
- Dedicated bicycle traffic signals could be introduced to make bicyclists more visible and increase safety.

种植了树木的中间带构成一条缓冲地带，减少交通的影响。它以实体的方式将街道划分开来，允许非正式的街道横穿，并提供横穿过程中止步的地方。

**A median with trees compose a buffer zone to reduce the impact of traffic. It divides the wide street physically and visually. The median allows informal crossing and provide a 'stop' while crossing.**

色彩鲜明的自行车道连续穿越交汇地段。采用彩色是为了使骑自行车的人更容易被看见，提高汽车驾驶者的警惕性。
A bright coloured bicycle lane continues through the intersection. The colour is used to make bicyclists more visible and raise car drivers awareness.
为人们横穿街道提供宽阔的安全岛，使得街面的距离缩短，从而更方便穿越。
A broad refuge for people crossing the street makes the wide distance shorter and easier to cross.

ESG